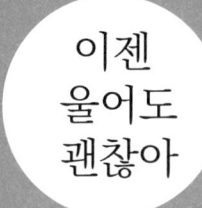

이젠
울어도
괜찮아

장태호 지음

북랜드

장태호 자서전

이젠 울어도 괜찮아

인쇄 | 2025년 10월 20일
발행 | 2025년 10월 25일

지은이 | 장태호
펴낸이 | 장호병
펴낸곳 | 북랜드
　　　　04556 서울 중구 퇴계로41가길 11-6, JHS빌딩 501호
　　　　41965 대구 중구 명륜로12길 64(남산동)
　　　　전화 (02)732-4574, (053)252-9114
　　　　팩스 (02)734-4574, (053)252-9334
　　　　등록일 | 1999년 11월 11일
　　　　등록번호 | 제13-615호
　　　　홈페이지 | www.bookland.co.kr
　　　　이-메일 | bookland@hanmail.net

책임편집 | 김인옥
기　　획 | 전은경
교　　열 | 서정랑

ⓒ 장태호, 2025, Printed in Korea
* 저자와 협의하여 인지를 생략합니다.

ISBN 979-11-7155-177-4 03810
ISBN 979-11-7155-178-1 05810 (E-book)

값 18,000원

이젠 울어도 괜찮아

추천사

용기와 희망을 전하는 등불

전 대구운암중학교장
조각가 이 재 홍

50년 전, 특수학교 교단에서 한 학생을 만났다. 그 아이는 복지시설에서 자란 고아였고, 소아마비를 앓아 목발 없이는 걸을 수 없는 장애아였다. 그러나 눈빛만은 유난히 빛났다. 바로 장태호 군이었다.

당시 학교에서는 학생들이 졸업하면 사회에서 자립할 수 있도록 직업교육에 힘쓰고 있었다. 나는 시계수리반(처음 개설됨)을 지도했다. 교실 한쪽 벽면에 '장애를 입은 것은 아무것도 아니다. 용기를 잃은 것은 더 큰 것이며, 희망을 잃은 것은 다 잃은 것이다.'라는 큰 글귀는 성치 않은 학생들에게 보이지 않는 힘이 되어 주었다.

여러 학생 중에서도 태호 군의 집중력은 남달랐다. 수업이 끝나도 자리를 뜨지 않고, 작은 부품들을 매만지고 들여다보며 밤늦도록 연습에 매진했다. 불편한 몸이지만 그 누구보다 열정적이었고, 포기하지 않는 의지는 가르치는 나조차 감동하게 했다. 태호 군의 시계 수리 인생은 이때부터였다.

 중등 과정을 마치고 사회에 나간 태호 군은 남다른 시계 수리 기술로 자신만의 길을 개척하며 끊임없이 배우고 도전했다. 끈질긴 집념 하나로 이루어 낸 기술력은 가히 세계적 수준으로 발전했다. 각종 상을 휩쓸면서 마침내 시계 명인의 반열에 올라섰다. 더욱 놀라운 점은 아무리 힘들고 어려워도 매사를 긍정적으로 받아들이는 마음이었다. 성공 후에도 그 마음은 한결같았다. 어려운 이웃을 돕고 봉사하는 데도 게을리하지 않았다. 모교 후배들을 위한 장학사업도 지속했다. 양성한 제자들은 전국에서 시계와 관련된 일을 하고 있다. 무엇보다 수십 년이 지난 지금까지도 스승과 동료와 후배들을 잊지 않고 초대해 조촐한 자리를 가지는 모습에서 그의 인품을 느낄 수 있었다.

 주어진 삶에 최선을 다해 살아오면서 그는 단 한 번이라도 제대로 울어본 적이 있었을까. 힘난한 세월의 여정을 담은 『이젠 울어도 괜찮아』라는 책은 한 개인의 성공담이 아니었다. 절망적인 현실 앞에서도 굴하지 않고, 오히려 그 시련을 발판 삼아 더 큰 사랑을 실천한 한 사람의 파란만장한 인생 기록이었다. 개인의 경험을 넘어서 나의 그리고 우리의 경험이기도 했다. 넘어지고 깨어져도 오뚝이처럼 다시 일어나 꿈꾸었던 시계 수리공의 길을 묵묵히 걸으며, 자기 삶에 끝까지 책임진 모습은 오늘을 살아가는 현대인에게 진정한 삶의 의미와 존재 가치가 무엇인지를 일깨워 주는 철학이 담긴 글이었다. 불편한 몸이지만 이 땅의 장애아에게 꿈을 심어 주고자 온몸으로 피워올리는 향기로운 삶에 오히려 내가 힘을 얻는다.

작던 아이가 어느새 어른이 되어 함께 세월을 나누는 사이가 되었다. 고난 속에서도 아름다운 꽃을 피우며 악착같이 살아온 제자에게 경의를 표한다. 또한 어려운 환경에서 좌절하고 있는 모든 이들에게 용기와 희망을 전하는 등불 같은 사람, "장태호 명인! 이제 마음껏 울어도 좋다. 당신은 당연히 그럴 자격이 있다."라고 힘차게 외친다.

추천사

진정으로 승리하는 자의 귀감

한류문화인 진흥재단이사장
문 신 자

　1974년 성보학교에 부임하면서 태호를 처음 만났습니다. 장애를 지녔지만 기죽지 않고 씩씩하게 생활하는 모습이 보기 좋았고 개구쟁이 짓을 해도 눈에 들어오는 아이였습니다. 공부를 잘했고 학교생활도 곧잘 했습니다. 나중에 사회에 나가서도 걱정이 없을 거라는 확신이 들었습니다.

　태호는 고아였습니다. 한쪽 다리에 심한 장애를 지닌 채 성보원이라는 보육원에서 자라고 있었습니다. 성보학교(장애학교)는 같은 처지의 아이들이 많아 자존심이 덜 상했겠지만, 사회에 홀로 독립해서는 세상의 뭇사람들에게서 차별과 편견의 시선을 받으며 참으로 외롭고 힘든 시절을 보냈을 것으로 생각합니다.

　글을 읽으면서 어른인 내가 미안하고 가슴이 아팠습니다. 만약 내가 저런 인생을 살았다면 어떻게 되었을까 하고 스스로에게 질문을 던져보나 아무런 답을 할 수가 없었습니다. 추위보다 더 시달려야 했던 굶주림 앞에서는 덕지덕지 붙은 내 뱃살이 부끄러웠습니다. 소아마비로 인해 걷지 못하는 불편함이 맑고 귀여운 아이의 앞날에 어두운 그림자가 될 줄 누가 알았겠습니까. 다리 병신이라는 놀림을 받으면서도 인생의 파도를 용케 잘 건너왔습니다. 자신의 숨겨진 내면을 남들이 훤히 들여다본다는 건 쉽지 않은 일인데 처절한 지난날을 자서전으로 공감하게 해준 기억 속의 어린 소년과 세파에 시달리면서도 꿋꿋하게 잘 견뎌와 어른이 된 태호에게 박수를 보냅니다. 책 제목처럼 얼마나 많은 눈물을 참고 참았을지 한 분야에 대가가 되기까지 얼마나 큰 고통이 따랐을지, 그저 장하다는 말밖에 나오지 않습니다.

 제 나이가 여든여덟입니다. 그간 참으로 많은 사람을 만나왔습니다. 나를 비롯해 그 어떤 사람도 장애 하나쯤 지니지 않은 사람은 없었습니다. 몸이 불편하다고 장애가 아니었습니다. 성격 장애, 선택 장애, 자기만 아는 이기적인 장애, 조금만 마음을 고쳐먹으면 극복할 수 있는 일을 안된다는 핑계로 포기하는 장애를 감추며 살고 있었습니다. 저 또한 위암 수술과 척추 수술, 인공 관절 수술 등으로 장애등급이 있고 거동도 불편합니다. 당연시했습니다. 그러나 태호는 달랐습니다. 어린 나이임에도 불구하고 갖은 고생과 온

갖 노력으로 세상을 이겨냈습니다. 오히려 장애를 성공의 계기로 삼아 이렇게 당당히 선 모습이 누구보다도 자랑스럽습니다. 성보원의 후배들과 주변 분들에게 『이젠 울어도 괜찮아』를 통해 진정으로 승리한다는 게 무엇인지를 보여주었습니다. 장애를 떠나서 어떻게 살아갈 것인지 우리에게 귀감이 되는 지침서가 아닐까 생각해 봅니다.

흔히 인생을 각본 없는 드라마라고 합니다. 그 말에 동의하며 극본 없는 인생의 무대 위에서 홀로 웃고 울었을 세 살배기 남자 아이가 성인이 되기까지의 성장 과정을 지켜보았습니다. 아이가 생각지도 못하게 겪었던 세상 경험을 책으로 묶어 낸 글을 읽으면서 주체할 수 없는 감동과 전율에 휩싸였습니다. 생사의 갈림길에서 공포와 싸우고 극한의 상황에서도 꿋꿋이 버텨낸 체험담에는 그 어떤 절망에도 희망은 있다고 담담히 전하고 있습니다.

간략한 추천사로 시계 수리 명인으로 우뚝 선 태호를 다 말할 수는 없습니다. 그러나 나는 글에서 포기하지 않는 격렬한 태호를 보았습니다. 글 속에 고스란히 담긴 삶의 애환과 끈질기게 고뇌하는 모습을 읽었습니다. 차별과 편견을 상처로 받아들이지 않고 장애를 희망으로 승화시킨 정신적 승리에 존경을 표합니다.

책을 펴내면서

울어도 괜찮은 날

    이십여 년을 고아 아닌 고아로 살았다. 기구한 운명이었지만 오늘이 있기까지는 수없는 좌절을 겪었다. 이제 와서 지나간 일들을 돌이켜 본다는 건 내 가슴속에 멍울진 고통을 다시 일깨우는 일이었다. 하지만 영원히 잠재우고 싶은 아픔이 때로는 나 자신을 다시 채찍질하기도 했다.

    세 살 때 소아마비를 앓아 장애아가 되었고 부모를 잃었다. 어린 나이의 나로서는 감당하기 힘든 고통의 나날이었다. 같은 또래의 학생들이 운동장에서 밝은 얼굴로 뛰어노는 모습을 볼 때 속울음을 삼키며 세월을 보냈다. 포항성모자애원을 거쳐 여덟 살 때 대구 성보원으로 왔다. 이곳은 나와 같은 처지의 장애아들이 있었기에 열등감도 멸시도 느낄 필요 없이 그런대로 지냈다. 그러나 선배들에게 두들겨 맞는 날이 많았다. 방 한구석에서 이불을 뒤집어쓰고 울어도 울어도 가슴에 맺힌 설움은 씻기지 않았다. 나를 낳아준 얼굴도 모르는 부모를 원망하며 울다가 지쳐 잠들기만도 수십 번이었다. 처지를 비관하며 두 번이나 삶을 포기하려 했다. 그러나 목숨은 쉽게 끊어지지 않았다.

    생명은 고귀했다. 주어진 목숨을 함부로 버릴 수는 없었다. 무엇인가 열심히 하면 어떤 어려움도 헤쳐 나갈 수 있을 것 같았다.

쓰러져가는 자신을 일으켜 세우며 내가 하고 싶은 일을 찾기 시작했다. 그 끝에 성보학교에 장애아들을 위해 마련된 기술반이 있었다. 그곳에 들어가 기술을 익혔다. 그러나 섬세하고 작은 부품으로 이루어진 시계를 수리한다는 건 쉽지 않았다. 포기하고 싶었지만 이 어려움을 참고 견디지 못한다면 나는 아무것도 할 수 없다는 것을 깨달았다. 더군다나 나는 고장 난 시곗바늘처럼 한쪽 다리가 멈추어져 있지 않은가. 시계를 수리하는 기술이야말로 나 같은 장애아가 앉아서 할 수 있는 일이었다. 시계에만 매달렸다. 나 자신과 끈질긴 싸움에서 마침내 결실을 이루고 지금의 내가 되었다.

이 책의 내용은 내가 직접 경험한 일로 밑바닥에서 목격한 굶주림과 끔찍한 생활의 진실한 이야기들이다. 그동안 갖은 일을 겪었지만, 그것마저도 감사하게 생각한다. 주어진 환경이 그렇지 않았다면 지금의 내가 없을지도 모른다. 그래서 살아온 나만의 역사에 자부심을 느끼며 지난한 역경을 딛고 나를 기록했다.

남들처럼 평범하게 살아온 인생이 아니다. 그렇지만 훌륭한 기술을 지니기까지 잘 버텨낸 나 자신을 칭찬하고 싶다. 이제는 누구의 눈치도 보지 않고 울고 싶으면 운다. 억울해서가 아니라 기뻐서 운다. 자서전을 마무리하고 눈물을 닦는다. 햇살 머금은 나뭇잎 사이로 쏟아지는 평화, 울어도 괜찮은 흐뭇한 날이다.

| 차례 |

| 추천사 | 용기와 희망을 전하는 등불   이재홍 004
| 추천사 | 진정으로 승리하는 자의 귀감   문신자 007
| 책을 펴내면서 | 울어도 괜찮은 날   장태호 010

01 두 번 태어나다

두 번 태어나다	018
엄마 같은 수녀님	027
다섯 밤 자고 나면 데리러 올게	033
소년의 눈물	040
거짓말쟁이 수녀님	044
파리 목숨	047
이 잡는 날	050
손으로 걸어간 학교	053
어린 도둑, 허기진 마음을 훔치다	058
공부 잘하는 소년	065
야구 방망이는 솜방망이	070
보모 누나가 오다	077
자살 바위	080

02 살아야 할 운명

누나가 가고 없다	088
저 자식 재수 없는 새끼야	090
칼갈이와 이갈이	095
이불 속 울음	099
상처 난 꽃	103
그림자와 나눈 대화	107
시계 수리 학원에 다니다	111
보모 누나를 찾아 가출하다	116
화장실에 빠트리다	119
태어난 죄밖에	123
부러진 목발	128
부엉덤에 다시 오르다	132
살아야 할 운명	141

03 쓰레기통을 뒤졌고 죄인이 되고 싶었다

금호강을 바라보며	146
시계 수리에 빠지다	149
교동시장 시계방 골목	155
넝마주이에게 끌려가다	161
앵벌이 하다	164
기다리는 몽둥이	168
다시 일상으로	171
열쇠 공장	173
버스 안에서	177
얼은 모유에 찬물을 섞어	179
쓰레기통을 뒤졌고 죄인이 되고 싶었다	184
빵을 훔치고 연필을 슬쩍하다	188
후배에게 손찌검하다	192

04 희망을 수리하는 시간

보름날엔 깡통 들고 금호강으로	196
말썽꾸러기	199
미군 부대 쓰레기통을 터는 좀도둑	201
선생님 집 방문	205
친구 창섭이	209
희망을 수리하는 시간	215
왕따 그리고 결심	218
마침내 보육원을 나오다	224
서울살이	229
경남 거창에서 흘린 눈물	232
이산가족 찾기, 누가 이 사람을 아시나요	236
엄마를 만나다	240

05 목발 위에 핀 꽃

목발 위에 핀 꽃, 금메달	248
갈등	253
대구에서 다시 시작하는 태성당	258
후진 양성	264
빚보증	276
설움에서 부러움까지	287
아내를 만나다	292
스쳐 간 쌍둥이	310
목발 대신 총을 들고 싶었다	314
로렌조 수녀님	319
보모 누나와 재회	323
이젠 울어도 괜찮아	327
바람의 집, 성보원	339

| 글을 마치며 | 감사합니다 | 350 |

01
두 번 태어나다

두 번 태어나다

1960년 7월 9일 아버지 장경오와 산골 마을 버스 정류장 옆 작은 대폿집에서 일하는 엄마 황주순 사이에서 오 형제 중 막내로 태어났다. 세상은 더위로 한창이었고 네 명의 형이 신기하게 나를 바라보았다. 엄마는 나를 품에 안고 어린 동생을 잘 돌보라고 형들에게 일렀다. 포대기에 싸여 배냇짓을 하고 하품을 하고 꼼틀거리는 모습이 신비로웠는지 형들은 몽실한 내 발과 손을 수시로 만져주었다. 형들의 순수한 촉감이 좋았던 나는 아랫잇몸에 난 이를 드러내어 엉글벙글 웃으며 주먹을 빨았다.

형들은 먹성이 좋았다. 먹을 게 생기면 서로 먹으려고 아우성쳤다. 뺏고 빼앗기며 아옹다옹 싸우다 엄마에게 얻어맞기도 했다. 없는 형편이라 자식들 배 채울 것도 부족했으니 엄마 입속에 들어가는 건 거의 없었다. 푸성귀를 먹고 내어주는 엄마의 빈 젖꼭지만 빨다 만족하면 웃고 부족하면 울었다. 미역국도 제때 못 먹은 산모에게서 무엇을 기대할까. 괸 젖이 없어 노상 감질났다. 양껏 먹지 못해 울부짖으면 엄마는 나를 얼른 둘러업고 궁둥이를 두드렸다. 등에 업는 것만이 어린 내가 젖에 욕심내지 않는 방법이라는 걸 엄마는 이미 네 명의 아들을 통해 알고 있었다. 나는 젖을 찾으며 꼬물댔다. 부드럽고 따스한 젖꼭지를 찾던 나는 땀에 전 엄마의 뒷등에서 주먹을 입에 넣고 오물거리다 잠이 들었다. 어떤 때는 엄마의 심장 박동 소리를 들으며 강한 울음으로 욕구를 분출했다. 말을 할 수 없었으니 나로서는 가장 노골적인 표현이었다.

입에 풀칠하는 게 고작이었다. 그럴 만도 한 것이 가깝게는 전쟁을 겪었다. 1950년 6월 25일 새벽에 일어난 한국전쟁이 1953년 7월 27일에서야 휴전되었다. 총성이 멎은 땅에서 먹고살기는 쉽지 않았다. 네 집 내 집이 없이 가난에 허덕이던 시절이었다. 배고프면 보채고 몸이 편안하면 웃고 고통스러우면 칭얼거리는 것 외에 나는 달리 표현할 수 있는 게 없었다. 설령 울음으로 감정을 드러낸다고 해도 돌아오는 건 엄마 손이 궁둥짝을 스쳐 갈 뿐이었다.

아무도 없이 혼자 용쓰며 몸을 뒤집었다. 배밀이를 할 때도 엄마는 푼돈 벌이에 바빠 나와 눈 맞춤을 하지 않았다. 형들이 교대로 내 손을 잡아주며 놀았다. 앉을 수 있도록 작은 몸으로 큰 기둥이 돼주기도 했다. 하지만 노는 데 급급했던 형들이 생각 없이 빨딱빨딱 일어나는 바람에 몸을 가누지도 못하는 나는 푹신하게 깔아 놓은 이불 위에서 앞으로 옆으로 뒤로 넘어지기 일쑤였다.

놀이터는 주로 좁은 앞마당이었다. 형들이 즐겨 했던 놀이는 짤막한 나무토막을 긴 막대기로 쳐서 날아간 거리를 재어 승부를 정하는 자치기나 못 쓰는 종이를 이용해 만든 딱지치기가 다였다. 구경꾼은 나밖에 없었고 시간이 지나면서 바람과 햇살이 몰려들었다. 형들이 틈틈이 내게로 와 까꿍 하고 어르면 나는 까르르 웃어주었다. 나무와 들꽃을 바라보며 옹알이를 했다. 형들과 같이 마당에서 넘어지며 걸음마를 떼고 말을 배웠다. 파란 하늘과 푸른 들판이 있고, 산새 울음과 들꽃이 서로 섞여 있고, 흙냄새와 풀냄새가 진하게 풍기던 이곳이 집 떠나기 전, 내 어린 시절의 마지막 요람처였다.

살면서 가끔 생각했다. 엄마는 내 태몽을 꾸었을까. 백일을 기려 아들의 무병장수를 빌어 주었을까. 동네 사람들을 불러 조촐한 돌잔치라도 치렀을까. 했다면 돌잡이 때 실타래를 잡았는지 연필을 쥐었는지 돈을 골랐는지 모든 게 궁금했지만, 기억에도 없고 훗날 들은 바도 없었다. 유일하게 생각나는 건 딱 하나 있었다. 그것도 선명하지 않은 희미한 엄마 모습이었다. 기억이 맞다면 세 살 무렵, 아마도 내가 버려지기 전이지 싶다. 엄마가 나를 평상에 눕혀 놓고 물오징어를 널었다. 젖은 오징어를 빨랫줄에 펼쳐 놓으며 허리를 숙였다가 펴고, 때로는 옆으로 몸을 돌려 나를 확인하던 얼굴이 기억의 전부였다. 크면서 마른오징어나 느질느질한 생오징어를 볼 때면 선명하지도 않은 어릴 때의 기억으로 울적할 때도 있었다. 그럴 때는 사람이 다니지 않는 길목에서 나 같은 처지의 허름한 의자에 한참 앉아 있는 것만으로도 위로가 되었다. 울고 웃고 소아마비를 앓아서 버려지기 전까지의 기억은 온전한 내 것이 아니었다. 고아인 줄 알았다가 스물두 살 때 가족을 만나고 나서 어릴 때 내 모습을 알게 된 사실들이다. 머릿속을 다 뒤져도 다른 기억은 없고 엄마의 아련한 그 광경만 가슴 한구석에 또렷이 각인되어 있었다. 아주 오래된 끈끈이 자국처럼 뇌리에 검질기게 달라붙어 있는 기억의 확인을 위해 큰형에게 물어보았다. 엄마가 바닷가에서 오징어 장사를 했다며 네 기억이 맞다고 일러 주었다.

  1982년 식구들이 한자리에 모였다. 그동안 단단히 묶였던 매듭을 끌렀다. 어쩔 수 없이 핏줄을 저버렸다는 엄마의 변명 아닌 변명을 들었다. 그 말에 나는 속으로 울부짖었다. 그때는 소아마비에 걸려 절름발이가 많던 시절이었다. 아무리 가난했어도 반짝이는 자식의 두 눈을 버려서는 안 되었다고, 희망이 있는 내 삶의 기회를 당신이 마음대로 버리는 바람에 아들의 인생은 처참했다고 소리치고 싶었다. 나를 버린 무정한 엄마였어도 그래도 낳아 준 분이라고 오징어를 널던 그 모습이 늘 옹이처럼 가슴에 박혀있었다. 나를 버려야만 했던 구실을 듣고 있자니 멍든 가슴팍을 또 걷어차이는 느낌이었다.

세 살 되던 해 나는 지독한 고열에 시달렸다. 높은 열에 들볶여도 외모는 또래 아이들과 다르지 않았다. 걷고 보고 듣고 말하는 것도 같았다. 이런 아이가 앞으로 걷지 못할 것이라는 사실을 아무도 알아채지 못했다. 첫아이도 아니고 몇 번의 경험 끝에 낳은 아이가 나였다. 그랬으면 면역성을 더 튼튼하게 만들어 내야 하지 않았을까. 한 가족의 막내로 태어나서 귀여움을 받으며 사랑스럽게 커갈 줄 알았다. 착각이었다. 행복은 오래 가지 않았다. 형들이 먹다가 건네준 눈깔사탕을 입안에 넣고서도 한없이 웃었던 내 인생이 새롭게 바뀌는 순간이었다.

잘 걷던 아이가 걷지를 못했다. 시간이 지나면 차츰 다리에 힘이 오르고 회복될 줄 알았다. 그 기대와는 달리 나는 자리에 누워 있는 날이 많았고 시들어가는 두 다리 때문에 집안의 걱정은 이만저만이 아니었다. 처음엔 엄마와 형들이 힘없는 다리를 보듬으며 교대로 업고 다니며 잘 보살펴주었다. 그러나 흐르는 시간이 나에게도 가족에게도 용한 약이 되어주지는 못했다. 갈수록 제 역할을 못 하는 두 다리는 엄마나 형들의 눈총을 받는 골칫거리로 변해 갔다.

아픈 아이를 두고 이러지도 저러지도 못하던 어느 날이었다. 누워 있는 내 곁에서 외국에 가면 막내의 병을 고칠 수 있다고 말하는 엄마와 그 방법을 모색하기엔 어린 형들이 서로 머리를 맞대고 있었다. 그 당시 외국인이라면 아마도 신부님을 염두에 두고 말한 것 같았다. 가장인 아버지는 밖으로만 돌았고 집에는 들어오지 않았다. 생각해 보면 엄마 혼자서 자식 다섯을 키우려면 소아마비에 걸린 아픈 나를 어떻게 해야 하는 것 외엔 달리 선택의 여지가 없었을 것이다. 수녀원에 맡길 것인지, 포항 성모자애원 앞에 버려둘 것인지를 의논 중이었다. 짐스러운 존재로 전락해 버린 나는 아무것도 모른 채 엄마와 형들을 번갈아 보며 해맑게 웃었다.

기적은 일어나지 않았다. 며칠 후 나는 포항시 북구 청하면에 위치한 수녀원이 가까운 어느 냇가 부근에 버려졌다. 그 누구도 아닌 뱃속에서 열 달을 품었던 엄마의 결정에 따라 생이별을 당했다. 천진스러운 내 표정을 보았을 것이고 맑은 눈동자를 읽었을 것이다. 내 목소리와 젖내까지도 몸속 깊이 배어 있었을 것이다. 아들이 보내는 사랑의 감정과 언어가 담긴 눈망울, 그 시선을 외면하고 엄마는 냉정하게 막내 아들을 밖으로 내몰았다. 세 번의 봄이 지나고 세 번의 여름이 뜨겁게 진행되었을 때 성가신 생명이었던 나는 결국 낯선 개울가 뜨거운 태양 아래에서 죽음을 기다리는 신세가 되었다.

얼마나 지났을까. 갓난아이처럼 포대기에 싸인 채 서럽게 우는 나를 지나가던 외국인 신부가 발견했다. 당황한 신부는 나를 안고 조금 떨어져 있는 수녀원으로 갔다. 그쳤다가 울고 울다가 잠잠해지는 울음보는 끝날 줄 몰랐다. 더 이상 울 힘이 없었을 때 누군가가 내 눈물을 닦아 주었다. "괜찮아, 울지 마. 이제부터는 여기가 네 집이란다. 아이야." 포근한 목소리가 온몸을 감싸주었다. 그 목소리를 따라 고개를 들고 천천히 둘러본 실내는 조용했다. 내가 살던 눈에 익은 허름한 집이 아니었다. 또래의 아이들과 할머니 할아버지들이 나를 내려다보는 낯선 곳이었다. 땀 냄새로 가득했던 엄마의 살냄새도 맡을 수 없었다. 어부바, 하고 나를 업어주던 형들도 보이지 않았다. 불안이 몰려왔다. 시간이 지나도 엄마와 형들은 나타나지 않았다. 여러 날이 흘렀다. 기억 속의 다정했던 가족은 잊혀 갔고 얼굴도 가물가물해 갔다.

모르는 사람들과 새로운 가족이 되었다. 네 살에 다시 태어나는 아이가 어디 있을까. 나는 경북 포항시 남구 송정동 30-7번지, 수녀원이 운영하는 '자애원'에서 1963년 7월 3일 두 번째 출생 신고를 마쳤다. 그래도 하느님은 허슬한 생명이었지만 당신이 만든 창조물의 일부인 까닭에 나를 거두어주었다. 하느님의 자식으로 호적에 오르고 생모와 이어졌던 탯줄은 잘려 나갔다. 나는 물컹거리는 다리를 만지며 내가 어디에서 지내고 있는지 차츰 알아갔다. 경계의 눈빛을 풀었다. 생소한 사람들과도 친숙해졌다. 태어나서 처음으로 보았던 산과 하늘과 새와 들꽃들이 여기에도 지천이었다. 그날 장맛비라도 내렸으면 어찌 되었을까. 유순한 냇물도 큰비에는 타고난 제 기질을 어쩌지 못한다. 그랬다면 나는 불어난 강물을 떠다니다 어느 강둑에서 숨이 멎은 채 발견되었을지도 모를 일이다. 슬픈 운명을 쥐고 태어난 아이, 어미와 살아생이별하고 죽음과 마주했던 세 살의 천진난만했던 아이. 내 속의 또 다른 그 아이를 생각하면 지금도 온몸에 전율이 인다.

  아버지가 있었다면 인생이 달라졌을까. 나는 당신의 수억 마리 정자 중에서 특별히 선택되어 엄마의 난자와 결합해 잉태되었다. 내게 수컷의 생식 세포만 물려 주었을 뿐 한량으로 살아온 아버지는 내가 세상에 나온 날도 집에 없었다. 아버지는 떠도는 바람이었다. 금방 왔다가 어디로 가는지도 모를 한 점 바람과도 같은 분이었다. 하루 이틀 집을 비울 때는 무사히 돌아오기만을 기다렸지만 떠도는 날이 잦을수록 엄마도 지치고 말았다. 엄마가 우리를 아무리 감싼다고 해도 집안은 눈물에 축축이 젖어 있었다. 아버지에게 엄마는 종족 번식의 수단일 뿐 그 이상의 의미는 없어 보였다. 세상을 떠돌지 말고 가족 곁에 뿌리를 내릴 수는 없었을까. 그랬다면 나도 정해진 곳 없이 이곳저곳을 떠돌지 않았을 텐데 말이다. 얼굴도 모르고 본 적도 없는 아버지. 처자식을 팽개치고 밖으로만 나돈

아버지는 훗날 가족들을 상봉했을 때도 이 세상 사람이 아니었다. 사진으로만 대면했다. 가족을 돌보지 않는 남편 때문에 마음고생 몸고생하며 가정을 일구어 온 엄마였다고 해도 아픈 새끼를 저버린 행동은 정당화될 수 없었다. 젖을 먹고 웃던 모습, 눈동자를 고정하고 입을 오물거리며 자기의 얼굴을 바라보던 모습들이 눈에 밟혀서라도 어찌 그리 모진 생각을 했는지 몇 해 전에 돌아가신 엄마지만 가끔 원망스럽기도 하다.

  나는 자애원에서 무럭무럭 자랐다. 같은 또래보다 왜소한 신체를 지녔지만 수녀님의 사랑으로 단단한 열매로 성장해 갔다. 먹어보지 못한 음식을 먹었고 장난감을 먼저 차지하려고 다투지도 않았다. 몸집이 커가는 동안 계절도 여러 번 오갔다. 나무마다 봄이 열리고 여름이 익어가고 가을바람이 오고 한기를 머금은 찬 바람도 하얀 눈도 다녀갔다. 삶이 색다르게 시작되었고 내 어린 유아기도 새로이 시작되었다. 엄마 대신 수녀님이 따스하게 보살펴주었다. 돌아보면 절절한 세월이었다. 하지만 이곳과의 만남은 축복이었다. 내 생애 가장 행복했던 공간이었다. 어쩌면 자애원은 하느님이 내게 보내준 아주 특별한 선물이었는지도 모른다.

엄마 같은 수녀님

어린 마음에 수녀님의 아들이 되고 싶었다. 엄마라고 부르고 싶었지만 차마 그 말은 나오지 않았다. 베일을 쓴 수녀님이 손으로 성수를 찍어 성호를 긋고 두 손을 모아 눈을 감았다. 기도가 끝나면 엄지손가락 끝으로 묵주를 돌리며 또다시 묵상기도를 올렸다. 나는 줄에 꿰어진 작은 구슬 묵주가 되어 그 곁을 맴돌았다. 수녀님이 드리는 기도가 무언지 몰라도 그 시간만은 눈치껏 조용히 있었다. 나도 차분해지는 시간이었다.

자랄수록 바깥 구경이 어려웠다. 땅을 자박자박 밟으며 힘차게 뛰어놀고 싶었는데 늘 혼자서만 이리저리 옮겨 앉으며 놀았다. 날이 밝아도 기어다녔고 어두워도 팔을 짚으며 여기저기 오갔다. 어쩌다 외출에서 돌아와도 내 발자국은 찾아볼 수가 없었다. 바람에 날린 새 발자국 흔적과 같을 뿐이었다. 나이는 먹었어도 체중이 나가지 않아 가까운 거리는 주로 업혀 다녔다. 몸은 잘 자라지 못했지만, 마음은 쑥쑥 커갔다. 가슴을 잔뜩 웅크리고 있으면 수녀님이 따스하게 어루만져 주었다. 엄마와 다름없는 존재였기에 그저 졸졸 따라다녔다. 붙임성이 좋아 잘 따랐고 개구쟁이 짓도 많이 해 주위를 밝게 했다고 훗날 수녀님이 들려주었다.

그사이 새로운 한 해가 시작되었다. 이제 기어다니는 데는 선수가 되었다. 아침부터 저녁까지 몸통으로 기어다녀 바지의 무릎 부분이 빨리 닳았고 바닥 청소도 자연스럽게 되었다. 어릴 때는 넓은 방을 돌아다녀 신났지만, 생각이 자라면서부터는 가끔 내가 꾸물꾸물 기어다니는 지렁이 같다는 생각이 들었다. 그런 나를 구경하면서 미꾸라지가 날렵하게 움직이는 것 같다고 할머니 할아버지들이 웃으며 놀려도 기분 나쁘지 않았다.

수녀원에서 운영하는 유치원을 다녔다. 간식으로 나눠주는 맛있는 과자도 먹었다. 수녀님이 바느질하면 그 옆에서 숫자 공부를 했다. 일에서 백까지 배운 숫자를 차례대로 쓰고 읽기를 반복했다. 한글도 익혔다. 같은 또래가 여럿 있었지만 유독 귀여움을 받으며 자랐다. 장애아라서 수녀님의 마음이 더 쓰인 것 같았다. 공부하다가 지루해 연필을 놓으면 억지로라도 다시 쓰고 읽게 했다.

문제가 어렵다고 몸을 배배 꼬면 할 수 있다고 어깨를 토닥여 주었다. 천천히 읽고 숫자를 자세히 보다 보면 답이 나온다고 온화한 눈빛으로 말해주었다. 생각해 보면 다리 장애를 지닌 아이가 잘할 수 있는 건 공부밖에 없다는 것을 수녀님은 알고 있었던 것 같다. 공부라도 잘해야 남에게 업신여김을 당하지 않는다는 것을 미리 느끼고 긍휼을 베푼 것 같다. 수녀님은 내게 자상한 엄마이자 근엄한 선생님이었다.

눈치를 알고 행동할 때쯤이었다. 눈치코치를 다 안다 해도 정작 내가 걷지 못한다는 사실은 전혀 몰랐다. 시간이 지나면 다리에 힘이 들어가고 친구들처럼 걸을 수 있다고 믿었다. 아직은 아픈 다리가 덜 나아 일어서고 걷는 게 불편하다고만 생각했다. 그러나 굳은 신념은 나를 막막하게 만들었다. 시간이 흘러도 혼자서는 일어날 수가 없었다. 양손으로 바닥을 짚으며 일어서는 훈련을 해도 그 자리에 다시 주저앉는 연습만 되풀이되었다. 왼쪽 다리는 그나마 힘이 좀 들어가 다리 흉내라도 냈지만, 오른쪽 다리는 아무리 용을 써도 남의 다리 같았다. 혼자서는 한 발짝도 내딛지 못했다. 대장장이는 쇠붙이를 수없이 담금질해 아주 강한 철을 만들어 내지만 나는 힘없는 다리를 숱하게 담금질해도 발이 바닥에 닿는 순간 맥없이 내려앉고 말았다. 그러니 눕고 앉고 기어다니는 것이 일상이었다. 더 이상 걷지도 달리지도 못한다는 사실에 슬펐다. 땅 위를 마구 내달리고 싶었다. 그러나 그것은 한낱 꿈에 불과했고 그림의 떡이었다. 걷지 못하는 아이로 변해 가는데도 아릿하게 남아 있는 기억 속의 엄마는 끝내 나타나지 않았다.

나에 대한 수녀님의 인내는 초인적이었다. 내 다리를 고쳐주려고 서울의 큰 병원까지 문을 두드렸다. 여기서는 원하는 답을 들을 수 있으리라 믿었는데 가는 곳마다 고칠 수 없다는 대답뿐이었다. 그래도 수녀님은 하는 데까지 해보겠다며 나를 서울에 있는 삼육재활원에 입원시켰다. 8개월 동안 있었으나 결국 못 고치고 돌아왔다. 부실한 다리로 수녀님에게 업혀 다니는 것도 미안한데 일곱 살이나 먹은 놈이 어이없게도 고결한 등에 오줌까지 싸버렸다. 부끄러웠다. 언제까지 나를 돌봐줄까. 나를 싫어하지는 않을까. 언젠가는 내게 싫증을 내고 떠날지도 몰라. 나를 계속 돌보지는 않을 거라는 생각에 걱정이 태산이었다. 자꾸 눈치가 보였다. 오히려 아무것도 모를 때가 나았다.

수녀님 품에서는 아늑한 냄새가 났다. 근심에 잠긴 얼굴로 일곱 살의 소년을 바라보는 눈동자엔 파란 하늘의 흰 구름과 가을꽃이 고요히 피어 있었다. 아파서 보챘는지 잠재의식 속에 갇힌 엄마 생각에 징징대었는지 알 수 없지만 서러운 눈물이 흐르면 손수건으로 말없이 닦아주었다. 내 깊은 슬픔을 잘 이해해 주었다. 특히나 환한 미소는 더없는 구급약이었다. 대도시의 병원까지 다녀오고 나서야 앞으로도 걸을 가망이 없다는 절망적인 사실을 온몸으로 터득하며 살았다. 바윗덩이에 짓눌린 잡초처럼 다리는 일어날 생각이 없었다. 나는 서글펐지만 수녀님은 웃음을 잃지 않았다. 지금 생각하면 수녀님은 내가 스스로 걷지 못할 것을 미리부터 눈치채고 그 방패막이로 공부해야 함을 머리에 주입한 건지도 몰랐다.

어릴 때부터 나는 동갑내기들보다 영리했다고 한다. 공부를 위해서는 학교가 있는 시설로 가야 했지만 신체적인 결함이 있는 내가 안쓰러워 수녀님은 나를 다른 곳으로 보내지 못하고 붙잡고 있었다. 네 살 때 축축한 기저귀를 벗었다. 그러고는 구석 자리에 놓인 요강으로 기어가 소변을 보았다고 훗날 수녀님이 들려주었다. 비운의 현실 앞에 나타난 조력자. 엄마를 대신해 정성껏 키워 준 정 많고 든든한 수녀님을 엄마처럼 따랐지만, 내가 어떤 존재였는지 가끔 궁금하기도 했다. 로렌조 수녀님의 숭고한 사랑 덕분에 내 유아기는 명랑했고 흐린 데 없이 밝았다. 따뜻한 돌봄이 있었기에 병약했지만 활발하게 성장할 수 있었다.

내가 더 이상 이곳에 머무르면 안 되었다. 다른 어딘가로 옮겨가야 했다. 여덟 살의 소년은 수녀님이 마련해 준 도타운 재킷을 입고 작은 가방을 어깨에 둘러멨다. 목발이 없으면 걸을 수 없다는 사실을 알게 되면서 크게 절망했지만, 지금의 이 목발이 앞으로 든든한 다리가 되어줄 것으로 생각했다. 겨울이 시작될 무렵이었다. 나는 수녀님과 자애원을 나섰다. 몇 시간 후 대구에 있는 성보원에 도착했다.

다섯 밤 자고 나면 데리러 올게

여덟 살 소년이 들어선 곳은 딴 세상이었다. 혼자서는 몸을 가누지 못하는 또래부터 도움을 받아야만 밥을 먹을 수 있는 늙은 할아버지와 할머니. 자리에 누운 채 나를 멍하니 쳐다보는 아이, 뒤틀어진 몸으로 손가락을 비트는 아이까지 지금껏 보지 못했던 사람들이 한데 모여 있었다. 겁이 났다. 자애원이 봄날의 수채화였다면 성보원은 봄날의 수묵화였다. 무엇보다 분위기가 우중충했고 사람들의 얼굴이 험악해 보였다. 나는 기겁을 하고 수녀님 뒤로 숨었다. 잠시 겪은 괴상한 풍경들이 무서웠다. 놀란 가슴이 계속 콩닥콩닥 뛰었다. 손에도 땀이 났다.

수녀님 곁에 바짝 붙어 섰다. 검은 수녀복을 붙잡고 늘어지는 나를 수녀님이 달래며 "다섯 밤 자고 나면 데리러 올게."라고 조용히 말했다. 금방 오겠다는 따스한 목소리에 돌아오면 나를 더 품어 줄 것으로 생각하고 기다리기로 했다. 내 등을 두드려 주면서 그날 오겠다고 언약하고 떠나가셨다. 수녀님과 이렇게 떨어져 있는 건 처음이었다.

눈앞에 낯선 사람으로 가득했다. 너무 무서워 심장이 오그라드는 것 같았다. 덩치 큰 형들의 눈초리가 매서웠고 다 같이 쓰는 방 분위기도 어색했다. 나는 약속한 그날을 손꼽아 기다리며 내내 울기만 했다. 처음엔 나를 외국으로 입양 보내려고 했다. 그러나 밥도 먹지 않고 울고 보채기만 해서 보내지 않았다. 여북하면 그들이 나를 지적 장애아로 취급했을까. 지금 생각하면 어린 날 동고동락하며 지냈던 사람들보다 말은 하지 못해도 느낌으로 친구가 되어 준 자연과 밤하늘의 별들이 더 위로되었음을 고백한다.

하루, 이틀 지나고 약속한 날짜가 되어도 수녀님은 오지 않았다. 밥도 안 먹고 기를 쓰며 울어댔다. 얼마나 울었던지 핏줄까지도 말라붙어 버린 기분이었다. 보다 못한 형들이 나에게 그만 입 닥치라고 주먹을 휘둘렀다. 날아오는 주먹은 돌덩이였다. 한 번의 손찌검이 두 번이 되고 세 번이 되었다. 주먹으로 머리를 쿡쿡 쥐어박을 때도 있었다. 가뭄에 갈라진 마른 논바닥처럼 내 영혼에 쩍쩍 금이 갔다.

새로운 생활에 익숙해져야 했다. 나를 대하는 같은 처지의 원생들 눈빛도 점점 사나워져 갔다. 불안하고 두려웠다. 한 번도 보지 못한 사람들의 일그러진 모습이 공포를 불러일으켰다. 고함은 기본이었다. 짜증 섞인 목소리도 괜찮았다. 더 소름 끼치고 가혹한 일들이 깔려 있었기 때문이다. 언제 다시 포항자애원으로 돌아갈 수 있을까를 생각하니 눈시울이 뜨거웠다. 이곳에 오던 날부터 늘 그곳의 마당과 꽃, 친구들과 수녀님이 머릿속에 떠다녔다. 장애를 지닌 내가 생활하기엔 떠나온 자애원이 낙원이었다. 어둠 속 한 줄기 빛이었던 수녀님을 초조하게 기다렸다. 끝내 약속은 이루어지지 않았다. 두 번 다시 만날 수도 볼 수도 없었다.

수녀님은 나를 안심시켜 이곳에 독립시키려고 했던 게 분명했다. 그렇지 않고서야 몇 달이 지났는데도 나타나지 않을 리가 없었다. 나에게 아픔과 슬픔을 주면서 상처와 고난을 경험하고 극복하며 스스로 자신을 다지며 살아가도록 시험하는 것이었다. 그 시련치고는 너무나 가혹했다. 나는 숨만 쉬는 박제된 아이가 되어 갔다.

고운 말씨보다는 욕설이 먼저 튀어나오고 막돼먹은 형들의 명령이 마구 날뛰는 곳이었다. 그러니 고분고분해질 수밖에 없었다. 이곳으로 온 날부터 미운털이 박힌 나는 그림 속에 그려진 아이였다. 누구의 손에 묘사되느냐에 따라서 누워 있기도 하고 엎어져 있기도 하고 두 손으로 싹싹 비는 아이가 되기도 했다. 고달프고 서러운 생활의 연속이었다. 싸우는 소리, 우는 소리, 병들어 신음하는 소리로 보육원은 바람 잘 날이 없었다. 그 속에는 늘 내가 끼어 있었다. 날마다 소란스러운 곳이 어쩌다 고요하면 오히려 더 불안했다. 언제 터질지 몰라 마음이 조마조마하다가도 용케 탈 없이 지나가면 밤잠도 푹 자는 날이었다.

몇 달이 지났다. 서너 살 위인 덩치 큰 형들이 한쪽 다리가 불편한 아이와 양쪽 목발을 짚은 나에게 권투 장갑을 끼워주며 시합을 붙였다. 누가 봐도 뻔한 대결이었고 결말이었다. 나이 많은 형들이 대장이었고 그들의 말이 곧 법이었다. 두 목발에 의지해야 하는 나는 일방적으로 달려드는 아이에게 얻어맞았다. 복부에 주먹이 꽂히고 얼굴과 몸에 사정없이 주먹이 날아들었다. 코피가 터졌다. 맞는 것은 괜찮았다. 그냥 친구와 싸우다 일어난 일이라고 생각하면 되었다. 하지만 아무 이유도 모른 채 구경하고 있는 아이들 앞에서 서로 주먹질하며 수모를 당하는 게 싫었다. 더 이상 맞지 않으려고 상대방 아이의 손등을 깨물었다. 목발 때문에 손을 쓸 수 없는 처지의 내가 택한 제일 나은 방법이었다. 온몸에 피멍이 들었다. 상징물처럼 늘 멍 자국을 달고 다녔다. 지난번에도 많이 운다고 손찌검을 했다. 이번에는 시합이라는 명분 속에 형들의 감정을 숨기고 있었다. 맞은 내가 불쌍하다며 악어의 눈물까지 흘렸다.

나는 겉으로 울지 않았다. 속으로 울면서 이를 악물었다. 내게 주먹을 날린 아이보다 한쪽 다리가 편하지 않은 그 아이를 이용해 나를 골탕 먹인 형들을 노려보며 분노를 삭였다. 언젠가 되갚겠다는 복수를 입다짐했다. 잔인한 격투를 지켜보던 형 하나는 서로 엉겨 붙어 있는 모습이 우스운지 킬킬거렸다. 화난 코브라처럼 고개를 빳빳이 세워서 치고받는 우리에게 "우~우" 하며 야유를 보내기도 했다. 무엇이 그리도 흡족했는지 입으로 생중계하듯 신나게 떠들어댔다.

나는 다리 병신이고 부모도 없었다. 그들은 이미 마음껏 몸을 푸는 상대로 나를 점찍어 두고 있었다. 권투 시합에서 졌다고 또 얻어맞았다. 형들은 사이좋게 지내는 법을 일러 주는 게 아니라 서로 물고 뜯고 싸우는 법을 먼저 가르쳐주었다. 내 신체가 보통 아이들과 다르다는 것을 빌미 삼아 횡포는 계속되었다. 보복이 겁이 나 원장님에게 일러바치지도 못했다. 그들의 뜻에 따라 움직여야 했던 나는 자기들의 심심풀이 놀이에 바쳐지는 완전한 제물이었다.

몇몇 형은 더 악질이었다. 무슨 통치자라도 된 듯 거들먹거렸다. 나를 때린 형들이 신체 하나 건강한 걸 빼면 나보다 제대로 나은 게 있는가 싶었다. 어리다고 해도 내 마음에도 보는 눈이 있었고 듣는 귀가 있었다. 잘못하지 않았다고 해도 내 말엔 귀를 열어주지 않았다. 들어주려 하지도 않았다. 그 상황을 보지 않았으면서도 네가 잘못했잖아 하고 낙인부터 찍었다. 저승사자가 따로 없었다.

　대체 내 어떤 행동이 형들을 화나게 하고 혀를 쯧쯧 차게 만들었을까. 도무지 이유가 생각나지 않았다. 언짢게 한 것이 있으니 이렇게까지 나를 못살게 하지. 도리어 나에게 문제가 있을 거라는 생각을 하게 되었다. 그래도 내겐 모진 고문이었다. 소년의 순수함이 조금씩 몸에서 빠져나갔다. 선한 게 나를 구성하고 있다고 믿었는데 나도 모르게 악에 물들어 있었다. 방에서도 내 자리는 끝자리였다. 이곳에 들어온 날부터 맨 끝에 누워서 눈을 감고 떠야 했다. 구석 자리에 새우같이 몸을 옹그려 눈물을 흘렸다. 자애원이 그리웠다. 생각만 해도 그곳은 따뜻한 영혼의 요람이었다.

　여기는 늘 고통이 잠복해 있었다. 내일은 괴로움이 어디쯤에서 진을 치고 있을까 두려워서 잠도 오지 않았다. 곳곳에 잔인한 선택이 숨어 있었다. 내가 고를 수 있는 것도 아니었다. 어디서든 나오는 대로 발길질을 받아내고 휘두르는 몽둥이를 받아내야 했다. 피하면 피한다고 대가가 따랐다. 나는 이미 여러 번 밟힌 놈인데 짓뭉개기까지 했다. 보기만 해도 끔찍한 행동을 형들은 질서를 잡는다는 이유로 합리화시켰다. 이러는 게 가족일까. 나도 모르게 만들어진 가족, 피가 한 방울도 섞이지 않은 이상한 가족을 인정할 수 없었다. 그래도 목숨은 부지해야 했다. 거친 말투와 욕설이 기본인 끔찍한 사회생활의 시작이었다.

계절은 찬 바람을 몰고 왔다. 날씨가 추워도 처지가 비슷한 또래끼리 싸움을 붙였다. 온몸에 심한 통증이 일었다. 몸은 얻어맞는 데 단련이 되었지만, 아직 성숙하지 못한 어린 마음은 계속 아플 뿐이었다. 남한테 상처를 주기 싫었다. 흠씬 두들겨 맞아 봐서 알기에 그 아픔을 누군가에게 전해준다는 것은 곧 나의 상처라는 걸 체험했기 때문에 맞는 게 오히려 편했다. 나를 비웃고 시기하는 웃음소리가 오랫동안 귓전을 파고들었다. 더 이상 형이라고 부를 수 없었다.

소년의 눈물

　　　　　　　아침이 절룩거리며 찾아왔다. 울상이 된 내 그림자도 절름발이가 되어 나를 따랐다. 오른쪽 바짓가랑이가 겉돌았다. 그것을 바라보는 내 마음도 헐렁했다. 갈수록 앉은뱅이가 되어 가는 것 같은 마음에 빛 한 줌 들어오지 않았다. 내가 가진 모든 게 가난했다. 걸핏하면 주먹질을 당하는 바람에 선배들의 겉모습만 보아도 두려움이 밀려왔다. 잠시라도 평안해지려면 최대한 그들을 피해 다니는 게 상책이었다. 큰 상처를 가장 가까운 사람에게서 두 번이나 받았다. 엄마와 수녀님에게서 버림받은 것보다 더한 시련이 있을까 싶었는데 여기서도 배척당해 앞으로 닥쳐올 일이 걱정되어 늘 불안에 시달렸다.

　내 눈에 비치는 모든 것이 나처럼 맥없어 보였다. 마음이 아팠다. 억울하고 분할 때는 수녀님이 떠올랐다. 철이 들면서부터는 어렴풋한 엄마도 그리워졌다. 꽃씨 속에 꽃이 숨어 있듯 내 속엔 엄마의 뿌리가 남아 있었다. 왜 나를 버렸을까. 넉넉지 못한 살림살이였다 해도 조금만 더 내게 신경 써 주었더라면 나도 정상적으로 성장했을 텐데 말이다. 나를 버린 엄마와 돌아오지 않은 수녀님에게 배신을 당했지만, 생각이 깊어지면서 정작 다리병신인 내가 그 두 사람의 가슴에 메워지지 않는 못 자국 같은 존재는 아닐까 하는 자괴감이 들 때도 있었다.

간밤에 꾼 꿈을 생각했다. 검은 사람의 형체가 내 가슴에 십자가를 긋고 기도를 했다. 너는 '걸을 수 있어. 걸을 수 있다는 사실을 잊으면 안 돼.' 나직한 음성으로 말하며 두 다리를 어루만져 주었다. 그러자 거짓말을 할 때마다 코가 길어지는 동화 속의 나무 인형 피노키오 코처럼 내 다리가 밤하늘의 별을 향해 조금씩 조금씩 뻗어 나갔다. 벌떡 일어나 소리를 지르며 들판을 달리고 또 달렸다. 너무나 좋아서 감사의 기도를 드렸다. 꿇어앉아 두 손을 모으고 비는데 누가 나를 흔들었다. 고함도 들렸다. 감았던 눈을 뜨고 둘러보았다. 나이 많은 선배가 나를 향해 눈을 쌍그렇게 내리뜨고 발로 툭툭 차며 안 일어난다고 소리쳤다. 꿈이었다. 여전히 나는 엉덩이를 미적거리며 이리저리로 옮겨 앉았다.

아이들이 나를 보고 비아냥거리듯 웃었다. 아침부터 기분이 상했다. 나도 몸속에 따뜻한 피가 흐르는 생명체다. 감정이 있고 아픔을 알고 슬픔도 느낄 줄 안다. 그런데 언제부턴가 내 뼛속까지 원망이 들어차기 시작했다. 사람들이 밥을 먹고 힘을 얻듯 나는 눈칫밥을 먹으며 대처하는 힘을 길렀다. 가슴 한편에 싸움의 기술을 연마하고 싶다는 생각이 움텄다. 기술이라고 해봐야 물어뜯는 것밖에 없었다. 그 방법으로 선제공격하면 아무도 내 옆에 얼씬하지 못할 것이다. 그러나 깨물기도 전에 내가 먼저 중심을 잃고 쓰러지고 말았다. 이래저래 속상했다. 차오르는 서러움이 나를 파면해 버리는 느낌이었다.

　나는 벌레 먹어 썩어 가는 나무의 어린줄기였다. 그 줄기를 누군가가 잘라내고 건강한 나무에 접붙여주면 혼자서 걷지는 못해도 자신 있게 살아갈 수 있을 텐데. 그 역할을 수녀님이 잠시 해주었다. 그러나 잘 자랄 나무는 떡잎부터 알아본다고 했다. 나는 애초부터 안 되는 나무여서 가족에게도 돌봄을 받지 못했다. 원치 않았던 이곳의 생활, 나를 둘러싸고 일어나는 모든 일이 굴욕스러웠고 어린 후배들 보기에도 창피스러웠다. 밑바닥에서 유년 시절을 살고 있는 나는 정신만은 멀쩡했다. 그러나 이곳은 맑고 또렷한 정신을 망가뜨리는 무서운 힘이 난무했다. 나는 너무 어려서 눈에는 눈 이에는 이라는 단순한 이치도 행할 수 없었다. 날이 갈수록 나의 얼굴은 순진한 아이의 표정이 아니었다. 선배들의 그림자만 보아도 하얗게 질렸다. 때로는 감정이 혼탁해져 후배들에게 욕을 했다. 순간적인 기분을 감추지 못해 후회도 많이 했다.

여전히 나는 이 선배 저 선배에게 당하는 동네북이었다. 아무에게도 말하지 못하고 내 안에서 일어나는 일들을 푸른 들판이나 나무, 새들에게 말했다. 혼잣말하다가도 새를 보면 내 곁으로 오라고 불렀다. 귀머거리였는지 참새는 냉정히 돌아서 가버렸다.

거짓말쟁이 수녀님

　　　　　　　　기어다니다가 이곳으로 오면서 난생 처음 목발을 짚었다. 처음엔 어색했지만 차츰 하늘을 나는 기분이었다. 몸을 긴 막대에 가누니 편하기는 했으나 오른쪽 다리는 바닥에 닿지 않고 여전히 땅 위에서 흔들거렸다. 그래도 나부끼던 다리가 튼튼한 나무다리로 새로이 태어난 것 같아 고마웠다. 그렇더라도 고아라는 것과 내 육체를 내 마음대로 할 수 없다는 겹설움에 눈물은 날마다 봇물 터지듯 흥건했다.
　　하루는 산등성이를 바라보며 서 있었다. 그곳에 수녀님들이 왔다 갔다 했다. 낯익은 공기를 호흡하는 것 같았다. 드디어 수녀님이 나를 데리러 왔다는 생각에 그곳으로 달음박질쳤다. 목발을 짚은 것도 잊은 채 부푼 마음을 안고 한달음에 갔다. 그런데 아니었다. 애타게 기다리던 수녀님이 아니었다. 이곳으로 소풍 나온 낯선 수녀님들이었다. 그토록 바라던 소망이 이루어지나 했는데 한순간에 무너졌다. 믿음이 내 몸에서 빠져나가는 것 같았다.

흙바닥에 퍼질러 앉아 의욕을 잃고 축 늘어진 다리를 한참이나 들여다보았다. 후줄근한 다리 위로 떨어지는 눈물은 피눈물이었다. 진달래도 노란 산수유도 반갑지 않았다. 동작이 굼뜬 내 모습이 땅 위로 기어 나와 오무작거리는 지렁이 같아 너무 싫었다. 목발로 땅의 가슴을 마구 내리치며 분풀이를 해댔다. 어쩌면 나는 강가에 버려질 때부터 세상에 빚진 인생이었고 잉태될 때부터 정해진 불행한 운명인지도 몰랐다.

새로운 계절이 오고 가도 수녀님은 오지 않았다. 거짓말쟁이 수녀님이었다. 그래도 습관처럼 이 계절이 되면 산등을 찾았다. 조금 늦게 도착한 봄이 오월의 산허리에서 바삐 움직이며 연분홍빛 꽃을 피우고 있었다. 군데군데 무더기로 핀 진달래는 눈물과 콧물이 범벅된 서러운 마음을 옷소매로 한없이 닦아내게 했다. 수녀원에서 평화로이 지냈던 일들이 낙화처럼 송이째 떨어져 나가는 기분이었다. 어린 풀들은 언덕배기에서 지천으로 깔린 농익은 봄을 먹고 있었다. 햇살을 받은 넓은 언덕이 마치 갓난아이에게 젖을 물리는 엄마의 모습처럼 평화로워 보였다. 너희들이라도 푸르게 잘 자라기를 바랐다. 길가에 자리 잡은 이름 모를 노란 들꽃이 나를 뚫어지게 쳐다보았다. 제 눈에도 나무다리를 한 내가 신기하게 보였나 보다. 노란 눈알을 뙤록뙤록 굴리며 나를 쳐다보는 꽃을 그냥 지나쳤다.

성장의 시간이었다. 봄에 태어난 뭇 생명이 몸집을 부풀리기에 바빴고 익어가는 초록 냄새가 코를 찔렀다. 훗훗한 바람이 풀밭에서 뒹굴며 풀과 장난을 쳤다. 더께더께 흰 버짐이 핀 얼굴로 그 광경을 지켜보는 내 입가에 미소가 번졌다. 윈까지 얼마 남지 않았다. 소변이 마려웠다. 밥을 먹어도 배가 고파 물을 많이 마셨더니 신호가 왔다. 여느 사내아이들처럼 고추를 드러내어 오줌을 갈기고 싶었다. 하지만 다리 하나를 엉거주춤하게 들고 오줌을 깔기는 똥개 모습이 떠올라 바지춤을 몇 번이나 까집다가 참았다. 그 쉬운 오줌 누기 하나도 제대로 못 하는 나였다.

파리 목숨

　　　　　　한번은 바지에 오줌을 쌌다. 선배들에게 들켰다. 세 살배기도 아니고 여덟 살이나 처먹은 놈이 오줌을 지렸다고 벌을 세웠다. 나는 발가벗은 몸으로 한 시간이나 얼음판 위에 맨발로 서 있었다. 발바닥을 타고 올라오는 통증이 칼날로 살을 찢는 것 같았다. 이런 상황을 보고도 도와주는 동료 하나 없었다. 한솥밥을 먹고 같은 방을 쓰고 평소에 잘 어울려 놀던 아이들도 서로 눈치 보며 몸을 사렸다. 도우려는 아이도 똑같이 제재를 받는다는 게 은연중에 암시되어 있었기 때문에 함부로 나서지 못했다. 팔이 안으로 굽는다는 말은 여기서는 통하지 않았다.
　피가 거꾸로 치솟았다. 목구멍까지 북받쳐 오른 분노는 육체적인 학대와 고통 때문만은 아니었다. 벌을 받으면서 느낀 모멸감 때문이었다. 나를 업신여기며 비열하게 웃고 있던 선배들은 얼음 위에 놓인 내 발이 어떻게 되든 상관없다는 듯 자기들끼리 만족스럽게 히죽거렸다. 동상에 걸려 목숨을 잃을 뻔했는데도 사과는커녕 오히려 오줌싸개라고 놀리며 욕설 세례를 퍼부었다. 대놓고 다리 병신이라고 떠들어대는 노골적인 모욕을 절대 잊지 않겠다고 거듭 다짐했다. 나보다 몇 살 위의 덩치 크고 힘 좋은 선배들이 무법천지인 보육원에서 왕초처럼 군림했다. 그들이 준 고통은 컸다. 나를 물건으로 여기고 돌멩이를 집어 던졌다. 나를 따라지목숨이라고 마음 내키는 대로 마구 대했다. 그러나 하느님은 내게 강인한 생명력을 주었다. 그랬기에 어머니 뱃속에서 바득바득 머리를 내밀고 세상 밖으로 나온 게 아닌가. 여덟 살의 내 마음은 이제 순수하지 않았다.

시간이 흘러도 나를 대하는 선배들의 태도는 바뀌지 않았다. 내가 뭘 그렇게 잘못했는가. 강하게 쏘아보는 눈빛은 내가 읽어 내야 하는 무언의 언어였고 알아차렸으면 재빠르게 이행하라는 경고였다. 왕거미처럼 달려드는 그들에게 나는 한 입 거리도 안 되는 먹잇감이었고 쉽게 죽임을 당하는 보잘것없는 파리 목숨에 불과했다. 살아남기 위해서는 눈치가 빨라야 했다. 시달려서 기운이 빠지면 앞으로 내가 더 살 시간이 얼마나 남았는지 묻고 싶은 심정이었다. 가끔은 내키지 않는 일도 저질렀다. 시키는 대로 하지 않으면 또 얻어맞기 때문이었다. 어떤 때는 아침이 오는 게 두려웠다.

나는 왜 사람으로 태어났을까. 가끔은 인간으로 출생한 걸 후회하기도 했다. 짐승으로 살았더라면 남을 미워하고 나쁘게 되길 마음먹는 일은 없었을 텐데 말이다. 출생의 기억을 잊어야 했다. 이곳에서 함께 살아가려면 현실을 인정하고 현실에서 부딪쳐 답을 찾아야 했다. 차라리 앞을 못 보거나 들리지 않거나 말하지 못하는 아이가 되기를 바란 적도 있었지만, 무엇을 탓하기 전에 찌그러진 마음의 문을 고치는 게 먼저였다. 어린 나이에 너무 가혹한 충격을 경험한 나는 선배들에 대한 무너진 환상을 애써 감추지 않고 있는 그대로의 현실을 인정하며 생활했다.

이 잡는 날

　　　　　　　　우리에게는 니 옷 내 옷이 없었다. 주는 대로 입었다. 어떤 때는 산더미같이 쌓인 구제 옷을 뒤져 몸에 맞는 것을 골라 입을 때도 있었다. 아이들이 많아 젖은 빨래가 마르기 무섭게 먼저 낚아채는 놈이 주인이었다. 동작이 느리면 늘 남은 걸 차지했다. 발에 맞지 않는 큰 신발이나 작은 신짝을 꿰고 다닐 때도 있었다. 서로 아옹다옹해도 또래들은 즐겁게 잘 지냈다.
　한참 성장할 때라 먹고 돌아서면 배가 고팠다. 금세 배가 꺼져 마음껏 뛰놀지도 못했다. 먹는데도 나름의 법칙이 있었다. 가자미눈으로 주위를 살피며 게 눈 감추듯 밥을 해치워야 뺏기지 않았다. 동작이 굼뜨면 먼저 먹고 나서 눈독을 들이는 동료에게 먹던 것을 강제로 내주기 일쑤였다. 남의 것을 억지로 제 것으로 만들고 남의 손에 들린 것을 강제로 차지하려고 밥그릇 싸움은 했어도 울고 웃는 동심의 세계가 있었다. 각기 다른 장애를 지니고 얼굴에 마른버짐이 피어 있어도 미운 정 고운 정이 엉겨 있는 우리는 철모르는 악동이었다.

머릿니나 서캐도 많았다. 이는 머리에 깃들어 가난한 우리의 피를 빨아먹고 살았다. 우리는 서로의 머리를 뒤적이며 이를 잡았고 웃통을 벗어 옷 솔기 사이에 숨어 있는 서캐까지 없앴다. 누구나 할 것 없이 머리에 이와 서캐가 버글버글했다. 여러 사람이 함께 사는 곳이라 환경적인 이유도 있었지만, 깨끗이 씻지 않고 머리를 감지 않은 요인이 더 컸다. 바닥에 종이를 깔아 놓고 그 위에 머리를 갖다 대어 참빗으로 머리카락을 훑어 내렸다. 살이 통통하게 오른 범인들이 잇따라 정체를 드러냈다. 한자리에 그대로 있거나 살살 꽁무니를 빼는 것들까지 냅다 붙잡아 양쪽 엄지손톱을 맞대어 꾹꾹 눌러 죽였다. 거의 매일 모여서 머리칼을 뒤적이거나 속옷을 훌떡 벗은 알몸으로 앉아 옷 솔기에 붙은 이를 잡는 진풍경이 벌어졌다. 그뿐만 아니었다. 머리도 밀었다. 빡빡 깎은 두피는 부스럼투성이였다. 그 위에다 이 잡는 디디티DDT라는 흰 가루약을 뿌렸다. 살충제인 DDT 가루를 부옇게 덮어쓰고도 우리는 낄낄거렸다.

이불은 서로 당겨 덮느라 찢어져 온기라고는 느낄 수 없었다.

서로의 체온과 체온이 이불이 되어주었다. 측정할 수 없는 온도 속에 몸을 집어넣으면 몸이 사르르 풀렸다. 뼈만 앙상하게 남은 팔을 베고 옆으로 누울 때는 눈물로 베개가 흥건히 젖기도 했다.

겨울이면 추위에 언 손등이 부르터 피가 났다. 소나무 껍질처럼 갈라진 건조한 피부에 안티푸라민을 발랐다. 그 당시 관절염이나 신경통, 근육통 치료를 위해 개발된 안티푸라민은 가정상비약으로 으뜸이었다. 멍들어도 바르고 벌레에게 물려도 바르고 여기저기 아픈 데는 무조건 다 발랐다. 부르튼 살가죽에도 예외는 아니었다. 지금이야 상처에 맞게끔 약이나 연고를 골라 쓰지만 그때는 갖은 상처에 두루 쓰였기에 국민 진통제나 다름없었다. 신통하게도 그것만 살살 문질러 바르면 시간이 걸려도 아픈 데가 다 나았다.

손으로 걸어간 학교

　아홉 살에 초등학교 1학년이 되었다. 무엇보다 일반 학교에 갈 수 있다는 사실이 마냥 기뻤다. 성보원 친구 몇 명과 함께 검단동에 있는 문성초등학교에 입학했다. 학교는 작았지만 깨끗했다. 신체가 정상인 아이들은 부모의 손을 잡고 왔고 옷도 깔끔하게 입었다. 우리와는 다르게 별세계에서 온 아이처럼 느껴졌다. 우리는 아무리 꾸몄다 해도 궁한 티가 줄줄 났다.
　그 아이들의 앞가슴엔 깨끗한 손수건이 나풀거렸고 우리는 콧물을 훔친 헤벌쭉 벌어진 옷소매가 바람에 나부꼈다. 내 몰골이 초라하다고 해서 기죽을 필요는 없었다. 누군가 선뜻 다가와 주지 않아도 이름이 뭐냐고 묻지 않아도 꺼릴 게 없었다. 열심히 공부해서 가슴에 올올이 스민 설움을 씻어 버리리라 마음먹었다. 누가 뭐래도 나는 작은 침이 수없이 돋아난 엉겅퀴처럼 움츠러들지 않고 나 자신을 방어하며 생활해 나갔다.

책가방이 없어도 좋았다. 보자기에 둘둘 말아 싼 책과 한두 가지 찬이 들어 있는 도시락을 등허리에 동여매고 5km나 떨어진 학교에 다녔다. 양쪽에 목발을 짚었어도 뒤처지지 않고 날쌔게 앞질러 걸었다. 내게는 먼 거리였지만 선배들의 손아귀에서 벗어나니 콧노래가 절로 나왔다. 공부를 열심히 하면 유능한 사람이 될 수 있겠다는 생각이 들었다. 학교는 새로운 도전의 장이었다. 앞으로 내가 통과해야 할 많은 관문 중에 첫 번째 길목이었다. 그러나 아이들과 어울린다는 건 쉽지 않았다. 보육원 아이들이라고 불쌍하게 보다가도 반 아이가 학용품을 잃어버리면 우리를 먼저 의심했다. 만만했기 때문에 훔치지 않아도 누명을 썼다. 어떤 때는 학생들의 엄마까지도 대놓고 멸시의 눈빛을 보냈다. 도중에 친구 몇 명은 학교를 포기했다. 나도 여러 번 결석은 했지만 끝까지 책보를 내던지지 않았다. 그때는 고아라는 점 때문에 색안경을 낀 눈으로 바라보는 사람이 많았다.

아이들이 절름발이라고 놀렸다. 수치스러웠다. 동물원의 원숭이를 대하듯 신기하게 쳐다보았다. 조롱을 당하는 기분에 한 대 때리고 싶었지만, 학교에 꾸준히 다니려고 무던히 입술을 깨물었다. 나를 가리키는 지칭어는 다리 병신과 거지라는 귀에 거슬리는 말들뿐이었다. 장애인 주제에 어떻게 일반 학교에서 공부할 수 있느냐는 투였다. 성질이 북받쳤지만 삭일 수밖에 없었다. 그 정도의 일은 자주 당하는 일이고 내겐 아주 사소한 일이었기 때문이다. 친구들과 장난을 치며 잊어버리려 애썼다.

 열심히 공부했다. 개구쟁이 짓을 해서 회초리로 손바닥을 맞고 벌서는 일도 많았지만 그래도 성적은 늘 상위권이었다. 하지만 공부를 잘해도 거지라는 놀림은 여전했다. 참는 것도 한계가 있었다. 무엇보다 아이들이 생각 없이 툭툭 내뱉는 병신이라는 말과 거지로 굳어버린 별명이 시시때때로 속을 뒤집어 놓았다. 하마터면 짚고 있던 목발로 여학생을 때릴 뻔도 했다. 고아 주제에 말썽까지 피운다는 말은 정말 듣기 싫었다. 날카로운 말에 가슴이 베이고 마음까지도 장애를 겪었다. 꿈을 가지고 두 손으로 걸어간 학교는 불공평했고 열등감을 심어 주었다.

 기어이 한 친구가 사고를 쳤다. 심한 비웃음에 감정을 누르지 못하고 결국 아이를 때려 버렸다. 아이 부모는 제 자식이 잘못한 줄도 모르고 보육원까지 찾아와 난리를 쳤다. 그래도 화가 안 풀렸는지 아주 냉담한 표정으로 우리를 흘겨보며 구시렁거렸다. 우리는 이래저래 치이는 아이들이었고 웃음거리가 된 보육원 자식들이었다. 원장님과 보호자가 대치하는 동안 죄 없는 우리는 부모가 없다는 이유만으로도 수난을 당하고 풀죽어 있어야 했다.

일반 아이들이 어떻게 생각하든 나는 묵묵히 공부만 했다. 이름 대신 거지로 각인된 별명만 졸졸 따라다녀 기분이 상했지만, 어디에서나 겪는 일이므로 그리 신경 쓰지는 않았다. 엄마 손을 잡고 학교를 오가는 아이들이 부러웠다. 나도 엄마가 있다면 떼쓰고 응석 부리고 싶었다. 하지만 고아들은 어리광을 부릴 수가 없었다. 받아 주는 사람이 없었기 때문에 함부로 그들을 동경해서도 안 되었다. 그래도 나는 수녀님에게 사랑받은 추억이 있어 위안이 되었다.

밖에 나가면 사람들이 곁눈질로 나를 힐끔거렸다. 이상한 물건 보는 듯한 그런 시선에도 위축되는 마음을 드러내지 않았다. 오히려 보란 듯이 당당하게 다녔다. 한편으로는 그들의 눈길이 이해됐다. 내 모습을 내가 봐도 희한한데 그들에게는 오죽이나 보잘것없는 아이로 비쳤을까. 옷만 해도 그랬다. 사회 곳곳에서 보내 준 구호 의류는 대부분 컸다. 다리도 저는 데 헐렁한 옷까지 입고 나다녔으니 그들에게는 신기한 구경감이 되고도 남았다. 몸에 맞는 옷 대신 할랑한 바지를 입었고 구두 대신 흙 묻은 운동화나 뒤축이 낡은 검정 고무신을 신었어도 결코 기죽지 않았다.

장애아라는 이유가 어디에서나 걸림돌이 된다는 게 원망스러웠다. 가끔은 사람들 말소리에 귀를 닫았다. 그들의 말은 늘 나를 슬프게 했다. 아무짝에도 쓸모없는 아이라는 말은 몸 곳곳에 눌어붙어 있었다. 정신이 말짱한 나를 그들은 마치 듣지 못한다는 듯이 막말하며 나라는 존재를 쓰레기통에 처박아 버렸다. 구겨진 마음은 펴지질 않았다. 몸 군데군데의 상처보다 가슴속에 보이지 않는 피가 흘러 굳은 자국이 더 컸다. 상처가 아물 새도 없이 덧나는 일상이었다. 무엇보다도 제일 두려웠던 건, 그들의 말처럼 정말 내가 아무 데도 쓸 만한 가치가 없는 떨거지 인생이 되어버리는 건 아닌가 하는 것이었다. 생각은 단순히 괴로움으로만 그치는 게 아니라 차차 현실이 되어 갔다.

어린 도둑, 허기진 마음을 훔치다

샛별이 하나둘 스러지고 산등성이에서 햇발이 길게 내리뻗치고 있었다. 나는 조용히 일어났다. 해가 산 위로 동그란 얼굴을 내밀고 나도 마당으로 얼굴을 내밀었다. 내 몸 위로 햇살이 스며들었다. 아침밥을 먹고 책보를 허리에 묶어 산길을 빠르게 걸어 학교로 갔다. 책보에 싸인 필통에서 몽당연필 흔들리는 소리가 내 걸음과 박자를 맞추었다. 딸가당거리는 경쾌한 소리가 마치 학교에서 쉬는 시간을 알리는 종소리 같았다.

학교에 가는 건 늘 즐거웠다. 하지만 오며 가며 겪는 배고픔이 걱정이었다. 두 발로 뛰어다니지도 못하는데 배는 왜 그리도 빨리 홀쭉해지는지. 멸치 반찬 하나 달랑 들어간 도시락을 게 눈 감추듯 해치웠다. 다 먹어도 배는 고팠다. 호강스럽게 자란 아이들은 여러 종류의 반찬을 가져와도 먹지 않고 남기는 경우가 많았다.

그중에는 처음부터 반찬을 나눠주는 친구도 있었지만, 대부분은 먹고 남은 것을 인심 쓰듯 주었다. 불쾌할 새가 없었다. 배를 채워야 했기에 기름진 반찬의 유혹을 이기기 힘들었다. 그냥 받아먹었다. 놀림을 당할 때는 때려주고 싶었는데 고픈 배 앞에서는 그러한 마음도 무너졌다. 게걸스럽게 먹어대는 이 광경을 엄마가 보았다면 또다시 얻어먹으면 혼날 줄 알라고 사정없이 등짝을 후려쳤을지도 모르겠다. 갑자기 눈물이 핑 돌았다. 적은 양의 음식에 적응할 때도 되었는데 커가는 아홉 살짜리의 식탐은 배탈이 나도 좋을 만큼 먹고 싶었다. 참 이상한 일이었다. 평소에 못 했던 욕구나 감정은 꿈에 잘도 나타났는데 그렇게도 바라는 풍성한 음식은 꿈결에도 얼씬하지 않았다.

   보육원의 밥으로만 허기를 달래기엔 턱없이 부족했다. 뒷밥을 먹어도 충분하지 않은 나이였다. 배고픔을 해결하기 위해 나는 친구들과 직접 행동에 나섰다. 햇살도 땀을 뻘뻘 흘리는 한여름이었다. 매미 소리가 요란했다. 맴맴 매에…. 내 귀에는 잡아먹지 말라고 대드는 것처럼 들렸다. 내 코가 석 자인데 악을 쓰며 우는 소리가 무슨 상관이랴 싶었다. 매미를 잡아서 철사에 끼워 연탄불에 구워 먹었다. 선배들의 맷집에는 단련되어 있지만 배고픔엔 좀처럼 길들지가 않았다. 어디서나 손쉽게 잡을 수 있는 여름날의 매미는 내 손에서 매일 죽어갔다. 꿈틀대는 생명을 먹어 치우는 게 미안했지만 나도 살아야 했다. '너라도 먹어야 허기를 면해. 네 죽음은 나를 살리는 일이야.'라고 속엣말을 하면서도 자책감이 들었다. 그러나 매미들은 여름이면 되살아나 목청을 돋웠다. 매미의 아우성이 고막을 찔렀지만 해마다 이맘때만 먹을 수 있는 요깃거리기에 울음소리는 더 입맛을 다시게 했다. 맛은 그다지 없어도 시장기를 면하는 데는 요긴한 간식이었다.

복더위가 가고 울어 젖히던 매미 소리가 뜸해져도 우리는 큰 나무 아래로 갔다. 여름의 끝 무렵에 찾아간 숲에는 우화하고 난 엷은 색깔의 매미 모양이 흐트러지지 않고 그대로 나무에 붙어 있었다. 발을 뗄 때마다 마른 매미껍질이 바삭거렸다. 떼로 울며 혼신을 바친 매미의 마지막 흔적이 바닥에 질펀했다. 그뿐이 아니었다. 부리나케 도망가는 개구리도 잡아먹었다. 개구리들의 왁자한 소리는 맨날 배고프다고 소리치는 우리들의 목소리 같았다. 뱀도 잡아 구워 먹었다. 심지어는 어린 새끼 쥐를 가져와 고추장과 김치를 넣고 찌개도 끓여 먹었다. 쥐라고 생각하지 않았다. 토끼나 닭이라고 생각하며 나눠 먹었다. 수치심이고 뭐고 생각할 겨를이 없었다. 배부른 게 최고였고 행복이었다. 먹어도 먹어도 배가 고팠다. 더운 날 길바닥에 말라비틀어진 지렁이라도 주워 와 과자처럼 씹어먹을 판이었다. 잘 때도 오른손에 숟가락을 쥐고 자는 꿈을 꾸었다.

수제비를 밥으로 먹을 때도 다 먹지 않고 몇 개를 남겨 친구들

몰래 철사에 꿰어 말려두었다. 어쩌다 혼자 아궁이에 불을 지필 때가 있었다. 그때 하나씩 빼내어 구워 먹었다. 구수하고 고소한 맛이 기가 막혔다. 그래서 시키지 않아도 먼저 불을 지피겠다고 자청했다. 강제로 불을 때라고 해도 좋았다. 따뜻해서 좋았고 선배들에게 안 맞아서 좋았다. 왼쪽 다리에 조금의 힘이 있어서 아궁이 앞에 쪼그려 앉아도 넘어지지 않았다. 땔감이 없으면 겨울 산에 올라가서 직접 나무를 벴다. 힘에 부치면 자른 나무를 위에서 아래로 굴렸다. 어떤 땐 후배들에게 시키기도 했다. 힘들게 구해온 장작으로 내가 잠을 자는 9호실 방 아궁이에다 불을 넣었다. 아랫목은 선배들 차지였고 나는 제일 춥고 바람이 들어오는 문 쪽이었다. 따뜻한 곳을 서로 맡으려고 싸움도 했다. 아르렁거릴 때는 주로 맞았지만 목발로 지탱하며 왼발로 냅다 차기도 했다.

 이런 일도 있었다. 발 치수보다 큰 검정 고무신을 들고 옥수수로 튀긴 강냉이를 받아먹으려고 줄을 서면 맨 끝에서 기다리는 내겐 달랑 몇 알만 돌아왔다. 감질났다. 가끔은 도둑고양이가 되어 보육원 창고를 털었다. 모두가 잠든 새벽 두세 시쯤, 부식을 보관해 둔 창고에 들어가 쌀을 가져 나왔다. 컴컴한 곳에서 망보던 친한 친구와 함께 깡통에 밥을 해 먹었다. 발각되지 않으려 조심스레 먹는데도 바닥에 밥알을 흘렸다. 땅에 떨어진 밥알 덩이를 툴툴 털어 입에 넣었다. 흙이 씹혔다.

어쩌다 짐을 실은 트럭이 오면 잽싸게 마중을 나갔다. 그런 날은 교회에서 먹을 것이나 선물꾸러미를 잔뜩 싣고 오는 날이라 늘 기다려졌다. 하루는 교회에서 방문했다. 선물을 받으려고 줄을 섰다. 내가 하나라도 더 받으려고 하면 열 살이나 많은 꼽추 선배가 손안에 숨겨온 바늘로 나를 콕콕 찔렀다. 나뿐만 아니라 다른 아이들도 먹을 걸 더 받으려고 하면 못 받게 바늘을 들이댔다. 그럴 땐 가만히 있어야 했다. 어쩌다 옆에 없으면 더 달라고 손을 내밀었다. 운이 좋아 하나를 더 받으면 한 개는 손에 꼭 쥐고 다른 하나는 뺏기지 않으려고 팬티 속에 감추었다. 나중에 보면 찔린 부위에 핏자국이 엉겨 있었다.

교회에서 오면 성경책을 읽거나 찬송가를 따라 불렀다. 나는 성경을 외우고 노래하는 것을 제법 잘했다. 앞에 나가서 하려고 하면 선배는 못 나가게 방해했다. 뭐라도 할라치면 무조건 잘난 체한다고 나를 괴롭혔다. 동료 중에는 맞아서 등신이 된 아이도 있었다. 나는 살아남기 위해 몸을 사리며 알랑방귀를 뀌었다. 맛있는 것이 있으면 하나만 먹고 선배들에게 상납했다. 어느 단체나 교회에서 나눠주는 것도 먹고 싶었지만 참고 갖다 바쳤다. 그 덕분인지 내게 손찌검을 심하게 하지는 않았다. 아, 이렇게 해야 나를 지킬 수 있는 거라고 열여섯 살 때 처음으로 느꼈다. 맞은 동료처럼 반푼이가 되기 싫어서 맛있는 거 있으면 무조건 먼저 갖다주었다. 그것이 조금은 편해진 전환점이 되었다.

　공부를 마치고 집으로 갈 때도 영락없이 배꼽시계는 울렸다. 흙길을 밟으며 한참 가다가 우리는 늘 그쯤 어딘가에 멈춰 서서 주위를 두리번거렸다. 서로 번갈아 보다가 누구라도 먼저 고개를 끄덕이며 턱으로 밭을 가리키면 작전 개시 신호였다. 애써 키워 놓은 농작물에 주인보다 먼저 손을 댄다는 게 나쁘다는 것을 알면서도 뛰어들어 오이와 토마토를 따고 막 영글기 시작한 고구마도 손으로 캤다. 주렁주렁 매달린 열매만 봐도 군침이 흘렀고 입맛부터 다셨다. 어떤 땐 미리 숨어 있던 주인아저씨에게 걸려 혼쭐이 났다. 설령 그 자리를 벗어났다고 해도 한 입 베물고 가다 보면 어느새 고함지르며 따라오는 아저씨에게 잡히고 말았다. 다리야 날 살려라 하고 달아나도 제일 먼저 잡히는 게 나였다. 운이 좋은 날은 그냥 넘어가도 어떤 때는 투박한 손에 귀때기가 발갛도록 맞는 날도 있었다. 맞아서 아픈 것보다 원장님에게 일러바치면 어쩌나 하는 걱정이 앞섰다. 우리가 훔쳐 먹다 들킨 걸 알면 선배들이 또 가만 놔두지 않을 텐데 하는 근심만 머릿속을 뱅글뱅글 돌아다녔다. 그래도 농작물 주인아저씨는 우리의 행동을 눈감아줄 때가 더 많았다. 슬쩍해 온 고구마 몇 개를 연탄불에 구워 먹으면 꿀맛이었다.

　우리에게는 가벼운 식사가 대부분이었다. 그것으로는 부족해 허기를 메울 수 있다면 구걸이라도 하고 싶었다. 나만 그런 게 아니었다. 서로 입을 맞추지 않아도 서리하는 것만은 눈빛으로 이미 교환하고 있었다. 열매가 익으려면 며칠을 더 기다려야 했다. 그래도 익었을지 모른다는 생각에 마음은 콩밭에 가 있었다. 푸릇해도 먼저 입에 넣으면 장땡이었다. 나만 그런 생각을 한 게 아니었다. 다들 눈치가 그랬다. 붙잡혀 한바탕 혼나고 나면 얼마간은 그 밭에 얼씬도 안 하겠다고 다짐하지만 그때뿐이었다. 속으로는 언제 또 훔쳐 먹을까 하고 머리를 굴렸다. 배고파서 그랬다는데 서리쯤은 문제가 되지 않을 것으로 생각했고 허기가 죄의식보다 우선되었기 때문에 여전히 들판을 헤집으며 먹을거리를 찾아다녔다. 때에 따라 가끔 특별식을 먹을 때도 있었다. 하지만 푸지게 먹고 싶다는 원초적인 본능은 우리에게 허락되지 않았다. 해결되지 않는 만성적인 배고픔에 늘 허기를 달고 지냈다. 떨어지는 별똥이라도 주워 먹고 싶었다.

　한번은 상수리나무 아래 사는 다람쥐가 되고 싶었다. 도토리를 실컷 먹고 똥이라도 수북하게 누고 싶었다. 차라리 남의 집 머슴으로 태어났다면 어땠을까. 배는 곯지 않을 것이라는 생각도 해보았다. 돌아보면 가장 많이 굶주렸던 시절이었다. 철없이 지은 죄였지만 달콤한 범죄였다.

공부 잘하는 소년

문성초등학교 1학년에 다니던 중 장애인 학교인 성보학교가 설립되었다. 성보학교에서 2학년을 시작해야 했지만, 1학년부터 다시 배워나갔다. 무엇보다 같은 처지의 아이들끼리 있으니 고아나 병신이라는 소리를 듣지 않아서 좋았다. 심심하면 놀려대거나 비웃는 친구들도 보지 않아서 다행이었다. 그러나 가끔은 그 학교에 다닐 때가 생각났다. 목발을 짚어야 하는 나는 비 오는 날은 다 젖었다. 바지는 물론 책보 속의 책까지 눅눅했다. 눅진했어도 책 냄새는 구수했다. 호기심 어린 눈으로 칠판을 바라보며 선생님의 질문에 대답도 했다. 담임 선생님은 온화했고 내가 짓궂은 장난을 쳐도 얼굴에서 웃음을 거두지 않았다. 학교생활을 잘한다고 칭찬까지 해주었다. 난생처음 정상인 여자

아이들과 말문을 텄고 가깝게 지내려고 노력했다. 하지만 아이들은 거리를 두었고 좀체 가까이 다가오지 않았다.

아이들이 손가락으로 거지라고 놀려대던 모습도 떠올랐다. 고아라는 말과 거지라는 말로 나를 비웃음거리로 만들었다. 제일 듣기 싫었던 그 말 때문에 학교에 가기 싫었다. 하지만 그런 일들을 겪으면서 장래 희망을 세웠다. 대통령이나 판검사가 되고 싶다는 야무진 꿈을 꾸었다. 나를 깔보다가는 너희들 큰코다친다는 말을 가슴에 새기며 학교에 다녔다. 짧은 기간 많은 체험을 했고 세상과 부딪히며 자신감도 얻었다. 문성초등학교 때 가지 못했던 소풍도 성보학교에서는 갔다. 학교 뒷산이나 가까운 거리가 소풍 장소였다. 부모 대신 선생님들이 몸이 불편한 아이들을 업고 안고 손으로 부축하며 산에 올랐다. 잘 차린 음식은 아니었어도 기분 내기에 알맞은 먹을거리를 준비해 주어 고마웠다. 이날 하루는 왁자그르르한 우리 세상이었다. 마음을 들뜨게 해주는 소풍은 예쁜 포장지에 싸인 근사한 선물이었다.

세월이 흘러 중학생이 되었다. 어디서 났는지 또래 중에 담배를 피우는 아이들이 있었다. 드물게는 술도 마셨다. 머리에 피도 안 마른 녀석들이 벌써 어른 흉내를 내며 담배질하는 행동을 이해할 수 없었다. 호기심 때문에 한 번쯤 담배를 물고 술을 마셨다면 모를까. 날마다 선배들이 피우다 버린 꽁초를 주워 어설픈 모양새로 담배를 빼 물고 있었다. 이미 맛을 아는 소년들 같았다. 게다가 이빨 사이로 침을 찍찍 내뱉으면서 담뱃불을 비벼 끄는 폼이 많이 해본 솜씨같이 익숙해 보였다. 그러나 잔기침을 해대는 소리에 내가 뿔따구가 났다. 다 크고 나서 흡연해도 늦지는 않았다. 선배들이 피우는 것을 보고 재미삼아 따라 피웠을까. 이곳에서 지탱해 나갈 힘을 잃어 위로받으려고 입에 댄 것일까. 선배들과 어울려 담배 연기를 내뿜는 그 행위들이 마치 힘든 자신을 술과 담배로 감각을 잃게 하고 있는 것처럼 비쳤다. 그런 친구들을 보면서 나만의 공간으로 갔다. 사람의 눈에 잘 띄지 않는 길 옆 풀숲이 내가 만들어 놓은 쉼터였다. 겨우내 얼었던 민들레와 엉겅퀴가 해동되어 옹기종기 앉아 있는 작은 꽃밭이기도 했다. 꽃들이 바람에 하느작거려도 내 마음속에는 꽃이 없었다. 봄의 노력을 치하하지도 못하고 그저 메마른 감정으로 옆에 서 있을 뿐이었다. 황량한 마음밭을 갈아엎어 꽃을 퍼뜨리고 싶었지만 다 핀 꽃보다는 웅크린 씨앗으로 그냥 견디고 싶었다.

  여기에서 자주 노래도 불렀다. 동요보다 내 마음을 표현해 주는 것 같은 가사가 좋아 대중가요를 즐겨 불렀다. 유행가 중에서도 둥글게 살아가리라는 절절하면서도 희망적인 노랫말의 '조약돌'을 애창했다. 엄마야 나는 왜 자꾸만 보고 싶지라는 '고추잠자리'도 곧잘 읊조렸다. 아픈 것만큼 서러울 땐 금호강이 내려다보이는 이곳으로 왔다. 강물도 서로 껴안고 내려가는데 나를 보듬어 주는 이는 없었다. 아무리 생각을 타고 거슬러 올라가 보아도 이 울타리 안에서는 각자가 알아서 살아야 하는 삶이었다. 저 물처럼 흘러야 했다. 흐르지 않으면 고인 물처럼 썩어 죽고 만다는 생각이 들었다. 푸른 강물이 그저 흘러가 보면 안다고 통증으로 뒤덮인 등을 떠미는 것 같았다.

나는 손재주가 있었고 공부 머리도 있었다. 초등학교 때 아이디어 공작품 대회에서 우수상을 탔다. 욕심을 내어 좀 더 잘 만들 수도 있었지만 필요한 재료를 사기엔 돈이 없었다. 물질이 풍부했던 아이가 내 작품을 모방해 최우수상을 받았다. 그래도 내가 받은 상이 최고였다. 열두 살 때는 교회 전도사가 성경책을 주면서 암기하라고 했다. 다 외웠더니 기특하다고 흰토끼 한 마리를 주었다. 처음으로 소중한 나만의 재산이 생겼다. 풀을 주면 녀석은 뭉툭한 코를 발름거리다 큰 귀를 쫑긋이 세워 먹이를 먹었다. 탈 없이 잘 자랐다. 토실토실 살이 올랐을 때 칠성시장에 내다 팔았다. 얼마 되지 않은 돈은 꼬깃꼬깃 접어서 땅속에 파묻어 둔 병 속에 집어넣었다. 아무도 모르는 나만의 저금통이었다. 돈이 필요하면 낮에는 눈들이 많아 주로 밤에 쓸 만큼 꺼냈다. 가끔 토끼 옆에 쭈그리고 앉아 두어 번 토끼뜀 흉내를 냈던 것이 지금도 잊히지 않는다.

열여섯 살 때는 성경 암송대회에서 일등을 했다. 부상으로 새끼 염소를 받았다. 풀은 내가 줄 때도 있고 후배들에게 부탁할 때도 있었다. 나는 고삐 묶인 채 선배들에게 질질 끌려다니는데 새끼 염소는 제 세상인 듯 이리 뛰고 저리 날뛰었다. 볼록한 배로 마구 설치는 녀석은 분명 등 따습고 배부르다는 뜻이리라. 커가는 염소를 지켜보며 그 옆에서 같이 밥을 먹을 때도 있었다. 밥이 언제나 모자랐지만 자라는 염소를 보니 배가 불렀다. 잘 키워서 또 용돈을 벌었다.

야구 방망이는 솜방망이

　　　　　중학생이 되면서 부쩍 철이 들었다. 정신적으로 많이 성숙해졌고 앞으로의 진로에 대해서도 걱정하게 되었다. 부모 있는 아이들을 부러워하면서도 그 감정을 억누를 줄도 알게 되었다. 서점을 드나들면서 책을 읽기 시작했다. 동네 책방을 돌면서 좋은 내용이나 필요한 도서가 있으면 후배들이나 선배들에게도 권했다. 문학책이나 흥미로운 소설, 재미있는 만화책도 빌려와 함께 웃고 떠들며 공감대를 열었다. 선배들은 손 안 대고 코 풀기식으로 나에게 책을 읽어달라고 했다. 안 하면 대가가 따라오니 원할 때마다 읽어 주었다. 그러면서도 나는 혼자 살아갈 길을 고민하며 어떤 일로든 나라의 기둥이 되겠다고 야무진 각오를 다졌다.

성보중학교에는 몸이 성한 아이들이 많았다. 약간 부자유스러워도 부모들이 뒷바라지를 해주니 나와는 차이가 있었다. 성하지 않은 몸을 이끌고서라도 끝내 결승점을 통과하리라 나 자신을 격려하며 그들에게 뒤지지 않으려고 공부도 빼놓지 않았다. 공부를 잘하면 건들지 않고 인정할 줄 알았다. 그러나 오히려 나를 바라보는 동료나 선배들의 얼굴에 시기와 질투가 묻어났다. 잘해도 시새움하고 못해도 미워했다. 언제부턴가 저들의 보호를 받을 것이라는 생각은 버렸다. 다만 나의 정체성을 잃지 않으려고 애를 썼다. 나의 주인은 그 누구도 아닌 오직 나 자신이라는 것을 알아버렸기 때문이다. 나를 위한 것이라면 시간을 아끼지 않았다.

그럭저럭 지내던 어느 날이었다. 갑자기 머리통으로 몽둥이가 날아들었다. 오십여 명의 아이들이 보는 앞에서 대선배가 야구 방망이로 내 뒤통수를 후려쳤다. 연방 세 대를 맞았고 발로 차이기까지 했다. 그 자리에 고꾸라졌다. 목덜미를 타고 통증이 빠르게 올라왔다. 골속이 쑤셨다. 반복되는 구타도 견뎌냈지만 이번에는 온몸이 무감각해져 꼼짝할 수가 없었다. 몸이 뻣뻣하게 굳어가는 것 같았다. 떨리는 입술을 앙다물었다. 때려서 미안하다는 의미 없는 말 한마디라도 듣고 싶었다. 구경하던 그 누구도 축 늘어진 나를 도와주지 않았다. 내 편을 들다가는 나처럼 될까 두려웠을 게 뻔했다. 그러지 말라고 선배들을 말릴 수 있는 아이들은 아무도 없었다. 그렇다면 나는 그런 말을 할 수 있을까를 언뜻 생각해 보았다. 자신이 없었다. 도움이 되지 않는 일에 서로 무관심한 태도를 보이는 게 맞는 것 같았다.

 나는 옆에 있는 목발로 선배의 앞가슴을 내리쳤다. 내가 그랬듯 '악' 소리를 내며 가슴을 쥐고 비틀거렸다. 복장뼈가 그대로 내려앉기를 바랐다. 나는 살기 돋친 눈으로 괴로워하는 그를 쏘아보며 냉소적인 비웃음을 흘렸다. 몸을 가누지 못하는 그를 발길로 걷어차며 일어나라고 악다구니를 쳤다. 바로 그때 엄살 부리지 말라며 욕설을 퍼붓는 거친 목소리 하나가 끼어들었다. 동시에 험악한 얼굴도 눈에 들어왔다. 순간 내 상상이 현실이었으면 얼마나 좋을까를 되뇌며 몸을 뒤척거렸다. 목발을 검쥐려는데 손목에 힘이 풀렸다. 목구멍 밖으로 터져 나오는 쌍욕을 억지로 눌렀다. 이 상황에 말대꾸해 봐야 나만 더 다쳤다. 이 정도로 죽지 않는다고 이빨을 깨물었다. 가슴에 쌓이는 것은 오직 분노와 증오뿐이었다. 잘못하지도 않았다. 눈 밖에 날 행동은 더더욱 없었다. 만만한 사람에게만 이러는가 싶어 설움이 복받쳤다. 세게 얻어맞았는데도 피는 나지 않았다. 머리의 통증보다 분노로 파들거리는 나를 내 속의 또 다른 내가 상처를 동여매 주며 다독거려주었다. 심하게 맞은 자리에 서너 개의 혹이 불룩했다. 맞는 데 익숙해졌어도 어린 내가 감당하기엔 너무나 버거운 현실이었다. 지옥의 고문이 이럴까. 그래도 죽음의 신과 마주치지 않아서 다행이었다.

  웅크리고 누웠다. 어둠이 창틈으로 엉금엉금 기어 들어와 내 옆에 드러누웠고 별 하나도 따라 들어와 곁에 앉았다. 울려면 크게 울어, 아니면 그까짓 것에 신경 쓰지 말고 힘을 내라고 용기를 주는 것 같았다. 부모도 없이 다리 병신으로 살아간다는 게 남들에게 얼마나 조롱거리인지를 깨달았다. 잠을 자려고 애썼다. 통증도 통증이지만 낮의 무시무시한 그 광경이 눈앞에 어른거려 잠을 이룰 수가 없었다. 심장이 다시 거칠게 뛰었다. 이런 살벌한 곳에서 더 이상 있고 싶지 않았다.

  도망치고 싶었다. 새벽 동이 트기 전에 옷가지를 챙겨서 미련 없이 이곳을 빠져나가리라 마음먹었다. 세상으로 나가면 새로운 경험을 하게 될 것이고 얼마나 많은 일이 나를 기다리고 있을까를 동경하니 생각만으로도 장래의 가능성에 서광이 비치는 듯했다. 존재의 개념이 없는 이곳에서의 나라는 아이는 맥박은 뛰고 있지만 숨 쉬지 못하는 아이나 다름없었다. 어떨 땐 남의 몸을 빌려 사는 것같이 감각이 무딜 때도 있었다. 당장 갈 곳이 없어도 여기서 계속 살고 싶은 마음은 추호도 없었다. 나한테 한 모든 짓이 부메랑처럼 너 자신들에게 돌아갈 것이라고 주문을 외웠다. 울타리를 빠져나갈 생각을 하니 마음이 한결 편안했다. 정신이 가물가물 흐려졌다.

눈을 감았다가 뜬 것 같은데 아침이었다. 아하, 어젯밤 내게 했던 약속을 지키지 못하고 여기서 또 눈을 떴다니 낭패였다. 일어나려는데 머리를 제대로 가눌 수가 없었다. 뒤통수가 무지근했다. 나도 아팠고 나를 감싸고 잠든 밤도 아팠는지 베개가 축축이 젖어 있었다. 삭신이 쑤셔 일어나지를 못하겠다는 어느 할아버지의 말이 생각났다. 내가 그랬다. 진이 다 빠져버린 것 같았다. 친구들이 네가 형들에게 '형씨'라고 불러서 맞았다고 알려주었다. 바들바들 떠는 모습에 죽는 줄 알았다며 걱정해주었다. 홀로 며칠을 끙끙 앓았다. 선배의 마음엔 악이 살고 있었다. 그렇지 않고서야 어찌 바스러지지 않을 만큼 온몸에 금을 낼 수 있단 말인가. 결코 악이 이기는 게 아니라는 것을 언젠가 꼭 보여주고 싶었다.

내게 가장 큰 공포는 계속 이곳에서 사는 일이었다. 어제와 같은 일이 언제 또 닥쳐올지 알 수 없는 노릇이었다. 내가 말썽을 부리거나 골치를 썩인 일도 없는데 유독 내게만 차가운 심장으로 다가오는 것 같았다. 고아라서, 부모도 없는 다리 병신이라서 선배들이 나를 그렇게 괴롭히는 것일까. 비틀린 웃음을 지으며 개자식이라고 적나라한 욕설까지 퍼부으며 나를 대할 땐 피가 식는 느낌이었다. 아니 뼈가 움츠러드는 것 같았다. 아침에 눈을 뜨면 또다시 밤을 맞을 수 있을까. 내게서 밤이 영원히 사라지는 건 아닐까 하는 두려움으로 털끝까지 곤두설 때가 많았다. 왜 이렇게까지 해야 직성이 풀리는지 선배들의 속을 들여다보고 싶었다. 사람을 폭력으로 굴복시키고 자기보다 못한 사람에게 힘을 휘두르는 그들에게 내가 얼마나 독하고 악착스러운 놈인지를 증명해 주고 싶었다. 그 누구도 나를 못살게 굴 권리는 없었다. 나를 함부로 건들면 어떻게 되는지 본때를 보여주고 싶었다. 하지만 나는 땅에서 오른발이 떠 있는 다리 병신으로 출발선이 다르다는 것을 뼈저리게 인정하지 않을 수 없었다.

하느님은 내가 당하는 것을 구경만 하고 있었다. 어린 마음에 하느님은 믿을 만한 분이 못 된다고 느꼈다. 그 후로도 크고 작은 굴욕은 이어졌다. 내 인생에 대해 선배들이 뭘 알까. 그들에게 피를 피로 갚지 않으려고 노력했다. 마음을 그렇게 다잡을 때마다 로렌조 수녀님이 떠올랐다. 수녀님은 내 인생의 봄이었다. 곁에 있었다면 내가 가는 길에 걸림돌이 있으면 무조건 치워 주었을 텐데. 훗날 다시 볼 날이 있을 것이다. 너무 오래 기억하지 말고 너무 오래 그리워하지 말고 너무 오래 아파하지도 말자고 다짐하면서도 마음속의 수녀님을 붙잡으며 하루하루 견뎌 나갔다. 힘들었지. 잘 버텼어. 앞으로 좋은 날이 올 거야. 마음이 마음을 안다고, 내 마음이 힘들 때마다 수녀님은 내 고통의 소리를 들으며 이렇게 위로해 주었으리라 믿으며 참아냈다.

지금도 간간이 머리가 띵하고 뒷골이 아프다. 진료를 받아도 이상이 없다. 차라리 그날 피가 터졌다면 이렇게까지 심한 통증이 남아 있지는 않았을 것이다. 아픔을 느낄 때마다 지난날의 끔찍했던 장면이 떠오르고 사포로 밀어대듯 쓰라린 진통이 가슴을 짓찧었다. 잊고 싶지만 내가 경험한 사실이기에 지워지지 않는다. 그들의 먹잇감이 되었던 기억은 지금도 끔찍하다. 선배들의 얼굴에 야비한 웃음이 번지던 그날을 생각하면 지금도 소름이 돋는다. 나와 같은 처지면서도 어떻게 그런 짓을 할 수 있는지 지금도 내 가슴속엔 옹이로 박혀있다. 그때는 정말 돈을 주고라도 가족을 사고 싶었다. 아니 엄마를 사고 싶었다고 해야 옳을 것이다. 그래도 돌이켜 보면 그 기억들이 나쁜 것만은 아니었다. 그런 환경이 지금의 나를 만들어 낸 밑거름이 되었다.

보모 누나가 오다

　　　　　　　나이 많은 누나가 새로 왔다. 보모 누나
였다. 누나가 이곳에 오고부터는 내 생활이 많이 달라졌다. 처음부터
그랬던 건 아니었다. 시계 학원에 열심히 다니는 나를 눈여겨보았던
누나는 내가 얻어맞거나 부딪쳐 생긴 상처에 안티푸라민을 발라주
며 보살펴 주었다. 그런 누나에게 나도 모르게 기대게 되었다. 상처
난 곳에 새살이 돋듯 마음도 잘 치료해 주었다. 수녀님 외에 그 누구
도 나를 따뜻이 대해준 사람은 없었다. 내가 가장 힘들 때 만났기에
누나의 따스한 목소리만 들어도 눈물이 핑 돌았다.

　누나의 온기로 인해 다리는 온전치 못해도 마음은 곧게 잘 자랐
다. 밑바닥에 서 있는 나를 다시 위로 끌어올려 준 누나 때문에 하
찮게 여겼던 나 자신이 참으로 소중하게 느껴졌다. 누나가 아니었

다면 내가 세상으로 나가는 징검다리를 건널 수 있었을까 싶었다. 아이의 눈물을 닦아주는 엄마처럼 소리 내어 울지 못하는 내 아픔을 말없이 매만져주었다. 어떤 때는 내 마음속의 생각을 훤히 읽은 듯이 대할 때도 있었다. 내 편이 있다는 생각에 그동안의 서러움이 목젖까지 차올랐다.

누나의 사랑을 독차지한 대가로 선배들과 친구들의 시기를 받아야 했다. 자기들도 누나의 관심을 받고 싶은데 나 때문에 그렇지 못해 괜히 또 포악을 부렸다. 선배들은 질투를 앞세워 걸핏하면 바늘로 쏙쏙 찔러댔다. 바늘 끝으로 당하는 고문은 살을 문드러지게 했다. 누나에게 말도 못했다. 그들은 뒷산 아카시아의 독기 어린 가시가 되어 수시로 내게 바늘을 꽂았다. 그때마다 나는 숲의 뻐꾸기가 되어 서럽게 울어댔고 메마른 흙에서도 잘 자라는 아카시아 뿌리처럼 버텨나갔다. 누나마저 나를 거두어들이지 않았다면 나는 아마 이 세상 사람이 아닐지도 몰랐다.

선배들은 내게 몹쓸 짓을 하면서도 누나의 관심을 받고 싶어 했다. 누나가 실망할 아이는 되지 말아야지 하는 그런 생각을 하며 괴롭혀도 참고 또 참았다. 그들이 꼴 보기 싫어도 독립할 때까지는 그들을 볼 수밖에 없는 처지였다. 선배들이 눈에 쌍심지를 켜고 달려들며 너는 아무짝에도 쓸모없는 새끼라고 막말을 쏟아부으며 장난감 부수듯 머리나 배를 후려쳐도 이리저리 비척거리며 맷집 좋게 받아냈다. 픽 쓰러지는 날도 있었다. 하지만 내가 아프면 누나 마음은 더 아프겠다고 생각하며 입을 꽉 다물고 씩씩하게 지냈다.

어린 나를 상대로 저지르는 짓거리들이 내가 생각하기에도 한심하기 짝이 없었다. 맞서면 기어오른다고 또 맞을 것 같아 대거리를 하지 않느라 어금니가 다 뻐근했다. 마음이 어긋나려 할 때면 수녀님과 누나의 말이 버팀목이 되어주었다. 네가 가진 조건을 받아들이며 불공평하더라도 처신을 잘해야 한다는 말이 언제나 홀로 외롭게 살아가는 나를 붙잡아주었다. 눈감고 마음속으로 그 말을 되새기는 시간은 수녀님과 보모 누나를 만나는 순간이었다. 수녀님도 포근했지만 누나의 따스한 목소리에도 늘 위로가 담겨 있었다. 묵묵히 등을 토닥여 주는 눈길에는 나보다 더 슬픈 눈빛이 서려 있어 참고 있던 서러움이 터질 때가 많았다. 고생이 많다며 몸도 마음도 안아 주는 눈빛이었다. 누나 덕에 마음 따스하게 지낼 수 있었다.

학원비는 여전히 부족했다. 딱한 사정을 눈치챈 누나가 방학 동안 내가 편하게 시계 학원에 다닐 수 있도록 3개월치의 학원비를 대주었다. 나는 안도의 숨을 쉬었다. 이제 내 뒤에는 누나가 있으니, 미지의 세계인 시계 수리를 마음 놓고 배워도 되겠다는 생각이 들었다. 걱정 없는 나날이었다.

자살 바위

　　　　　　공부가 싫어졌다. 아무것도 모르는 선생님은 성적이 떨어졌다고 나무랐다. 눈물이 가슴 가득 밀려왔지만 차마 속사정을 얘기할 수 없었다. 원장님이나 선생님이 그날의 일을 알게 된다면 선배에게 또 단체로 맞을 게 뻔해 입을 꾹 다물었다. 서러움이 왈칵 쏟아졌고 쓸모없는 오른쪽 다리에도 비애가 차올랐다. 초등학교 때의 꿈은 무참히 사라졌다. 공부에 집중할 수 없었다. 별빛들이 꽃잎에 코를 박고 잠이 들어도 나는 눈을 말똥말똥 뜨고 천장을 바라보는 날이 많았다. 여기를 벗어나고 싶은 마음의 얼레를 감았다 풀고를 반복하다 실을 끊고 멀리 달아날까 하는 감정에 휩싸여 장승같이 앉아 있었다. 머릿속이 심리적 고통으로 뒤범벅될수록 내 몸에 고이는 건 슬픔뿐이었다. 긴 척추에도 눈물이 맺히는 것 같았다. 도망치는 것도 선배들에게 앙갚음하리라 다짐한 것도 생각으로 그치고 말았다. 바윗돌에 눌린 풀처럼 주저앉아 찌그러져 버린 자존심을 위로했다. 선배들의 사악한 얼굴은 날씨처럼 변덕스러워 언제 어떻게 바뀔지 알 수 없는 일이었다. 늘 그렇듯 참기 힘든 것은 정신적 고통이었다. 악마가 되려고 작정한 선배들의 손아귀에서 어떻게 하면 헤어날까 생각이 꼬리에 꼬리를 물었지만, 늘 현실로 돌아와야 했다.

자애원에서 겪었던 평화로운 세상과는 다르게 여기는 지옥이었다. 나를 향한 선배의 비열한 웃음은 상처를 아물게 하는 연고가 아니라 염증이었다. 마치 자기네가 이곳의 권리를 위임받은 것처럼 뻐기고 다녔다. 엄마 생각이 절로 났다. 당신의 선택으로 세상에 나온 나는 고통으로 얼룩진 나날이었다. 엄마 자궁 속에서 열 달이나 있으면서도 나를 버린다는 그 속을 왜 읽지 못했을까. 그만큼 뱃속에 있었으면 마음을 훤히 꿰뚫고도 남아야 했는데 말이다. 생판 모르는 곳에서 자란 아들이 보육원으로 옮겨와 피 한 방울 섞이지 않은 가족이라는 굴레 속에서 살아가고 있다는 걸 꿈에도 생각지 못 할 것이다. 그런 엄마를 이번엔 내가 버리려고 작심했다.

내가 뭔가를 잘하면 시기를 하고, 모범이 되려고 노력하면 잘난 체한다고 가만두지 않았다. 그런 선배들 사이에서 내 보호막은 어디에도 없었다. 나의 존재를 인정하지 않는 선배들, 짐승과 같은 수준의 그들을 향한 증오는 이미 곪아 터져 피고름이 된 지 오래였다. 이 모든 게 부모의 결핍감 때문이었다. 나한테 가족은 의미 없는 존재라고 생각했는데 어쩌자고 또 그리워하며 다 아문 상처를 건드려 정신적 혼란에 시달리는지. 언제면 저들의 사나운 시선을 피할 수 있을까. 언제쯤이면 함부로 하는 이런 관행이 없어질까. 나는 되도록 선배들에게서 떨어져 혼자 있을 수 있는 시간을 가지려고 노력했다. 하기야 내가 이곳에서 죽는다 해도 누구 하나 눈물 흘릴 사람은 없었다. 내가 만약 선배라면 상처투성이의 그들을 보듬었을 것이다. 아직도 내가 숨 쉬고 있다는 게 다행으로 여겨졌다.

간밤에 누군가 몰래 도망쳤다가 잡혀 들어왔다는 소문이 아침부터 공간을 떠다녔다. 몇몇 사람이 그 아이를 찾아서 눈에 불을 켜고 돌아다녔다. 나갔으면 붙잡히지나 말지 얼마 못 가 뒷덜미를 움켜잡힌 채 끌려 들어왔다. 울면서 다시는 나가지 않겠다고 다짐까지 했다. 그런 입소문이 퍼질 때마다 제발 붙들리지 말고 멀리 가서 자유롭게 살기를 마음속으로 빌었다. 그중에는 정말 싫어서 뛰쳐나간 아이도 있었고 정신이 미숙해 나간 아이도 있었다. 한바탕 소동이 벌어지고 나면 맞아 죽었다더라, 어딘가에 갇혀 있다더라는 말이 입에서 입으로 오르내렸다. 그런 말이 번질 때마다 아무도 모르게 나도 사라질 수 있겠다는 불안이 엄습해 왔다. 실지로 자살을 한 아이가 있었고 밤새 멀쩡하던 아이가 숨을 거두었고 아파서 생명을 잃은 아이도 있었다.

공포가 가슴을 치고 들어왔다. 죽음을 보았고 다른 아이의 고통을 보면서 내게도 절명이 임박했다는 생각이 불현듯 들었다. 나는 희망을 잃거나 삶을 포기하고 싶지 않았다. 그 누구도 미래를 예측할 수 없고 내일 당장 어찌 될지 알 수 없기 때문이었다. 하지만 야구 방망이로 맞은 뒤부터는 가끔 자살 충동을 느꼈다. 선배들에게 겪는 고통보다 차라리 스스로 목숨을 끊는 게 낫다는 생각이었다. 어젯밤에 탈출했다가 실패로 돌아간 남자아이를 떠올리며 나는 부엉덤으로 갔다.

부엉덤은 자살바위로 불렸다. 이곳에서 몇 사람이 죽었다고 해서 붙여진 이름이었다. 갓난아이들도 발견돼 삶과 죽음의 갈림길이 되는 장소이자 우리들의 자연 쉼터이기도 했다. 나 같은 병신 하나 죽는다고 누가 눈이나 깜짝할까. 바위에 올라섰다. 밑에는 금호강이 입을 쩍 벌리고 내가 떨어지기만을 기다리고 있었다. 고요한 강물은 심장을 정지시킬 수 있고 정수리를 한 방에 날려버릴 수도 있는 힘을 깊숙이 숨기고 있었다. 정신을 놓으려고 하자 없는 추억이 떠오르고 나를 조롱했던 사람들과 사소한 사건들이 스쳐 지나갔다.

마음을 가다듬고 눈을 꼭 감았다. 선배들의 포로가 되어 날마다 고초를 당하느니 몸을 던지는 게 낫지 않을까. 유서라도 남기고 떠나야 하나. 오만 가지 잡생각이 머리를 어지럽혔다. 솔바람이 쏴 지나갔다. 파도 소리 같았다. 그 소리를 뚫고 누군가가 내 이름을 불렀다. 눈을 떴다. 보모 누나였다. 절체절명의 순간에 누나가 나를 찾으러 왔다. 절벽 아래를 내려다보는 순간 온몸의 털이 곤두서고 몸소름이 돋았다. 나도 모르게 뒷걸음질 쳤다. 죽음의 문턱에서 누나가 나를 살렸다. 나에게 이렇게 관심을 주고 친절하게 대해주는 누나의 마음이 놀랍고도 고마웠다. 누나 때문에 자살을 미루었다. 누나를 얻은 나는 천군만마를 얻은 기분이었다. 더 이상 나의 미래는 불확실하지도 어둡지도 않을 것 같았다. 새로운 공기가 내 주위에 뿜어져 나오는 것 같았다. 그 시각에 누나가 아니었다면 나는 다시는 돌아오지 못할 길로 떠났을 것이다. 나를 알아주는 사람은 누나뿐이었다.

고개를 들어 위를 올려다보았다. 파란 하늘에 흰 구름이 있었다. 언젠가 보았던 파도가 부서지는 모양과 하늘에 흩어진 구름 모양이 같았고 하늘가에 달라붙어 있는 한 덩이 구름 모양은 엄마 얼굴 같기도 했다. 구름이 산을 넘어 점점 내게로 왔다. 잊어버린 엄마의 살냄새가 이러할까. 풀 냄새가 코끝으로 흘러들었다. 귓가를 콕콕 찌르는 새소리와 살갗을 감아 도는 더운 바람에 나는 살아 있음이 증명되었다. 내일 시체로 발견되었다면 어쩔 뻔했나. 뻣뻣하게 굳은 내가 물을 질질 흘리며 흙바닥 아무 데나 내팽개쳐진 모습을 상상하니 정신이 아찔했다.

눈물이 풀쑥 솟았다. 터진 울음은 들판을 지나 푸르게 물오른 초록 숲을 흔들었다. 선배들에게 조종당하는 삶 때문에 죄 없는 나를 스스로 절망의 수렁으로 밀어 넣었다는 게 믿기지 않았다. 내 미래는 그 누구도 아닌 나 자신에게 달려있다는 것을 잠시 망각해 버렸다. 하마터면 세상에서 영원히 사라질 뻔했다. 자살바위에 퍼질러 앉아 우는데 포르릉거리는 작은 새들이 귀찮도록 재잘거렸다. 강물은 왜 우는지 어째서 이 자리에 있는지 관심 없다는 듯 무심히 지나갔다. 마음을 추스르고 일어났다. 햇빛 가득한 초록 나무 잎새들이 괜찮아, 괜찮아 속삭이며 작은 손바닥으로 어깨를 쓸어 주었다. 나는 허공에서 겉도는 오른쪽 다리를 잘 챙겨 천천히 부엉덤을 벗어났다.

두 개의 해가 지고 있었다. 서산에 걸린 해와 강 물결에 풀어진 해가 내일로 가고 있었다. 아스라이 무덤 하나가 눈에 들어왔다. 나지막한 게 훗날의 내 무덤 같았다. 죽음을 비워낸 마음에 주변 풍경들을 들였다. 산을 옮겨오고 나무를 가져오고 이름 모를 들꽃도 심었다. 마음밭이 풍성해지는 기분이었다. 못난 마음을 먹은 건 여러 겹의 마음 중에서 아주 작은 부분일 거라고 마음을 새로이 먹었다.

  누나와 함께 산길을 내려왔다. 지는 해와 나란히 걸었다. 평범한 날이었다면 낭만적일 수도 있으나 오늘은 왠지 나를 더 외롭게 만들어 버린 것 같아 자책감이 들었다. 핏빛 저녁노을을 쓰다듬고 온 끈적한 바람이 온몸을 타고 흘러내렸다. 내 눈은 아직도 눈물에 젖어 있었지만 걸음은 가벼웠다. 다 죽어가더니 누나라는 비를 맞고 살아난 엉겅퀴 같았다.

02
살아야 할 운명

누나가 가고 없다

 몇 달이 흘렀다. 나의 전부처럼 느껴졌던 누나가 갑자기 떠난다고 했다. 그간 정이 들었고 많이 의지하며 지냈는데 나도 따라가고 싶었다. 다른 곳으로 가는 누나에게 성공하면 꼭 은혜를 갚겠다고 했다. 누나가 이름과 주소를 알려주었다. 그것이 누나와의 마지막 작별이 될 줄은 몰랐다. 누나를 만나면서 삶에 대한 새로운 희망이 움트나 싶었다. 가슴에 촛불 하나 켜지는가 싶었는데 그을음을 내며 이내 등불은 꺼져버렸다.
 누나가 없으니 심리적으로 괴로웠다. 선배들은 나를 쏘아보며 꼴좋다는 듯이 서로 마주 보며 쑥덕거렸다. 다시 비참해졌다. 누나가 떠나고 없는 내 마음처럼 다리도 나사 풀린 장난감 나무다리 같았다. 풀이 죽어 지냈다. 영혼도 죽은 거나 마찬가지였다. 제 기능을 다 못하지만 그래도 이런 다리라도 있다는 게 싫지만은 않았다. 가끔은 휘둘러대는 목발이 나의 집게발 역할을 해주어 든든했다. 돈 걱정이 또 시작되었다. 돈을 심으면 식물처럼 번식했으면 좋겠다는 생각을 날마다 했다. 나는 길 위의 배처럼 목발이라는 노를 들고 오도 가도 못하고 보육원에 정박해 있었다.

옹송그려 앉아 있는 날이 많았다. 벽에 등을 기대고 앉으면 나는 이 세상의 사람이 아닌 것 같았다. 엄마에게서 버려진 무서운 상흔이 몸에 남아있는 데다 수녀님과 떠나버린 누나의 아픔까지 더해지니 도망치고 싶은 마음뿐이었다. 맞고 다니는 내가 불쌍해 달래주는 것이 샘이 나, 누나 옆에 가지 말라고 선배들이 내 뒷등에 바늘을 들이밀었던 날이 오히려 그리웠다. 매일 당해도 누나가 옆에 있을 때가 좋았다. 함께 지냈던 2년 동안은 선배들의 해코지까지도 행복했다.

저 자식 재수 없는 새끼야

솔직한 게 탈이었다. 마음에 있는 말을 속속들이 했던 것이 선배들에게 미움을 사는 계기가 되었다. 무뚝뚝하고 숨김이 없는 성격 때문에 잘해도 눈칫밥을 먹는 신세였다. 교묘한 말과 그럴듯한 행동으로 선배들의 비위를 맞추는 뺀질이 친구들은 잘못을 해도 아무렇지 않게 지나갔다. 이 악당들을 어떻게 상대해야 하나 고민이 컸다. 내 인생을 자기네들 멋대로 재단하는 게 싫었다. 버거운 숙제 같은 이들이었다.

내 감정의 평온을 유지하며 방법을 바꾸기로 했다. 이곳에 와서 제일 먼저 배워야 하고 해야만 했던 행동 중의 하나가 눈치 보는 것과 아부였다. 그것을 못해 나는 더 힘든 나날이었다. 내키지 않았지만 또래들도 다 하는 그 방식을 실천하기로 마음먹었다. 그것만이 살아남을 수 있는 지름길이었다. 성격상 하지 못했던 것을 해보려고 마음을 굳히니 두려움이 사라졌다. 아무것도 가진 게 없는 인생이 바로 나라고 인정하며 있는 그대로의 삶을 받아들이기로 결심하니 못 할 게 없었다. 맞을 때 맞더라도 그들 눈에 들려고 마음의 준비를 마쳤다. 아양을 떨었다. 짐승이 아닌데도 소통이 안 되는 선배들에게 굽실거렸다. 한두 번 하다 보니 어떤 환경에도 적응할 수 있는 자신이 생겼다. 그들의 태도가 크게 달라진 건 없어도 내가 바뀌니 그전까지 경험해 보지 못한 내적인 평화를 얻을 수 있었다. 내게 이런 면이 있나 할 정도로 조금씩 그들에게로 흡수되는 게 섬뜩하기도 했다. 못마땅했지만 선배들의 소굴 안에 있는 것이 나를 보호하는 셈이 되었다.

 내 행동이 조금씩 달라지는 그 속엔 어디서든 끝까지 살아남아 성공하는 모습을 보여주고 싶은 간절함이 들어 있었다. 가슴을 쥐어뜯으며 끝도 없이 쏟아낸 울음도 그 때문이었다. 산길에서 보았던 강인하게 뿌리를 내린 보랏빛 엉겅퀴를 가슴속에 그려 넣었다. 선배들의 세계에서 비비며 살아보겠다고 선택한 이 방법이 최선이었다. 훗날 비옥한 땅을 일구기 위해서는 지독한 현실 속으로 걸어 들어가는 수밖에 없었다. 평화를 깨는 건 그들이었다. 내게 겨누는 이해할 수 없는 총구, 총성 없는 싸움은 앞으로도 계속될 것이지만 어디에 던져져도 그 상황을 뚫고 나오는 잡초가 되리라

나 자신을 세뇌했다. 어쩌면 지금의 선배들이 나를 강하게 만드는 조력자인지도 몰랐다.

조용히 넘어가는 날은 불안했다. 사형선고를 받은 죄수가 갑자기 처형 직전에 집행 유예를 받는 느낌이 이렇지 않을까 싶었다. 구타는 사소한 이유에서 시작되었다. 손바닥으로 머리통을 맞아도 영문을 모르니 두 눈만 껌뻑일 때도 있었다. 인간을 한 물건쯤으로 보았는지 장난하듯이 수시로 괴롭혔고 욕지거리도 서슴지 않았다. 죽음보다 더한 모멸감을 느낄 땐 다시는 그러지 못하게 입을 짓이겨 놓고 싶었다. 속마음은 그랬어도 눈 밖에 나지 않으려면 아무렇지 않게 원하는 대로 따라야 했다. 누구 하나 죽었다 해도 눈 하나 깜짝할 그들이 아니었다. 구타가 무엇인지 확실하게 보여주는 살아 있는 현장 체험 학습장이었다.

잊을 만하면 나보고 "저 자식 재수 없는 새끼야."라고 누군가 먼저 말하면 기다렸다는 듯이 "그래, 맞아. 맞아." 하고 옆에서 욕하며 거들었다. 신나게 추임새를 넣는 험악한 눈초리들만 우글거리는 그들을 쏘아보며 나에 대해 뭘 안다고 함부로 지껄여대는 것인지 자루 아가리라면 다시는 못 열게 굵은 바늘로 꿰매 버리고 싶었다. 벌을 받더라도 저들의 입을 뭉개놓고 싶었다. 가혹한 말투를 들을 때마다 희망이 무너져 내렸다. 이런 떡을 할, 내가 왜 이런 소리를 들으며 여기에 섞여 살아야 하는지 알다가도 모를 일이었다.

　죽음보다 더한 모멸감을 주는 말과 폭행을 일삼으며 나를 괴롭히는 그들에게 피눈물을 감추었다. 어차피 살아내기로 마음먹었으니 눈이 없고 귀가 없는 아이가 되는 연습을 했다. 고분고분하게 굴면서 배급받은 빵을 아껴두었다가 선배들에게 주었다. 달라진 내 행동 하나가 차츰 빵의 의미를 뛰어넘는 진가를 발휘했다. 여전히 못마땅해했지만, 지금껏 보지 못한 인간미를 보여주기 시작했다. 전과는 달리 몽둥이 몇 대씩 맞을 걸 한두 대로 넘어갔다. 군중 속에서 어울리는 게 단순하면서도 참 쉬운 것 같았다. 그렇지만 내 영혼은 비참해서 곪아 갔다. 생존을 위해 스스로 택한 어쩔 수 없는 일이기에 견뎌 나갔다.

　몸에도 변화가 생겼다. 사춘기가 왔다. 공중목욕탕은 꿈도 꾸지 못했다. 넓은 고무통에 물을 받아 몸을 씻는 게 고작이었다. 비누로 몸을 문지르며 내가 남자가 되어가고 있음을 알게 되었다. 얼굴에 거뭇거뭇 수염자리가 잡히고 은밀한 부위에도 보송보송한 털이 새순처럼 돋아났다. 부모님이 있었다면 성인으로 변해가는 아들을 흐뭇하게 바라보았을지도 모르겠다. 햇살이 뜨거울 땐 강가에 나가 발가벗고 멱을 감았다. 사춘기가 찾아온 우리들은 쭈뼛대다가 서로 몸을 훔쳐보며 음침하게 웃기도 했다. 여름에 또 한 번 깨달았다. 몸뚱이 외에는 잃을 것이 아무것도 없다는 사실을 말이다.

  복숭아가 익을 무렵 한 소녀가 눈에 들어왔다. 짝사랑이었을까. 먼발치에서 그 아이를 지켜볼 때면 엷은 붉은색으로 물든 뺨을 들킬까 봐 일부러 주위를 두리번거리기도 했다. 서로 말을 해본 적은 없었다. 하지만 여백 같은 텅 빈 내 세상에 담홍색이 스며들었다. 홀로 사춘기를 맞는 내 핏속에 나보다 한 살 어린 소녀의 이름이 오랫동안 배회했다. 한 번도 느껴보지 못한 감정이 물살을 타고 흘렀지만 고백하지는 못했다.

칼갈이와 이갈이

　　　　　　　선배 스무 명 정도가 칼을 갈았다. 시퍼렇게 날이 선 칼날을 이리저리 만져보는 두 눈엔 광채가 번득거렸다. 가끔 내게도 숫돌을 잡게 하고 칼을 날카롭게 만들었다. 그들은 마치 전문적인 칼갈이 같았다. 자기를 버린 부모를 만나면 죽여 버리겠다고 오래전부터 입버릇처럼 말하며 날을 세웠다. 그럴 때는 일말의 망설임도 없이 살인을 저지르겠다는 싸늘한 표정이었다. 아릿한 감정의 동요는 찾아볼 수 없고 마치 인간 먹이를 기다리는 굶주린 늑대 같았다. 매섭게 뜬 눈으로 칼끝을 노려보며 온몸으로 분노를 보여주는 모습에 소름이 끼쳤다. 금방이라도 뾰족한 칼끝을 내게 들이밀 것 같았다.
　햇살이 바람에 부서졌다. 빛이 뻔득일 때마다 칼날의 끝이 튕겨

나가는 것 같았다. 그 끝에서 피를 흘리며 죽어 가는 그들의 부모를 생각하니 등골이 오싹했다. 선배들은 어머니 아버지를 수없이 되뇌며 날마다 시퍼렇게 날이 선 칼을 들여다보았다. 어떤 날은 손끝으로 칼날을 쓰윽 매만지면서 원하는 대로 잘 됐다는 듯이 살기 띤 미소를 거두기도 했다. 그 섬뜩한 눈빛은 배고픈 짐승의 눈빛이나 마찬가지였다. 수돗물을 틀고 칼날을 씻는 그들 앞에 있는 나도 도마 위에 오른 생선이나 다름없었다. 칼날 같은 비명을 지르며 언제 흔적도 없이 사라질지 모를 일이었다. 정녕 저들에게 목숨을 내주고 싶지는 않았다. 그들에게 복수를 향한 칼끝이 되지 말고 빛나는 숫돌이 되라고 몇 번이나 속으로 말했다.

얼마 전까지만 해도 사실 죽고 싶은 심정이었다. 그러나 선배들이 자기 부모에게 겨누겠다고 칼끝을 예리하게 만드는 것을 보고 죽임을 당하지 않고 살아 있어서 정말 다행이라고 가슴을 쓸어내렸다. 나 자신을 스스로 죽음으로 몰고 갔던 지난날의 어리석은 행동이 후회스러웠다. 그랬다면 선배들과 다를 게 뭐가 있냐 싶었다. 칼을 가는 그들과 같이 생활하는 것이 어쩔 수 없는 나의 운명이라면 하루빨리 이곳을 벗어나게 해달라고 하느님께 기도했다. 응답 대신 '너는 다리가 불편해도 잘 걸을 수 있단다. 너를 소중히 여기는 사람이 많다는 걸 잊지 말아라.'라는 당부의 말만 들려주었다. 지금의 고통을 견디기 위해서는 무엇보다 내 마음이 더 단단해져야 했고 삶에 대한 의지가 강한 아이로 성장하지 않으면 안 되었다. 저 선배들도 자신의 편이 되어줄 단 한 명이라도 곁에 있었다면 저리 삐뚤어지지는 않았을 것이다. 버려졌다는 마음의 분노 때문에 얼굴도 모르는 부모를 상상 속에 가두어 놓고 날마다 이처럼 행동하는 건 아닌지 모르겠다. 버림받았다고 해도 선배들처럼 굴어서는 안 되는 일이었다. 비록 내 상황이 비극적이어도 나는 훗날 나 같은 어려운 형편의 아이들을 도와주고 싶은 꿈을 키웠다. 하루빨리 교도소 같은 이곳을 나가고 싶었다. 나의 존재 가치를 부정당해도 목적이 있어 버티고 견딜 뿐이었다. 고아 중에서도 소외된 아이한테는 자잘한 사건이 자주 일어나고 괴롭힘을 더 당한다는 것쯤은 쉬쉬해도 서로서로가 다 알고 있는 사실이었다.

 그들이 다리 병신이라는 말을 심심풀이로 해대도 끄떡하지 않았다. 흉측한 웃음을 앞세워 저지르는 폭행과 폭언이 하루에도 몇 번이나 나를 죽이고 살려도 반응하지 않았다. 다만 그들의 상스러운 말투들은 내 몸속에 고스란히 독으로 스며들었다. 그러나 나는 독에 대한 해독이 점점 쉬워지고 있었다. 공격적인 눈빛, 빛과 어둠의 공존, 아침과 오후의 얼굴이 수시로 달라져도 그에 대처하는 방법을 조금은 터득했기 때문이다. 꽉 쥔 내 주먹 안에도 날카로운 면도날 같은 마음이 숨어 있다는 것을 그들은 모르고 있었다. 내가 잘되는 것만이 그들에게 복수하는 길임을 알기에 움켜 쥔 손이었다. 바람 따라 몸을 움직이는 개망초가 흐드러지게 피었을 때 선배들은 한쪽으로 기울어진 마음의 표출로 칼을 갈았고 나는 성공하리라고 독하게 이를 갈면서도 그들이 사람다운 인생을 살 수 있기를 바랐다. 내 시간은 분명 고장 난 시간이었다. 이상이 생겨 작동이 제대로 되지 않는 시간 속에 갇혀서도 내 길을 갔다. 나이가 어리다고 나를 시삐 보았다가는 선배들이 개망신을 당한다는 것을 알게 해주고 싶었다.

이불 속 울음

하루 동안 시달린 몸과 마음을 눕히고 싶었다. 다리는 나를 위해 아무 일도 하지 않았지만 많은 일을 감당하게 했다. 부모에게 내쳐졌고 이곳에서도 노리개가 되었다. 오른쪽 다리가 제구실을 못 해서 사정상 맡기고 한 번씩 나를 보러 오는 엄마라도 있었다면 내 삶이 이토록 벅차지는 않았을 것이다. 가족이 곁에 있었다면 누구라도 뜨거운 물 한 바가지 퍼 와 아픈 발을 씻기며 살뜰히 주물러 주었을 텐데. 눈물이 솟구쳤다. 왜 나만 밖으로 내던져졌는지 그만 생각하려 해도 불뚝불뚝 튀어나오는 감정을 억제할 수 없었다. 이불을 뒤집어쓰고 울었다.

너무 어렸기에 엄마에 대해 아는 게 없었다. 내 피와 뼈의 출처가 부모인데도 버려졌다는 것만이 각인돼 있었다. 한때는 부모의 미래였을 나를 혹시라도 찾으러 오지 않을까 날마다 기다리기도 했다. 여느 또래들처럼 개구쟁이 짓을 해서 꾸중 듣고 싶었고 성적 잘 나왔다고 칭찬받고 싶었다. 형에게 대들었다고 혼나고 싶었고 까불다가 형에게 맞았다고 엄마한테 일러바쳐 야단을 맞는 형의 모습도 그려보았고, 동네에서 맞고 들어와 형에게 때린 아이를 고자질하는 모습까지도 상상해 보았다. 어리광을 부리고 싶었다. 엄마의 치마폭을 붙잡고 고집을 부리다가 등짝을 내리맞는다 해도 좋았다. 상상이 아니라 그런 평범한 일상과 부모의 사랑을 경험하고 싶었다. 그러나 기억에도 없는 슬픈 추억을 애써 붙잡으려 허우적거리고 있을 수는 없었다. 가족들에 대한 그리움을 목구멍으로 깊숙이 밀어 넣으며 울었다.

 밖으로 새 나가지 않게 이불 속에서 흘리는 눈물은 나를 독하게 만들었다. 엄마의 살내를 기억해 내려는 것도 더는 못 하게 장막을 쳤다. 가난이 물려준 어쩔 수 없는 유산이라고 마음을 고쳐먹으니 비관할 일도 아니었다. 어둠이 와야 낮 동안의 고통에서 풀려나 편히 쉴 수 있는 시간이었다. 정신을 차리고 강단지게 살아가는 방법을 모색하기에는 이때가 좋았다. 풀잎도 이슬을 무거워하지 않았다. 상처는 생각할수록 커지고 원망할수록 깊어졌다. 이제부터는 내 삶의 무게를 가벼이 여기기로 했다. 무릎으로 걸어서라도 사람대접을 받고 싶었다.

친구들은 꿈나라로 갔다. 나는 잠이 오지 않았다. 퉁퉁 부은 눈을 만지며 밖으로 나왔다. 발밑에서 어둠이 스멀거렸다. 시들어 가는 마당의 가을꽃이 '너는 희망을 만드는 아이가 될 수 있어.'라고 다정히 말을 건네는 듯했다. 나무와 꽃과 새와 별들, 사물과 말을 주고받으며 친구가 된 지도 오래였다. 벗들은 그저 보고 즐기는 감상물이 아니라 내겐 마음을 나누는 동무였다. 그중에서도 밤하늘의 별과 더 친했다. 별은 나처럼 울지 않고 빛나기만 했다. 별에 말을 걸었다. 어떻게 하면 내가 일어설 수 있을까 하고 간절한 답을 기다렸다. 그러나 반짝반짝 빛날 뿐이었다. 별한테 소원을 말했다. 별이 될 수 있다면 나도 너처럼 북두칠성이라는 별자리를 배치받아 영롱히 빛나고 싶다고. 그렇지만 별은 네가 처한 상황은 너만이 헤쳐 나갈 일이지 누가 도와주는 일이 아니라는 듯 아무런 응답도 주지 않았다. 내가 흘린 눈물만큼이나 수많은 별이 밤하늘에 고여 있었다. 별은 서리 맞은 꽃 속에서 밤을 지새우고 새벽이 되어서야 돌아갔다.

나는 정신적으로 죽은 것이나 다름없었다. 고통도 처음이 힘들지 계속 겪으니 무감각해졌다. 감정이 무뎌져 담담하게 받아들이는 단계가 되어버렸다. 통증이 가해질수록 생각나는 건 가족밖에 없었다. 선배 같지도 않은 비겁한 새끼들, 목숨을 가지고 장난치는 망나니들, 너희들은 천벌을 받고도 남을 거야, 라고 혼자 중얼거려도 듣는 이는 없었다. 오밤중에 이렇게라도 해야 내 속이 풀어졌다. 머리 위에는 나처럼 야위어 배가 푹 꺼진 손톱달이 떠 있었다. 구타는 정말 뼈를 저미는 일이었다. 힘없이 죽어지내는 내게 희번덕거리는 눈으로 다가와 뼈에 붙은 살점까지 뜯어 먹으려는 그들, 선배들의 숨소리도 듣기 싫었다.

  그들 앞에 있으면 나도 모르게 최면에 드는 것 같았다. 뻔뻔스러운 짓들을 혐오하면서도 살고 싶어서 그들의 입맛에 맞게 졸렬하게 굴었다. 그러다 보니 시키는 대로 죄 없는 동료들을 괴롭히기도 했다. 정말로 피가 거꾸로 솟을 때는 피 묻은 승리자, 거대한 독수리가 되어 뱀 같은 저들을 옭아 채어 오늘 밤 안으로 해치워야겠다는 생각도 들었다. 그러나 나는 늘 박제된 새끼 독수리처럼 그들 옆에 마냥 놓여 있었다. 너무 많이 흘려 염분 없는 눈물과 제 구실을 못 하는 다리 그리고 밤마다 토해 내는 각혈 같은 울음, 나는 그 자체로도 비명이었다. 그나마 들키지 않고 울 수 있는 곳이 이불 속이나 산등성이 외진 곳이었다. 눈뜨는 아침이 반갑지 않았다. 언제나 살벌한 나날이었다.

상처 난 꽃

　봄이 가고 여름이 왔다. 식물들은 휴면에서 깨어나 푸르게 움직이건만 나같이 상처 입은 아이들은 빛이 강해도 약해도 별 반응 없이 느리고 고요한 행동뿐이었다. 씨앗으로 태어나 비바람 속에서 부대끼며 살아가는 식물들이 오히려 부러웠다. 씨앗들은 바람 따라 떠다니다 어느 곳에 정착해서 뿌리를 내리고 종족을 늘리고 숲을 이루며 살아갔다. 사람으로 태어나도 고아가 되고 혈육이 어디에 있는지도 모르는 나보다 훨씬 나은 생명이었다. 그나마 상처난 여린 꽃들이 한데 뭉쳐서 추위를 달래는 곳이 보육원이었다.
　따로 태어나 한곳에서 자라고 한솥밥 먹는다고 해서 핏줄이 되는 건 아니었다. 인연 없는 사람들을 억지로 가족이라는 끈을 만들어 주어도 피붙이는 될 수 없었다. 가족은 가족이고 남은 남일 뿐이었다. 허울 좋은 가족이라는 말로 위장하고 살 뿐이었다. 어떤 때는 밟아도 다시 올라오는 신경이 없고 감각이 없는 잡초가 되고 싶을 때도 있었다. 한때 혈육을 떠올리는 생각의 끈은 나를 옭아 놓았다. 그 줄에 걸려서 엎어지고 넘어지고 다쳐서 울어야 하는 신세가 딱했다. 어렸을 때 소아마비를 앓아서 다리 병신이 되었대. 그래서 버려진 거래. 들릴 듯 말 듯 수군거리는 말소리나 측은하게 바라보는 눈빛은 내게 아무런 도움이 되지 않았다. 오히려 주눅 들게 했다. 제일 듣기 싫은 말을 들을 때마다 목구멍으로 올라오는 수치심을 꿀꺽 삼키느라 목젖이 다 아팠다. 동물원에 갇힌 원숭이가 된 기분이었다.

가끔 거니는 들길로 갔다. 나무들은 바빴다. 짧은 시간 동안 힘든 노동을 해서 푸른 그늘을 만들어 냈다. 나무들의 들숨은 잔뿌리까지 가닿느라 애를 먹었고 내 날숨은 하릴없이 길어졌다. 나무는 빛이 더 많은 쪽을 향해 가지를 뻗어 나갔다. 내게는 강파른 봄이고 여름이었으나 들녘은 토실토실 살이 올라 무성했다. 어떤 들꽃을 품었는지 내게로 날아오는 숲 바람이 달짝지근했다.

걸음을 멈칫했다. 짙은 고동색을 띤 새 한 마리가 절룩거리며 먹이를 찾고 있었다. 어쩌면 저리도 내 신세와 같을까. 울컥 치미는 뜨거운 무엇 때문에 또 울고 말았다. 한참을 지켜보아도 먹이를 먹었는지 헛부리질만 해댔는지 알 수 없었다. 저 새는 분명 꽃을 병들게 하는 벌레를 잡아먹었을 거야. 해를 끼치는 벌레를 잡아먹고 식물이 건강하게 자라도록 만들어주는 착한 새일 거야. 그런데 내 주위엔 왜 못된 벌레들만 우글거릴까. 제대로 판단이 서지는 않았지만 세상에는 존재 이유가 나름대로 있을 거라는 생각은 들었다. 슬픔을 어떻게 달래야 하는지 아픔을 어떻게 견뎌야 하는지도 모르는 어린 나이였지만 자기 목숨은 자신에게 달려있다는 것만 명심하고 싶었다.

엉겅퀴가 소복하게 자리 잡은 길옆에서 잠시 목발을 세웠다. 물끄러미 서서 나같이 척박한 땅에서 태어나지 말고 유복한 땅에서 피어 나지 그랬느냐고 혼잣말하다가 다시 걸어나갔다. 간간이 자신의 존재를 알리는 풀벌레 소리 사이로 쓱쓱 수풀 헤치는 소리가 들렸다. 흔들리는 다리가 풀에 부딪혀서 나는 소리였다. 불청객의 침입에 놀란 나비들이 호들갑스럽게 흩어졌다. 조금 더 나아가니 나보다 키 크고 내 얼굴보다 큰 곧추 자란 해바라기가 외따로 서 있었다. 설익은 검은 씨앗마다 태양 한 개씩 물고 있었다. 빤히 바라보며 침을 삼키는 내가 노란 해바라기를 붙잡고 앉아 꿀을 탐하는 다리가 짓이겨진 일벌처럼 느껴졌다. 그러나 옹골지게 여물려면 아직 시간이 더 필요할 것 같았다. 나도 마찬가지였다. 산천초목들도 자신의 삶을 꼿꼿이 헤쳐나가는 기름진 8월이었다.

꽃이나 나무들이 잘 자라려면 흙이 중요하다고 했다. 하지만 땅이 좋다고 해서 잘 자라는 것은 아니었다. 벌레로 인해 병들었다면 벌레를 잡아 주고, 빛 때문이라면 볕이 잘 드는 데로 옮겨 주면 되었다. 내게도 그 역할을 해주는 누군가가 있었다면 얼마나 좋았을까.

쉬엄쉬엄 걷는데 허공을 긁는 소리가 났다. 장대비가 산자락을 훑으며 다가왔다. 떨어지는 빗줄기는 모든 자연에 새로운 양분이 되어줄 것처럼 서둘러 내렸다. 갑자기 세게 내리는 비에 매정스럽게 두들겨 맞는 키 작은 풀꽃처럼 나 역시도 심하게 난타당했다. 빠르게 목발을 내짚었다. 빗소리가 가을을 재촉하는 소리 같았다. 머지않아 노랗고 빨간 낙엽들이 흩날릴 것이고 겨울이 당도할 것이다. 온몸에서 빗물이 줄줄 흘러내렸다.

그림자와 나눈 대화

날이 샐 무렵에 눈이 떠졌다. 새벽 고요를 가르며 크리스마스 날이 다가왔다. 저 멀리서 은은한 종소리가 들려왔다. 영롱하게 울려 퍼지는 소리가 내게서 일어나는 나쁜 일들을 몰아내 줄 것 같은 믿음이 생겼다. '고요한 밤 거룩한 밤 어둠에 묻힌 밤 주의 품에 앉아서 감사기도 드릴 때….'라는 노래가 흘러나왔고 다시 스르르 눈을 감았다. '너는 다리가 불편할 뿐이야. 네가 걸을 수 없다고 생각해 본 적 없어. 두 팔과 두 개의 목발이 네 곁에 든든하게 있잖아. 우리가 널 얼마나 소중히 여기는지 넌 잘 모를 거야. 목숨을 함부로 버리는 건 죄짓는 일이란다. 누구에게든 기죽지 마.' 선명한 그 말이 아련하게 들려 정신을 차렸다.

꿈을 꾼 것일까. 내가 귀담아들었던 말은 누가 했을까. 나를 위로하기 위해 누군가 꿈속에서 했던 말을 현실로 가져온 건 아닐까. 환청처럼 들렸던 그 말을 되새기며 희붐한 창가를 서성이다 밖으로 나갈 뻔했다. 푸르무레한 창밖에서 성모님이 손짓하는 것 같은 착각에 빠졌다. 손등으로 침침한 눈을 비비고 다시 마당을 쳐다보았다. 어제 걷지 못한 흰 옷가지 몇 개와 검은 바지가 빨랫줄에서 너풀대고 있었다. 무력해진 내 다리가 마치 움직이는 것 같았다. 나는 누구와 대화를 나눈 것일까. 내게 한 그 말들을 마음속에 새겨 두었다.

어둠은 등을 보이며 사라져 갔다. 아침 해는 강을 건너고 엄마의 젖가슴처럼 봉긋한 산봉우리를 타고 보육원 으늑히 들어왔다. 새들도 나무꼭대기에 지어진 둥지를 드나들며 부지런히 아침을 열었다. 자세히 보지 못했던 나무들이 서로 기대지 않고 적당히 관계를 유지하며 모여 있었다. 작은 나무도 튼튼히 자라는 걸 보면 겉으로는 각자 혼자인 척해도 서로 흔들리지 않게 뿌리를 연결하는 가족 같았다. 혈관처럼 퍼져 있는 뿌리와 뿌리는 서로에게 의지하며 생명력을 이어 나갔다.

나는 병든 내 몸을 불평하면서도 끌어안았다. 남루한 몰골이지만 세상으로 나아가는 사람이 되고 싶었기 때문이다. 나무가 생장해 가듯 나도 날마다 내 마음이 내는 신음 소리와 함께 커갔다. 날이 밝아도 하루가 저물어도 혼자 맞이하고 보냈다. 슬퍼서 괴로워서 내는 가슴의 통성을 참고 견뎠다. 이 정도의 어려움도 이겨내지 못한다면 앞으로 무슨 일을 할 수 있겠는가 하는 오기마저 들었다. 목적을 달성할 때까지 정신력 하나로 살얼음판 같은 하루하루를 넘겼다. 시간은 흐르고 흘렀다.

나는 늘 꿈꾸는 아이였다. 병신 주제에 잘난 척한다는 선배나 동료들의 따가운 눈총에도 미래의 꿈을 잃지 않았다. 그런데 야구방망이로 얻어맞은 뒤부터는 머리가 잘 돌아가지 않아 훌륭한 사람이 되겠다는 꿈을 포기했다. 하지만 갖고 싶은 것과 입고 싶은 것, 먹고 싶은 것과 읽고 싶은 책 등등을 위해서라도 소박한 꿈을 다시 꾸었다. 바로 시계 기술자였다. 힘들어도 원하는 것을 이루어 가는 과정이라 여기며 애를 썼다. 풍요를 누리는 아이들을 보면서 그들과는 처지가 다르다는 걸 깨달았다. 뜻대로 되지 않아 골이 난 적은 있어도 절망하지 않았다. 오히려 그것이 나에게 새로운 도전의 기회를 주었다.

그 무렵 가끔 같은 꿈을 꾸기 시작했다. 꿈은 무의식이 내게 뭔가를 전하려고 보낸 편지라고 생각하며 억압된 현실에서 벗어나려고 노력했다. 금호강에서 올라오는 차가운 바람이 목덜미를 할퀴어도 움츠리지 않았다. 밤하늘의 별을 올려다보았다. 하늘에서 노숙하지 말고 내 곁으로 오라고 손짓했다. 서로의 체온에 기대어 살자고 별들에게 가만가만 이야기했다. 설령 삭이지 못하고 입 밖으로 내뿜은 내 울음 덩이가 저 별이라고 해도 별은 유일한 마음의 벗이었다. 겨울밤이 깊어졌다. 이듬해 열다섯 살의 늦은 나이로 성보중학교에 입학했다.

시계 수리 학원에 다니다

초등학교 때는 배부르면 그만이었으나 중학생이 되고 보니 생각이 깊어지고 앞으로의 진로에 대해 더 골똘히 생각하게 되었다. 없는 다리나 마찬가지인 몸으로 세상을 어떻게 헤쳐 나갈지를 궁리했다. 어린 내겐 너무 큰 숙제였고 고민이었다. 누구 하나 내 고민에 귀 기울여 주고 답해 주는 이 없었다. 운동장에서 보란 듯이 최고 속력으로 달리는 아이들을 구경하다가 걷고 싶고 뛰고 싶은 희망 대신 새로운 세상에서 힘껏 뛰어보겠다는 생각을 했다.

너는 몸이 자유롭지 못하니 앉아서 할 수 있는 너만의 기술을 가지는 게 좋겠다고 했던 수녀님의 말이 떠올랐다. 업고 다닐 때 곰살맞게 일러 주던 그 말뜻을 이제야 알 것 같았다. 옛말에 사람은 다 제 밥그릇은 가지고 태어난다고 했고 하느님이 한 가지 재능은 준다고 했다. 다리 장애를 지닌 사람은 서 있는 일보다 앉아서 하는 일이 낫다고 사례를 들어 써 놓은 어느 잡지 기사도 생각났다. 내게도 재능을 줬다면 그 재능을 시계 수리에 죄다 쓰고 싶었다.

시계 기술학원에 등록하고 공부를 시작했다. 옆에서 누가 뭐라 해도 시계에서 눈을 떼지 않았다. 친구들이 쓸데없는 짓을 한다고 비웃었지만 나는 나 자신이 새로운 것에 도전해서 깨어나고 있음에 희열을 느꼈다. 선배에게 야구방망이로 얻어맞은 뒤부터 기억력이 떨어져 공부하기 싫었는데 잘 됐다 싶었다. 그래서 시계 쪽으로 모든 힘을 쏟아부었다. 고장 난 그 어떤 시계도 내 손에서 회생될 것이라는 신념으로 이 분야의 일인자를 꿈꾸었다.

학교 수업이 끝나도 시계는 내가 놀지 못하도록 마음을 호렸다. 신기하고 재미있었으나 문제는 학원비였다. 꾸준히 다니기에 모아둔 돈으로는 어림도 없었다. 학원비를 벌기 위해 수업을 마치고 시계학원에 아르바이트하려고 했다. 그러나 보육원 원장님이 나이가 어리다고 못 하게 했다. 불미스러운 일이라도 생길까 봐 사전에 방지하자는 뜻 같았다. 그래서 열쇠 공장에 갔다. 일손이 부족해서인지 나 같은 아이도 받아 주었다. 고마워서 더 열심히 했다. 악바리같이 벌어도 학원비 내는 데는 역부족이었다.

시계의 숨소리를 들으며 가난한 꿈을 이어 나갔다. 내가 정상인과 달라 할 줄 아는 게 별로 없다고 여겼던 게 사실이었다. 하지만 재주가 있다는 학원 선생님의 칭찬으로 나 스스로 무언가 할 수 있고 세상에 필요한 존재가 될 수 있다는 자부심을 느꼈다. 학원비가 걱정되었지만 크게 개의치 않았다. 돈이 없을 땐 학원을 쉬었고 일해서 모으면 다시 학원에 갈 준비를 했다. 돈을 벌려면 늘 돈 생각을 해야 했다. 가진 건 없어도 배짱은 두둑했다. 내 목소리에도 자신감이 묻어났다. 이 일을 계기로 고장 난 시계뿐만 아니라 길거리의 이름 모를 시계 하나에도 관심을 가지고 유심히 살펴보게 되었다. 내 안의 열망을 들여다보면서 내일을 꿈꾸고 미래를 설계했다. 고아인 내가 시계를 다스릴 수 있을 거라는 생각은 단 한 번도 해본 적이 없었다. 하지만 하느님이 기술자의 능력을 나에게 주었다는 사실을 확신한 순간부터 내 인생은 바뀌어 갔다. 열다섯 살 소년의 시계에 대한 호기심과 수리에 대한 경험은 훗날 시계 수리공에서 최고의 시계 기술자가 되게 하는 원동력이 되었다.

  하루는 책을 많이 읽는다고 선배가 트집을 잡았다. 아는 체한다고 흙 묻은 신발 밑창으로 따귀를 때렸다. 겨울에 얻어맞는 뺨따귀는 유난히도 아팠다. 옷소매가 젖었다. 정신적인 고통을 날마다 이렇게 눈물로 받아냈다. 그러다 잠드는 몇 시간만은 고난에서 벗어나는 편안한 시간이었다. 새날이 밝아도 처절한 싸움은 그치지 않았다. 나를 골려먹는 게 선배들의 낙이었다. 때로는 분별없는 짓들이 나의 이성을 잃게 하고 정나미가 떨어졌지만 새삼 놀라거나 불만을 드러내지는 않았다.

선배들은 으르렁거리는 짐승 같았고 나는 그 앞에 던져진 먹이였다. 언제 먹힐지 몰라 몸을 덜덜 떨고 있는 어린 양이었다. 맞는 것도 억울한데 이젠 선배들 때문에 배우고 싶은 시계 공부도 못하게 생겼다. 내가 밖으로 나다니는 게 불만이었다. 이들에게서 자유스러워지려고 시계 기술을 배웠는데 세상에 독립하는 그날까지 시계 수리의 완전한 길을 찾자고 이를 악물었다.

새벽의 여린 햇살이 다가왔다. 들판은 새들로 시끄러웠다. 주인이 손대기도 전에 새들이 먼저 설쳐댔다. 지난날 수확을 앞둔 농작물을 몰래 먹다 주인에게 들켜 뒈지게 맞은 일이 떠올라 쓴웃음을 지었다. 그날의 나와 새들이 다를 게 뭐 있으랴. 오늘은 온전한 새들이 무리를 지어 다녔다. 일찍 일어나는 새가 먹이를 차지하는 게 맞는 것 같았다. 우르르 몰려다니는 새들 통에 밭을 지키는 허수아비는 혼이 다 빠져 있는 듯했다. 산허리를 감싸고 있던 안개구름이 저만치 물러났다. 스멀스멀 내려오는 산 내음에 들판의 푸성귀들이 흠뻑 취해 있었다. 나는 한참이나 산을 지그시 바라보았다. 보이는 것은 나무와 덤불뿐이었는데 단풍이 들지 않은 산에 구절초가 군데군데 장식처럼 놓여 있었다. 무엇이 좋은지 벙글벙글 웃는 것 같았다. 나도 덩달아 휘파람을 불었다.

나는 나 자신이 불행하지 않다고 최면을 걸었다. 놀림감이 되어 희망과 절망 사이를 오르내리는 날도 많았지만 내가 잘되는 것만이 이기는 것으로 생각하고 시계학원을 택했다. 보육원에서는 눈치를 보고 주눅 들어도 학원은 잠시 숨을 고르며 쉴 수 있는 층계참 같은 곳이었다. 그랬기에 수리공의 길을 혼자 묵묵하게 걸어나갔다. 이런저런 생각에 젖어 한쪽 발로 다져진 산길을 조금 더 걸었다. 그늘에 있는 돌멩이가 눈에 들어왔다. 툭 찼다. 돌은 조금 떨어진 곳으로 굴러가 오도카니 자리 잡았다. 그래, 맞아. 저 작은 돌처럼 살아가는 거야. 선배들이 나를 걷어차도 아무 일 없다는 듯이 옆으로 살짝 비켜나서 얼굴 없는 아이로 살아보는 거야. 그러다 내가 큰 돌이 되면 아무도 나를 건드리지 못할 테니까. 심장이 뛰었다. 고단한 삶의 흔적이 묻어 있는 목발에 힘을 주며 산길을 내려왔다.

보모 누나를 찾아 가출하다

　　　　　　점심 밥그릇을 다 비우고 났을 때 다정했던 누나의 얼굴이 문득 떠올랐다. 콧날이 찡해졌다. 참다못해 결국 보육원을 뛰쳐나왔다. 후드득 소리 내며 도로에 몸을 내던지는 저 빗방울처럼 나도 누나를 찾아 무작정 포항으로 갔다.
　포항에 도착해도 여름비는 구질구질하게 내렸다. 떨어지는 빗방울이 내 눈물 같아 서러웠다. 시외버스 터미널 계단에 쪼그리고 앉아 비가 그치기만 기다렸다. 우산을 접어 다니는 사람이 많아졌다. 비가 멈췄다. 여기저기 헤매며 누나를 찾았으나 허사였다. 몰려오는 건 허기뿐이었다. 밥값이 없어 역 앞에 있는 분수에서 흘러나오는 물로 배를 채우고 역 안에서 잠을 잤다. 이곳에도 텃세가 심했다. 눈을 붙이기가 무섭게 언제 나타났는지 넝마주이 아저씨들이 자기 구역이라고 나를 못살게 굴었다. 자기네들도 텃세를 부릴 만큼 토박이 같지는 않아 보였다. 잠시 그들의 눈을 피해 있다가 코를 골면 도둑고양이처럼 숨어들어 모퉁이에서 쪽잠을 잤다. 가마니에 몸을 돌돌 감아 누우니 영락없는 김밥말이 신세였다. 잠은커녕 눈만 말똥거렸다.

하루이틀 지나니 꼴이 말이 아니었다. 어떻게 하리라고 미리 정한 것도 없이 무작정 나와서 보름 동안이나 떠다녔으니 상거지가 따로 없었다.

배가 고프면 분수대 물로 허기를 때웠다. 마치 앞다리를 절룩이며 쓰레기통 주위를 서성대는 며칠 굶은 떠돌이 개 같았다. 밥은 구경도 못 했다. 물만 먹었다. 저무는 해라도 꿀꺽 삼키고 싶은 심정이었다. 남의 집 처마에 걸어둔 누룽지에 손을 댔다. 간에 기별도 안 갔다. 허기진 밤은 계속되었다. 그런 데다 자기네 구역에 들어왔다는 이유로 동네 불량배들이 마구 팼다. 나는 막다른 골목에서 만난 덩치 큰 개 앞에서 꼬리를 내리고 굽실거렸다. 선배들에게 했던 경험이 나를 살렸다. 눈에 고인 눈물같이 밤이 흔들렸다.

끙끙 앓는 밤이 몇 날이나 이어졌다. 뱃속에서는 슬픔이 마음에서는 그리움이 물결쳤다. 결국 누나도 만나지 못하고 만신창이가 되었다. 불량배들의 눈을 피해 몸을 옮겨 다니며 하루하루 노숙했다. 밥도 제때 먹지 못하고 누나도 만나지 못해 몸속의 피가 말라갔다. 집 나온 고생을 톡톡히 했다. 보통으로 살고 싶었는데 이마저도 내겐 허여되지 않았다. 길바닥을 전전했다. 다친 다리를 절뚝이며 이리저리 떠도는 기죽은 똥개와 다를 바 없었다. 여러 날을 궁상스럽게 떠돌아다니던 어느 날, 보육원과 관계 있는 사람의 눈에 띄고 말았다. 그 사람은 보육원을 나간 아이와 비슷하다며 원에 연락을 했고 내 소식을 몰라 애태우던 보육원에서 당장 찾으러 왔다. 땟국이 질질 흐르고 꾀죄죄한 몰골의 나는 목줄에 묶인 개처럼 다시 끌려왔다. 나의 무단가출은 끝이 났다.

몰래 나가서 거지꼴로 돌아왔다고 선배들에게 또 터졌다. 등짝을 후려갈기는 건 기본이었고 탱자나무로 때리며 닦달질했다. 다시는 그러지 않겠다고 손이 발이 되도록 빌었다. 누나도 만나지 못하고 몸도 마음도 상처투성이가 되었다. 얼마나 맞았는지 전신이 피로 얼룩졌다. 마치 핏물로 샤워한 것 같았다. 숨도 쉬지 못하고 시체처럼 죽어지냈다. 빼족빼족한 탱자나무 가시에 찔린 피부가 곰겨서 진물이 났다. 병원에도 못 갔다. 선배들의 소행이 들통나면 괴로운 건 또 나였다. 환부에 안티프라민만 발랐다.

정신을 바짝 차렸다. 다시 시계에 몰두했다. 원장님이 시계 학원에 더 열심히 다니라고 용돈까지 주었다. 두 달을 다녔다. 내가 알고 있는 시계 기술을 원생들에게 가르쳐주었다. 그 소식을 들은 선배들이 몰려와 가만두지 않았다. 그들의 손모가지를 잘라 버리고 혓바닥을 뽑아 버리고 싶었다.

화장실에 빠트리다

　　　　　　12살 때였다. 오줌을 쌌다는 이유로 서른다섯 살의 뇌성마비 경증인 선배가 자기를 따르는 졸개들을 시켜 나를 재래식 화장실에 빠트렸다. 졸개들은 구더기가 설치는 통통에 내 몸 반 이상을 담가놓고 문을 닫고 나가버렸다. 끈적끈적한 똥이 몸에 들러붙었다. 악취에 정신이 혼미해졌다. 앉아서 볼일을 볼 수 있게 만들어 놓은 나무판 위에 걸쳐진 양팔은 점차 힘을 잃어 갔다. 금방이라도 쑥 가라앉을 것만 같았다. 이번에는 정말 죽을지도 모른다는 생각이 들었다. 나는 변소에 빠진 물고기처럼 입만 뻐끔거렸다. 바동거릴수록 분변은 빨판처럼 철썩 붙어 떨어지지 않았다. 점점 힘에 부쳤다. 죽음이 가까이 오고 있었다. 머리는 하늘 향해 울부짖었고 몸은 밑으로 녹아들었다.

더 이상 버티기가 힘들었다. 질척질척한 뻘 속에서 헤엄치는 기분이었다. 자꾸만 그 속으로 빨려 들어가는 느낌이었고 공기도 시들어가는 것 같았다. 절망적인 죽음에 격렬하게 항의하던 그 순간 킥킥거리며 이제 곧 죽을 목숨인데 힘 빼지 마. 죽음으로 내모는 말소리에 얼른 정신 줄을 붙잡았다. 환청이었나. 나를 데리러 온 죽음의 신인가. 계속 구시렁대는 소리가 들렸다. 귀에 익은 목소리였다. 졸개들이었다. 나를 구경하며 한참이나 더 방치하더니 꼬르륵 가라앉기 전에야 인심 쓰듯 꺼내 주었다. 허덕이는 나를 눈앞에 두고 지껄였던 악한 말들, 그들은 저승사자였다.

몸에 묻은 침전물을 씻어냈다. 역겨운 냄새는 물론 온몸에 풍독이 올랐다. 땀구멍마다 똥냄새가 기어 나왔다. 사람들이 먹고 내보낸 찌꺼기 냄새가 이렇게 고약할 줄 미처 몰랐다. 오장육부에도 쾨쾨한 내가 밴 것 같았다. 언젠가 농사짓는 아저씨가 똥바가지로 인분을 퍼 밭에 흩뿌리는 것을 보았다. 그때는 멀찍이서 보는 것만으로도 냄새가 코를 찔렀고 바짝 말랐어도 그 곁을 지나면 구린내가 진동했다. 그 냄새가 내 몸에 배어 몇 날이 가도 없어지지 않았다. 물컹한 분변의 감촉이 만져지는 것 같았다. 가차 없이 주먹질이 날아올까 봐 이르지도 못했다. 할 말은 하고 대든다고 맞는 따귀야 괜찮지만 생으로 얻어터질 때는 맞는 데 이골이 난 지 오래여도 겁이 났다. 하지만 이번 같은 일이 또다시 생긴다면 나는 그 누구의 눈에도 띄지 않고 감쪽같이 죽음을 맞고 말 것이라는 무서움이 들었다. 똥독이 올라 오돌오돌하게 부르튼 피부를 보고 선생님이 왜 그렇냐고 물었다. 사실대로 말하지 못하고 선배가 장난친다고 일부러 내 한쪽 발을 빠뜨렸다고 둘러댔다. 너는 장난꾸러기지만 뭔가 이룰 수 있는 아이니까 앞으로 기대한다고 선생님이 웃으며 말했다.

멍든 심장을 쥐고 병든 아침을 맞으며 홀로 죽은 시간을 보냈다. 밤하늘을 올려다보면 달도 나처럼 어둠에 질려 노랗게 떠는 것 같았다. 당한 만큼 그들을 패 죽이고 싶었다. 그러나 삭일 수밖에 없었다. 패악스러운 짓을 일삼는 저들을 하느님은 어찌 피조물로 만들었을까. 신의 실패작이 분명했다. 피부가 근질근질해 미칠 지경이었다. 모두가 잠들어도 벌게진 피부가 가려워 애를 먹었다. 몇 번이나 옷을 갈아 입었는데도 똥냄새가 난다고 동료들이 야단들이었다. 세탁했는데도 내가 입었던 옷은 입지 않았다. 곁에 가면 냄새 난다고 오지 못하게 했고 밥도 혼자서 따로 먹었다. 심지어는 목발에도 악취가 나고 태호라는 이름만 들어도 똥내가 난다며 나를 따돌렸다. 피부병으로 고생이 심한 데다가 아이들까지 나를 멀리하니 마음고생도 이만저만이 아니었다.

여기서도 세상에서도 사람들의 밥상에 오르내리는 반찬감은 되기 싫었다. 어찌하든지 인간으로 인정받으려면 성공하는 길밖엔 없었다. 미래를 다시 생각했다. 내가 좋아하고 내가 가장 잘할 수 있는 시계 수리에 더 매진하기로 작정했다. 진정한 복수는 내가 잘되는 것뿐이었다. 그 누구도 미래를 예측할 수는 없었다. 나는 잘될 자신이 있었다.

평소 내가 쓰는 다이알비누 향을 좋아하던 여학생들도 똥통에 빠진 후부터는 나를 피했다. 내게서 나는 향기가 괜찮다며 재잘댔던 소녀들이 이젠 내가 가는 곳마다 구린내가 난다고 호들갑을 떨며 거리를 두었다. 그때 외국에 입양을 갔었다면 어땠을까. 여름인데도 가슴은 겨울의 적막 같은 게 느껴졌다. 시간이 지나갔다. 내게 몹쓸 짓을 했던 그 선배는 여러 시설로 옮겨 다니다 세상을 떴다는 소문을 훗날에 들었다.

태어난 죄밖에

　　　　　　계절은 돌고 돌아 다시 봄이 왔다. 산에도 들에도 꽃들로 환하건만 내 생활엔 변함이 없었다. 이 세상에 나보다 더 엿같은 인생은 없으리라. 있다면 내 앞에 나와 보라고 외치고 싶었다. 악어와 악어새 같은 공생관계도 아니었다. 그저 일방적으로 잡아먹히는 게 나였다. 그들은 나에게 모욕과 업신여김과 기억에 오래 남을 공포만 심어주었다. 그렇게 당하면서도 끊임없이 내 삶의 목표를 좇았다. 언젠가는 가장 높은 곳에서 가장 멀리 내다보고 있을 미래의 나를 상상하며 지금은 마음의 괴로움을 털어내는 게 우선이었다. 내가 잘되는 것만이 진정한 복수였다.
　선배들에게 향하는 분노가 독화살이 되어 내 목숨을 스스로 단축하기는 싫었다. 어깨를 거들먹거리며 어린 동생들을 상대로 개

방정을 떨지만 비인간적인 행동들이 결국은 자신을 파멸로 내몬다는 것을 왜 모르고 있는지. 지금이야 우쭐한 기분에 가슴을 내밀고 다니겠지만 어른이 되어 자신들의 행동을 떠올릴 때 얼마나 밑바닥 인생을 살았는지 후회할 것이다. 내가 저들의 똘마니가 아니어서 참말로 다행이라는 생각이 들었다. 짐승처럼 대우받는 이 구렁텅이에서 벗어날 그날만을 위해 나를 단련시켜 나갔다. 열심히 배우고 공부해서 훗날 기술자가 되면 내가 익힌 모든 기술을 나같이 불우한 아이들에게 가르쳐 주어야겠다고 마음먹었다. 너는 충분히 그럴 만한 가능성이 있는 아이라고 언젠가 누나가 학원비를 보태주며 했던 말을 다시금 되새겼다.

큰 탈 없이 두어 달이 흘렀다. 모든 게 평상시와 똑같이 흘러가는 때였다. 어디서 당하고 왔는지 선배들의 분위기가 갑자기 험악해졌다. 분풀이 상대는 늘 나였기에 내게로 주먹질이 날아올 것이 예상되었다. 손찌검은 목표물에 적중했다. 이유도 없이 구석으로 내몰려 맞았다. 옆구리 공격에 죽을 것 같아 울부짖는데도 멈추지 않았다. 오히려 소리 지른다고 걷어찼다. 몸은 형들의 횡포로 엉망이 되었다. 숨을 쉬어도 살아있는 것 같지 않았다. 끈끈이에 들러붙은 여름날의 집파리처럼 송두리째 죽지 못하고 날개만 둔하게 움직였다.

밤새 사체가 되지 않고 일어난 게 신기했다. 언젠가는 내 심장을 멈추게 할지도 모른다는 섬뜩한 예감에 머리카락이 쭈뼛 섰다. 내 삶을 가로막고 선 그들에게 도전하는 용기를 키워도 언제나 터지고 우는 건 나였다.

이번에도 내 잘못은 없었다. 때리는 자의 횡포 앞에서 고개를 들이밀고 아예 죽이라고 하지 못한 자신이 원망스러울 뿐이었다. 이곳에 와서 처음 들었던 병신이라는 말, 그때는 어려서 잘 몰라 나도 따라 썼던 단어였다. 그러나 함부로 쓰면 안 되는 낱말이라는 것을 내가 무시당하고 놀림을 받고 나서야 알게 되었다. 어떤 이유에서든 남을 무차별적으로 무너뜨리는 건 정당화될 수 없었다. 약한 사람을 괴롭힌 자의 비열함은 비난받아야 마땅했다. 하지만, 선배들은 미꾸라지처럼 잘도 빠져나갔다. 때릴 놈 때렸다고 합리화하며 죄책감보다는 생생한 쾌감의 빛을 얼굴에 띠었다. 사람을 괴롭히는 기술자 같았다.

눈물이 마를 날이 없었다. 이렇게 살아서 뭐 하나. 기술은 배워서 또 무엇 하나. 서러움과 분노가 뒤섞여 죽어버리고 싶은 심정이었다. 사는 게 지옥이었다. 언젠가는 죽을 목숨, 술 한 병 사서 내 제사상에 미리 올리는 셈 치고 음복이나 하고 죽을까 해도 술조차 먹지 못했다. 친구들은 나이를 잊은 채 술을 마셨다. 선배들 뒤를 심복처럼 졸졸 따라다니다가도 흠씬 터지기도 했다. 슬펐다. 나처럼 원통한 일을 겪는 아이들을 도와주지 못해 괴로웠다. 감정을 억누를 때마다 뻐근하고 아파서 가슴에서 명치가 없으면 좋겠다고 생각했다.

인간적인 면을 보여 준 선배도 있었다. 울면 다독거려주고 조용히 불러 빵을 주기도 했다. 배급받은 것을 아껴두었다가 건네주는 빵은 단순히 빵의 의미를 뛰어넘는 것이었다. 이곳에는 악한 사람만 있는 것이 아니고 착한 사람만 있는 것도 아니었다. 선과 악이 섞여 있으나 악이 교묘하게 더 날뛰는 곳이었다. 그 속에서 나는 살아갔고 살아냈다.

배고픔도 참을 수 있었다. 선배들의 횡포가 나를 힘들게 했다. 나는 가족처럼 정 있게 같은 곳을 바라보며 웃고 싶었다. 모르는 것을 배우고 아는 것은 가르쳐 주면서 함께 어우러지고 싶었다. 내 마음과는 다르게 선배들은 나를 놀잇감으로 여겼다. 한때는 잡초처럼 뽑혀 내동댕이쳐지는 게 불쾌해 그들에게 마음을 연 적이 있었다. 그 틈에 끼여서도 물과 기름처럼 겉돌았다. 그들에게 완전히 굽히기는 싫어 내 생각을 거침없이 말하다 호되게 당하는 날도 많았다. 그럴 땐 혼자 씩씩거리다 자리를 뜨는 선배들의 뒷모습에다 대고 나만의 분풀이로 주먹 쑥떡을 날렸다.

세상에 나온 건 내 선택이 아니었다. 엄마 아빠 두 사람이 나를 세상에 내놓았다. 태어나고 보니 나만 죄인이고 나만 죽일 놈이 되어 있었다. 그 고통을 왜 내가 감당해야 하는지 괴로울 때면 부모에게 화풀이했다. 그래 봤자 고작 원망 정도였다. 세상에 일가친척이 있는 것도 아니고 외톨이에 장애까지 겹친 나였다. 내가 생각해도 나는 불쌍한 놈이었다.

  자기 연민에 빠져 우울할수록 지식을 탐했다. 낮에는 선배들에게 당하고 밤에는 잠을 줄여 공부했다. 나만의 꿈이 있었고 그 희망을 위해 두려움을 모르는 투사가 되어갔다. 그 사이사이에도 엄마가 그리웠다. 미워하면서도 가슴 밑바닥엔 늘 엄마가 있었다. 이만큼 컸는데도 여전히 보고팠다. 선배들에게 당하지 않으려고 스스로 내 신체에 손상을 입힐까도 생각했다. 누워 있는 놈을 또 때리겠냐는 판단이 들었기 때문이다.

부러진 목발

바람의 장난감은 크고 작은 풀들이었다. 내 장난감은 주로 고장 난 시계와 구슬치기 그리고 딱지치기와 짤짤이였다. 바람은 풀을 데리고 다니며 장난을 쳤다. 숨도 못 쉴 정도로 몰아세우다가도 어떤 땐 너무나 조용해 초목들이 심심해하기도 했다. 선배들의 기분에 따라 나도 그랬다. 그들의 눈에 들려면 구슬과 딱지를 갖다 바쳐야 했다. 그러려면 밖에서 넉넉하게 따오는 수밖에 없었다.

딱지치기는 주로 새마을 오거리에서 이루어졌다. 그것에 정신이 팔리면 잡념이 사라지고 삶의 에너지가 솟았다. 정상적인 친구들과 해도 거의 내가 따는 편이었다. 딱지치기에 깨진 아이들은 선배라는 사람들을 데리고 왔다. 그들은 큰 광주리를 짊어지고 다니며 말 안 듣고 우는 아이를 잡아간다는 말로만 듣던 넝마주이였다. 기다란 집게를 든 아저씨의 험상궂은 얼굴만 보아도 주눅이 들었다. 아이들을 잡아간다는 소문만 들었지 직접 보는 건 처음이었다. 간이 콩알만 해졌다. 저 긴 집게로 나를 집어 광주리에 넣어 가면 어떡하나, 공포에 휩싸이는 순간이었다. 다행히도 넝마주이는 나와 딱지치기를 하자고 제안했다. 이길 수 없는 싸움이었다. 내가 가지고 있던 딱지를 몽땅 따서는 그 아이들에게 돌려주었다.

하루는 동료들과 시내에 나갔다. 새마을 오거리 근처에서 구슬치기하다가 패싸움이 벌어졌다. 흔한 다툼이었다. 잃은 아이와 딴 아이, 장애인과 비장애인의 떼싸움은 뻔한 결과였다. 대체로 얻어터졌지만 승리할 때도 있었다. 따는 것은 자신 있었으나 싸움은 늘 깨졌다. 피를 흘리면서도 딱지는 뺏기지 않고 가져와 어린 동생들과 형들에게 나누어 주었다. 어떤 때는 나에게 딱지를 잃은 그 아이들한테서 몰매를 맞기도 했다. 애써 딴 딱지까지 몽땅 빼앗기고 교복이 찢어지기도 했다. 이런 상황이 이어지던 어느 날, 서로 싸움이 붙어 목발이 박살났다. 어두워지려면 좀 있어야 하지만 마음은 이미 깜깜했다. 다 들 신체적 결함이 있어 어느 하나 성한 아이가 없었다. 제 몸 하나 겨우 건사할 뿐이었다. 기어가는 수밖에 없었다. 거적자리라도 구할 수 있으면 그 위에 들어앉아 동료들이 번갈아 끌어주는 손에 이끌려서라도 가고 싶은 심정이었다.

가슴과 배를 땅바닥에 대고 벌레처럼 팔다리를 꼬물거리며 가야 할 생각을 하니 마음이 산산이 부서졌다. 평소엔 금방 오갔던 길이 끝없이 펼쳐졌다. 손이나 팔다리를 움직여 조금씩 앞으로 나아가는 건 험난했고 초라한 내 인생만큼이나 고생스러웠다. 4킬로미터나 되는 길바닥을 소맷자락으로 쓸고 바짓자락으로 비질하며 마침내 보육원에 도착했다. 꿈틀거리며 질질 끌려온 다리와 몸뚱이는 흙투성이였고 바닥에 긁힌 두 손도 상처투성이였다. 그래도 집에 왔다는 안도감에 모든 피로를 잊을 수 있었다. 그러나 먼 거리를 억지로 포복해 들어온 나와 비틀거리는 친구들을 반겨준 건 마당에서 기다리는 선배들이 아니라 들고 서 있는 몽둥이와 쇠사슬이었다. 밖에서 맞고 들어왔다고 내지르는 목소리는 신경질적이었고 가시가 돋혀 있었다.

일그러진 표정으로 우리를 쥐잡듯 잡았다. 고립된 공간에서 비명소리만 들려왔다. 뼈다귀에 살점 하나 붙어 있지 않고 핏줄이 선명하게 드러날 정도로 말라비틀어진 몸뚱이를 굵은 쇠사슬로 치며 분이 풀리려면 아직 멀었다는 듯이 숨을 거칠게 내쉬었다. 붉은 피가 몸 군데군데를 물들였다. 눈앞에서 반짝거리던 별도 희미하게 꺼져 갔다. 목발이 부러져서 왔다고 어떻게 이렇게까지 하나 싶었다. 며칠을 심하게 앓았다. 상처는 꾸덕꾸덕 말라갔다. 몸을 움직일 때마다 피부가 팽팽하게 당겨져 살갗이 찢기는 것 같았다. 죽을 것 같은데도 선배들은 사과 한마디 없었다. 그들의 마음을 부검하고 머릿속을 해부하고 싶었다. 철없는 동생들은 내가 딴 딱지로 즐겁게 잘 놀았다.

  봄이 왔다. 겨우내 얼었던 몸을 녹이며 봄은 꽃으로 왔다. 개나리가 만발하고 진달래가 피고 민들레의 흰 갓털이 바람에 날려도 내 마음은 여전히 메마른 겨울이었다. 추위 때문이 아니었다. 배고픔도 아니었다. 설움 때문이었다. 내 얼굴은 누렇게 떠 갔다. 가도 가도 벼랑뿐인 내 처지에 짜증이 났다. 까닭 없이 나를 들볶는 뻔뻔스러운 선배들에게도 넌덜머리가 났다. 나잇값도 못 하는 선배들은 내 앞길에 장애물로 놓인 허들 같은 존재였다.

  갑자기 이런 생각이 들었다. 깊은 상처를 스스로 치유하지 않고 누군가에게 위로를 받다 보면 나중에 더 큰일이 닥쳐왔을 때 그땐 어떻게 해야 하나. 어쩌면 이어지는 괴롭힘 속에서 나만의 해결 방법을 찾는 게 현명하겠다는 판단이 섰다. 더는 내 괴로움을 덜어주거나 슬픔을 달래 줄 무언가를 찾지도 말고 기대하지도 말고 닥치는 대로 해나가자고 결론을 냈다. 걸핏하면 날아오는 주먹질에 상처난 그 자리가 또 욱신거리고 덧나고 살갗이 벌어졌다. 살아도 산송장 같은 날의 연속, 순수한 내 영혼은 이미 죽었고 마음은 하루에도 몇 번이나 지옥을 오르내렸다.

살아야 할 운명

부엉덤에 다시 오르다

　　　　　　보기만 해도 진저리가 나는 선배들에게서 마음이 자꾸 달아났다. 죽지 않을 만큼의 숨만 쉬며 살아갔다. 언제쯤이면 이 굴레에서 놓여날 수 있을까. 어찌보면 자살이 당연한지도 몰랐다. 나 같은 아이가 죽는다고 세상의 이목을 끌기나 할까. 설령 알려진다 해도 고아라는 이유로 절망에 빠져 지내다 스스로 삶을 포기했다고 한 줄 정도의 글을 전할 것이고 주검은 무심하게 처리될 텐데, 이런 상상이 못 견딜 정도로 나를 괴롭히고 초조하게 만들었다.
　이곳 사람들은 가끔 웃으며 행복해했다. 하지만 내 눈에는 웃을 일이라고는 없는 초라한 한 소년밖에 보이지 않았다. 자기네들은 발로 차고 목을 조르는 게 장난이라고 구실을 대지만 소유물로 취급당하는 나로서는 견디기 어려운 수모였다. 그들은 남을 괴롭히는 데 타고난 자들이었고 도덕적으로 폐인이나 다름없었다. 위로가 되어준 건 책밖에 없었다. 잠시라도 괴로움을 잊기 위해 무엇이든 가리지 않고 읽었다. 만화나 소설보다도 시계에 관한 책을 더 찾아 읽었다. 어느 날, 책을 많이 읽는다는 이유로 한 선배가 신고 있던 고무신을 벗어 내 따귀를 후려쳤다. 분하고 억울하고 치가 떨렸다. 정말로 살고 싶지 않았다.

정신을 놓고 멍하니 창밖을 바라보았다. 어두운 나무와 검은 하늘에 피어 있는 별꽃을 바라보며 죽음을 동경했다. '희망이 사라졌어. 선배들의 장난감이 되는 게 언기쩡이 나. 이젠 정말 끝이야. 잘 지내.'라고 그동안의 친구가 되어준 별과 나무들에 인사를 건넸다. 나무와 별과 이야기를 나누는 것도 오늘 밤이 마지막이라고 생각하니 가슴이 저렸다.

자리에 누웠다. 눈을 멀뚱하게 뜨고 천장을 올려다 보았다. 의지할 데라고는 없었고 어느 한 군데 마음 놓고 기댈 곳이 없었다. 내 죽음에 곡해주는 사람은 없어도 이제는 이것만이 그들에게 보복하는 길이었다. 모로 누워 이불을 끌어 덮었다. 옆에 누운 동료의 머리카락이 느슨한 거미줄처럼 힘없이 늘어져 있었다. 거기에 눈물이 방울방울 맺혔다가 떨어졌다. 눈이 가물가물했고 정신이 흐려졌다.

해가 떴다. 나는 두 번째 죽음을 마음먹고 있다는 것을 숨기며 여느 날처럼 아무렇지 않게 밖으로 나왔다. 부엉덤 바위에 올라서는 짓은 두 번 다시 하지 않겠다고 다짐했는데 나는 그곳으로 또 가고 있었다. 살과 피를 가진 인간으로서 어떻게 사람을 죽음으로까지 내몰 수 있을까. 나를 못살게 하면서도 재미난 듯 낯빛을 보여준 선배들의 얼굴이 떠올라 살갗이 오그라들었다. 그들은 자신들보다 더 강한 놈의 먹이가 되어야 한다고 저주를 퍼부었다. 그때 왜 자살 미수에 그쳤느냐고, 진짜 죽고 싶었다면 이것저것 가리지 말고 제대로 했어야지. 금호강물 위에서 둥둥 떠다니는 내 주검이 발견되어야 했다고 진작 죽지 못한 자신을 몰아세웠다. 내 처지를 모르는 사람들은 그 아이는 처음 올 때부터 많이 울었고 정신 이상이 있는 아이였다고 나를 생매장할지도 모르겠다. 세상에 태어나 제대로 한번 걸어보지 못하고 뛰어보지도 못한 채 짧은 생을 마감하려니 눈물보다 처절한 절규가 쏟아졌다. 이번에도 완전히 몸을 던지지 못한다면 어떤 일이 벌어질까. 식물인간 신세가 되면 어떻게 해야 하나. 죽으려고 작정한 놈이 이런 냉담한 궁금증에 사로잡혀 있었다. 배는 왜 이리도 빨리 고파오는지 밥 먹고 싶은 생각이 들지 않게 걸음을 재촉했다.

부엉덤이 내게로 왔다. 나는 이제 소멸하는 길밖에 없었다. 걷지도 못하는 병신 주제에 잘난 척한다는 선배들의 막말이 생각났다.

침을 찍 뱉듯 아주 쉽게 내뱉은 거친 표현들은 사춘기를 겪는 내 가슴에 증오를 꽂아 주었다. 그림자처럼 따라붙었던 병신이라는 말은 나를 의욕적으로 바꾸어 놓으려고 애를 썼고, 비수 같은 그 말에 걸어보려고 용써 보았다. 곧바로 꼬꾸라져도 좋으니 한 걸음이라도 떼자고 노력했다.

남몰래 일어서는 연습을 했다. 두 손으로 바닥을 짚고 엉덩이를 벽에 붙여 억지로 일어났다. 그러면 뭐 하나. 오른쪽 다리가 남의 다리처럼 딴 방향으로 휙 돌아가 주저앉고 마는데. 이제 막 걸음마를 시작한 아이라면 희망이라도 있지, 걷지 못한다는 건 그 어떤 것보다 가장 큰 고문이었다. 숱하게 넘어지면서 마음도 다쳤다. 그러다가 신경질이 나면 앉은 채로 엉덩이를 밀며 방을 돌아다니거나 무릎걸음으로 여기저기 다니며 화를 삭였다. 결국 나는 걷는 것을 포기했다. 그때 수녀님과 갔던 서울 삼육재활원에서 의족을 달았다면 걸을 수 있었을까. 아마 그때도 뭔가 맞지 않아 안 했던 것 같다. 잘 걷거나 뛰는 친구들을 보면 왜 나만 이럴까 싶은 속앓이에서 벗어나지 못했다. 나는 다 커서도 기어다니는 아이였다. 목발이 없으면 제대로 걷지 못할 뿐이지 깨금발은 잠시 할 수 있고 뭐든 다 할 수 있었다. 죽으러 가는 길목에서도 한 번이라도 오롯하게 걸어보지 못한 게 원통했다. 어떤 상처는 죽을 때까지도 아픔으로 남는 모양이었다.

내게 보육원은 절망 그 자체였다. 암담하고 비참했다. 날마다 죽음을 꿈꾸며 살아왔기에 더 이상 삶에 미련을 두고 싶지 않았다. 오늘이 그런 날이었다. 빛바랜 추억을 안고 주어진 운명이 여기까지임을 받아들이며 나를 죽이기 위해 한 번 더 바위에 올라섰다. 나무랄 데 없는 듬직한 바위였다. 이 위에서 사람 몇이 숨을 거두었다고 해서 자살바위로 알려졌지만 원래는 금호강을 끼고 앉은 보기 좋은 부엉덤 바위였다.

단단한 바위 곁에 중학생 나이쯤으로 보이는 소나무가 서 있었다. 허리가 구불텅했다. 뿌리를 깊이 내렸는지 바위가 든든하게 보살펴주고 있는지는 모르겠지만 삶에 자신감이 넘쳐 보였다. 뾰족한 솔잎을 흔들며 나를 쳐다보는 눈길이 곱지 않았다. 바람이 지나가고 죽음을 기다렸다. 세상에 뿌리를 내리지 못한 내 청소년기의 뿌리는 햇빛을 받으며 거꾸로 서 있는 듯했다. 가슴이 조여왔다. 호흡을 가다듬었다. 누구에게나 똑같이 흘러가는 시간인데 왜 나만 다르게 흘러갈까. 확 뛰어내리면 그만인 것을 무슨 잡생각에 이리도 사로잡혀 있는지 모르겠다.

바위 끝에 섰다. 마음으로 저승문을 열었다. 저승으로 들어가는 문은 열렸고 발만 내디디면 되었다. 눈을 감고 몸을 던지려다가 나도 모르게 눈을 뜨고 아래를 보았다. 아찔했다. 질겁해서 뒤로 한 발짝 물러났다. 다리에 힘이 풀렸다. 지난번엔 누나가 말렸고 이번에는 내가 겁이 나서 뛰어내릴 수가 없었다. 이곳에서 울며 정말로 힘들면 뛰어내리겠다고 누나한테 말했던 지난날이 떠올랐다. 어찌 된 일인지 이번에도 죽음에 말려들지 않았다. 다시 한번 삶을 받아들이고 말았다. 별이 흩어져 있을 뿐 사라지지 않고 늘 내 머리 위에 있듯이 몸서리쳐지는 그곳으로 다시 발길을 돌려야 했다.

생각해 보니 나를 구성하는 단어와 문장은 언제나 상투적이었고 무슨 말을 해도 닥치고 있으라며 트집을 잡았다고 해도 그러한 이유들이 내 죽음에 합당하지는 못했다. 내가 고아나 장애인이 되고 싶어서 되었나. 슬픈 현실에 갇혀 있는 자신에 대한 연민 때문에 굵은 눈물이 뚝뚝 떨어져 내렸다. 다시는 후회할 짓 하지 말자고 크게 숨을 쉬었다. 살아있다는 자체가 죽음보다 더한 고통이라도 죽음이라는 말은 머리에서나 마음에서나 분리하자고 결심했다. 두 번이나 생명을 끊으려고 이곳에 왔지만 죽지 않고 돌아간다는 방명록을 부엉덤 바위에다 적고 질긴 생명력으로 살아가겠다는 서명까지 했다.

참으로 이상한 일이었다. 죽음 앞에서 다시 살고 싶어졌다. 죽는 것도 마음대로 안 되는 걸 보니 삶의 의미를 느껴보고 싶은 그 무언가를 갈구하는 간절함이 내 몸속에 아직 흐르고 있는 게 분명했다. 내가 나를 죽일 수는 없었다. 우울할 때 자주 와서 먼 능선을 바라보며 마음을 달랬던 이곳을 죽음의 바위라는 누명을 씌워서는 안 되는 일이었다.

퍼질러 앉았다. 바윗등이 아랫목같이 포근했다. 마치 등을 두드려 주듯 재잘대는 새들의 지저귐이 가슴으로 들어와 살아야 한다고 종을 울렸다. 등 굽은 소나무를 보며 눈물을 닦았다. 장애아라는 굴레가 얼마나 슬픈 인생인가를 또 한 번 뼈저리게 깨달았다. 시련은 운명과 죽음처럼 삶에서 빼놓을 수 없는 한 부분이었다. 죽음을 또 면했으니 모든 일에 용기를 갖고 맞서기로 했다. 이렇게 다시 살아났는데 무서울 게 뭐가 더 있으랴 싶었다. 운명이 나에게 이렇게까지 엄청난 타격을 가한 것에는 이유가 있을 것이고 그것에 나는 감사할 따름이었다.

강물이 굽이치며 흘러갔다. 내 혈관을 타고 지속되고 있는 다져지지 못한 서러움같아 보였다. 자존심을 횡령당하고 자기네들의 입맛에 맞게 나를 사육하는 그곳으로 어쩔 수 없이 돌아가야 한다는 사실이 미치도록 서글펐지만 이제는 견딜 수 있을 것 같았다. 여기서 자살한 아이들의 진짜 원인은 무엇이었을까. 삶의 기대를 버렸기 때문이 아닐까. 나도 너무나 절망적이어서 몸을 던지려고 했다. 그 아이들이라고 뭐가 달랐을까. 너나 나나 이왕 세상의 빛을 봤으면 인생을 죽음에 걸지 말고 자신을 위해 살아야 하는데 말이다. 자식이 이렇게 아픈 줄도 모르고 엄마는 잘 있겠지. 엄마 생각이 불쑥 치솟았지만 지금의 내게 가족이란 건 사치라는 생각이 들었다. 생명을 스스로 버린다면 얼굴도 모르는 엄마에게 혼나고도 남을 것이다. 복잡한 마음의 북소리를 진정시키며 한참이나 먼 산을 바라보았다.

　살고 죽는 것도 운명이라는 생각이 들었다. 운명은 내게 정해진 길을 가도록 나의 죽음을 받아들이지 않았다. 죽음을 결정하는 그 이면에 살고 싶다는 강력한 내면을 읽었다. 더 이상 내려갈 곳이 없었다. 날아올라야 했다. 내 심장이 나만을 위해서 일하듯이 나도 뛰는 삶을 살고 싶었다. 운명이 뜯어말리는 일은 이제 절대 하지 않을 것이다. 내가 겪어야 하고 내가 극복해야 하는 것이 내게 주어진 십자가라면 이 시련을 반드시 이겨 내리라고 독하게 마음먹었다. 도와 달라고 절망적인 눈빛을 보내지도 않을 것이고 누구 하나 나를 거들떠보지 않더라도 꾸준히 앞날을 개척해 나갈 것이다. 그래서 언젠가 내가 먼저 선빵을 날릴 날이 꼭 오고 말 것이다. 두 번째 죽음 앞에서 느낀 건 주먹을 휘두르지 않아도 최고의 복수는 내가 잘되어서 그들을 용서하는 것이었다.

　이 넓은 세상에 차마 내가 설 곳이 없으랴. 감정의 비밀을 안고 햇빛 냄새를 맡으며 아무 일도 없었던 것처럼 원으로 돌아왔다. 선배들의 표정이 '뭐야, 안 죽었잖아. 숨통이 질긴 새끼네.'라고 비웃는 듯했다. 잘 살 수 있는 사람을 사지로 내모는 선배들이 나를 죽이는 거랑 뭐가 다를까. 역겨운 얼굴을 대하자 죽여 버리고 죗값을 치르고 싶었다. 아니 나도 죽어버리면 그만이었다. 피 냄새가 진동하는 것 같았다. 아니야, 저들 때문에 내가 왜 죽어야 하는가. 어린 후배들 위에서 군림하는 게 뭐 그리 대단한 권력이라고 으스대는 것인지 정말 꼴불견이었다. 이곳에서 머리를 굴리며 얼마나 더 미결 수용자로 살아야 할지. 겨울인가 싶었는데 익숙한 풀벌레 소리가 들렸다. 아직 가을의 끝자락이 머물고 있었다. 내가 가야 할 길이 죽음의 길이 아니라면 필연으로 가야 할 길이 어떤 길인지 제대로 한번 걸어가 보고 싶었다.

살아야 할 운명

　　　　　　　목숨은 쉽게 끊이지 않았다. 살아야 할 팔자였다. 태어날 때부터 혼자 커야 하는 운이었고 그 피할 수 없는 운명이 내 팔자소관이라면 순순히 받아들여야 했다. 이제부터라도 혼자라고 생각하니 외롭지도 슬프지도 않았다. 세상 사람들처럼 한 번쯤은 나도 보통 생활하다가 생을 마감하고 싶었다. 시간이 흘러가고 마음이 조급해졌다. 여태까지 혹시나 했던 기대감을 모두 버리고 어금니를 꽉 물었다. 어떤 고난이 와도 그 가시밭길을 헤쳐 나가기로 마음을 굳혔다.
　행동을 바꾸었다. 선배들에게 알랑방귀를 뀌어 댈 필요 없이 그들이 좋아할 만한 것을 사전에 준비해 두었다. 뭐라도 사주면 좋아했다. 그러면 시내를 자유롭게 다니며 책도 마음대로 읽을 수 있었고 덜 맞았다. 새마을 오거리로 나가서 동네 불량소년들과 딱지치기와 구슬치기를 해 따온 것을 선배들부터 주었다. 비위를 맞춰주며 행동한 뒤로는 내게 손을 덜 댔지만 여전했다. 그 원인을 나중에야 알았다. 자기네들은 축구하고 술 마시고 노는데, 그런 것에 관심 없이 오로지 시계만 만지며 건방지게 군다는 것이었다. 그것이 눈엣가시였고 구박받는 이유였다.

이런 일도 있었다. 시계 기술을 익히는 아이 중에는 정상인 아이가 많았다. 그 아이들이 다 돌아가도 나만 혼자 남아서 몇 번이고 배운 것을 익혔다. 시계에 매혹되고 시계에 미쳐 지냈다. 그러다 학교 소사가 안 간다고 고함을 지르면 새벽까지 최대한 버티다 학교를 빠져나왔다. 밤늦도록 숙직 선생님 애를 먹인다고 아이들이 고자질했다. 타박을 또 받았다. 그러니 맞는 게 일상이었다. 선배들의 환심을 사려면 밖에서 선물을 구해오는 게 최고였다. 잠시 나가더라도 깨끗하게 해서 다니는 게 나만의 철칙이었다. 집에서는 까만 고무신을 신다가도 외출할 때는 아껴두었던 운동화를 꺼내 신었다. 문밖을 나서면 참았던 눈물이 터졌다. 이때다 싶어 실컷 울었다.

나는 두 번이나 자살 미수사건을 저질렀다. 죽는 법을 익히는 것보다 삶이 내게 무엇을 바라는지 질문을 받고 답을 내놓아야 했다. 답은 나와 있었다. 우리나라에서 제일 가는 시계 기술자가 되는 것이었다. 시계 기술을 익히기 위해 얼마나 피나는 연습을 하고 있는지 선배들은 몰랐다. 그뿐만 아니라 비관적인 생각을 긍정적으로 고치려고 애썼고 당해도 웃음으로 방어를 치며 밝게 지내려고 노력했다.

 시련이 나를 강인하게 만들어줘서 고마웠다. 극한 상황에서도 자신감을 잃지 않았다. 포기하지 않고 끝까지 도전해 본 사람만이 결과를 알 수 있으리라는 생각 때문이었다. 어려운 시간이 오히려 내가 기술적 성취를 달성하는 데 토양이 되어주었다. 나는 절뚝발이가 아닌 시계 기술공 장태호로 살고 싶은 강한 충동을 느꼈다.

03
쓰레기통을 뒤졌고 죄인이 되고 싶었다

금호강을 바라보며

　　　　　　　　공동생활을 하면 혼자 있는 시간이 별로 없었다. 때로는 원이나 원생들에게서 벗어나 잠시라도 사색에 잠기는 시간을 갖고 싶었다. 그럴 때는 들녘을 가로질러 금호강으로 갔다. 그곳에서 흐르는 강물을 물끄러미 바라보며 고여 있지 말고 나도 물처럼 흐르자, 강물이 어디에 가서도 부딪히지 않고 그곳에 맞게끔 제 모양을 만들어 내듯 나도 그렇게 움직이며 변형하자고 자신을 달랬다. 끝이 어딘지 떠밀려 가보면 안다고 강물이 통증으로 얼룩진 내 등을 밀며 내려갔다.

　강변을 따라 걸었다. 오른쪽 다리가 허공에서 허우적거렸다. 잠시 가던 길을 멈추고 강을 건너다보았다. 선배들은 어떻게 해서 나에게만 차가운 심장이 되는 걸까. 눈에 띄기만 해도 밉고 거슬리는 것인가. 나는 서로 죽이 잘 맞는 형 동생으로 지내고 싶었다. 조금이라도 나를 후하게 대해줄 수는 없는 걸까. 모두에게 단절되어 완전히 혼자라는 느낌이 저 강물처럼 일렁였다. 때로는 목숨을 부지하려고 글자 그대로 그들 속에 나를 묻으려고 애를 썼다. 그럴수록 더 외로웠고 전신에 고이는 건 눈물뿐이었다. 나약해지지 말자, 남몰래 눈물 흘리는 일도 억제하자, 피하지 말고 고통과 마주하자, 오늘만 실컷 울자, 그러고 나서 내 몸의 울음이란 조직을 아예 몸 밖으로 내몰아 버리자고 마음을 굳혔다. 무엇보다 먼저 정신력을 회복해 장애아가 아니고 그 어떤 상황에도 견딜 수 있다는 것을 증명해 보이고 싶었다.

 삶은 막연한 게 아니라 현실이고 구체적이었다. 그렇기에 주어진 운명을 그대로 받아들이고 자기 십자가는 자기가 지고 나가야 한다는 걸 뼈저리게 느꼈다. 운명의 장난이든 아니든 나를 비인간적으로 만든 건 나를 버린 부모였고 이곳의 선배들이었다. 시련을 겪으면서도 살아 있는 나 자신에 감사하며 걸음을 옮겼다. 원망투성이로 살아갈 게 아니라 현실을 극복하는 것밖에는 해결책이 없었다. 운명은 내가 만드는 것이었다.

 나를 얕보는 선배들과 잘 사귀려면 어떻게 해야 할까. 그들에게 잘 보이려고 안달이 난 것 같은 이 상황이 역겹게 느껴졌다. 이러한 생각들이 나 자신을 퇴화시키고 정신적으로나 육체적으로 퇴락의 길로 가게 하는 건 아닐까 하는 염려도 일었다. 그러나 미래에 대한 믿음과 살고자 하는 의지는 이미 죽음에서 풀려났고 나에게 정을 줄 수 있는 사람은 자신밖에 없었다. 앞으로 감당해 내고 완수해야 할 고비가 그 얼마일지 상상하기도 싫지만 훗날 엄청난 반전이 일어날 것을 기대하라고 속으로 외쳤다. 다리 병신이어도 목발이 세상으로 나아가는 데 든든한 다리가 되어줄 거라는 자신감이 생겼다. 나를 죽이지 못한 게 나를 더욱 강하게 만들고 있었다. 지금으로서는 선배를 먼저 생각해 줘야 함께 살아갈 수 있고 그것만이 내가 꿈을 이루는 지름길이었다. 기분이 완전히 바닥까지 나가떨어지는 나날이 계속된다 해도 정신적인 수용력을 길러 나가야 한다고 자신과 약속했다.

언젠가는 내 앞에 무릎 꿇을 날이 오리라 생각하며 내 다리처럼 풀이 빈약한 들판을 걸었다. 길섶에 뿌리를 내린 아카시아의 한쪽 어깨가 꺾였다. 나와 다르지 않았다. 회생하는 데 얼마의 시간이 걸릴지 모르겠지만 우리 서로 포기하지 말고 각자의 자리에서 싱싱한 초록으로 파릇하게 다시 태어나자고 눈으로 말했다.

시계 수리에 빠지다

삶의 목표가 분명치 않았을 때 학교에 직업 보도실이 생겼다. 정부에서 주관하고 학교가 운영하는 것으로 수업이 끝나는 오후 두 시부터 그곳에서 기술을 가르쳐 주었다. 시계 수리와 편물, 수공예 등 여러 종류가 있었지만 나는 내 몸을 생각해 앉아서 할 수 있는 시계 수리 기술반을 택하고 교육을 받았다. 열 명 정도가 같이 배웠다. 그중에서 내가 제일 어렸다. 시계에 관심을 두기 시작하면서 동네 서점을 다니며 시계와 관계된 책을 읽고 필요한 것은 외우거나 메모를 해왔다. 선배들에게 치여 살더라도 이제부터는 내 꿈을 만지고 수리하는 수리공이 되기로 했다. 모아둔 용돈으로 시계 수리 기술을 더 연마하기 위해 학원에도 다녔다.

선배들의 의식 속에 힘없는 내가 힘이 있다는 것을 심어주려면 열심히 배워야 한다고 이를 갈았다. 공부하고 배운다는 게 얼마나 재밌고 신나는 일인지 그들에게 꼭 보여주고 싶었다. 최단 시간에 해내야 한다는 생각으로 쉬지 않고 시계 수리에 매달렸다. 몰라서 안 될 때는 될 때까지 끈덕지게 붙잡고 늘어졌다. 기다리는 데는 선수였고 기다림에 이골이 난 지 오래였기에 이 정도라면 식은 죽 먹기였다. 그동안 시간을 허비한 게 후회가 돼 어떻게 하면 놓친 시간을 빠르게 되찾을까 싶어 마음의 평정부터 찾으려 애썼다.

수업이 끝나면 홀로 남아 배웠던 것을 복습하는 데 파고들었다. 집에 가지도 않고 열심히 하는 나 때문에 말은 하지 않아도 숙직 선생님이 마음고생을 겪었겠다고 짐작되었다. 선생님께는 미안했지만 나는 재미있었다. 시계는 친구였고 장난감이었다. 그만하고 가라고 할까 봐 가슴이 조마조마하기도 했다. 허기가 몰려드는 것도 잊었다. 올빼미처럼 혼자 밤늦도록 시계수리반 교실에서 눈에 불을 켜고 기술을 익혔다. 내 모든 세포를 동원해 시계 수리에 바쳤다.

자신과 외로운 싸움이 시작되었고 실험실의 성실한 쥐처럼 늦도록 그곳에 내 몸을 길들였다. 사회에 나가 정상인들과 겨뤄볼 수 있는 깡을 길렀다. 내게 악착같이 버티어 나가는 깡만이 밑천이었다. 너무 어렸을 때라 내가 보통 아이들과 다르다는 걸 언제 알앉는지는 정확히 기억나지 않았다. 일어서면 넘어지니 어리둥절하고 당황스러울 뿐이었다. 이 때문에 철이 들면서 허공에다 발길질을 해대며 비명을 내지르기도 했다. 다리를 되찾겠다는 심정으로 시계에 전념했다.

반짝이는 샛별을 보며 보육원으로 오면 새벽 3시쯤 되었다. 모두가 단잠을 자는 시간이었다. 내 밥은 별도로 챙겨두었기에 소리 나지 않게 조심스레 늦은 저녁밥을 먹었다. 그때는 쥐들이 많았다. 내 밥을 반 이상 먹어 버릴 때도 있었다. 양심도 없는 놈들이었다. 대충 걷어내고 남은 밥을 먹었다. 찬은 달랑 신김치 하나였다. 김치도 말라비틀어져 새우깡 같았다. 밥 한 숟가락 넘길 때마다 눈물이 더해져 반찬은 눈물과 김치 두 가지가 되었다. 김치를 맛있는 고기라고 생각하고 그 밥을 꿀꺽 넘기기도 했다. 내가 모유를 얻어먹고 배를 채운 것처럼 쥐들도 내 밥에 손을 대며 고픈 배를 달랬으리라. 거의 매일 밤 이렇게 배를 채웠다. 저녁때가 되어도 가지 않고 학교 시계부에 남아 늦도록 연습했다. 홀로 불을 켜 놓고 하다가 숙직 선생님께 제재를 당하는 날도 많았다. 죄송하기는 했으나 한 가지를 하면 꼭 해내고 마는 집념의 성질을 가지고 있어 눈치를 보면서도 묵묵히 해냈다.

라면을 먹을 때도 있었다. 새벽에 학교에서 돌아오면 퉁퉁 불은 면발은 고사하고 꽁꽁 얼어 있었다. 그마저도 아껴 먹으려고 네

등분으로 깨서 얼음과자 먹듯 캄캄한 어둠 속에서 녹여가며 먹었다. 한꺼번에 찬 것을 먹으니 머리가 띵했다. 전깃불이 있었지만 절약한다고 켜지 못했다. 설사 켠다고 해도 내게 도움이 되지 않았다. 오밤중에 부스럭댄다고 맞지 않으면 다행이었다. 내 인생의 뼈대가 굵어진 곳이지만 마음은 이미 이곳을 도망쳤고 몸만 남아 있었다. 가능한 몸을 낮추고 눈에 띄는 행동을 하지 않는 게 신상에 이로웠다. 십 년을 살면서 터득한 방법이었다. 그렇기에 시계 기술을 배우러 다니는 게 잠시지만 여기를 떠나는 궁리 거리로는 제격이었다.

밖에는 시끄러운 바람이 지나가고 나는 방 한쪽 구석에서 촛불을 켜고 조용히 라면 덩이를 녹여가며 먹었다. 마지막 하나는 입에 문 채 도둑고양이처럼 살금살금 기어서 내 자리로 갔다. 추위에 곱은 손을 이불 속으로 밀어 넣었다. 이가 딱딱 맞부딪치듯 떨리는 몸이나 언 손을 녹일 만큼 바닥은 따뜻하지 않았다. 몸을 녹이기 위해 손으로 가슴을 두드리고 발을 동동 굴렀다. 그 소리가 옆에서 자는 동료들을 깨우지 않을까 초조했다. 다 먹고 나니 뱃속에도 냉기가 돌았다. 지난날들을 돌이켜 보면 어려운 때도 참 많았지만, 그 어떤 사나운 바람도 그때만큼 매섭지는 않았다. 눈을 감고 가만히 그 생각에 젖으면 아직도 몸이 얼얼한 것 같다.

밤눈이 어두운 사람처럼 가늠하지 못하고 발을 내짚다가 모서리에 부딪혀 넘어지기도 했다. 상처가 아물려고 하면 또 멍이 들고 덧나서 아물 틈이 없었다. 타고난 몸이 이러하니 앉아서 하는 시계 기술자가 적격인 것 같았다. 내가 가진 조건으로 성공하는 길은 이것밖에 없다고 결정하고 더 외곬으로 달라붙었다. 언젠가는 나도 자립해서 생존 경쟁에 뛰어들어야 했다. 전문적인 시계 수리공이 되어 이 분야에서 최고로 출세하고 싶었다. 그때를 대비해 밤낮없이 시계만 파고들었다. 기술을 배우면서 메마른 정서도 순화시켰다. 선배들은 나를 향해 한쪽 입술을 치켜올리며 빈정거리듯 웃었다. 얼마나 잘되는지 두고 보자고 시비조로 비웃었지만 개의치 않았다. 이런 짓거리엔 충분히 무감각해졌다. 나 아니어도 다른 아이를 괴롭히는 장면을 일상적으로 봐 왔기 때문이다.

잠자던 동료가 가위에 눌렸는지 내지르는 소리에 잠에서 깨기도 했다. 악몽을 꾸고 있는 것이 분명했다. 흔들어 깨우고 싶었지만 꿈이 현실만큼 끔찍할까 싶어 가만히 놔두었다. 선배들이 보여 주는 행동거지는 어떤 상황에서도 정당화될 수는 없었다. 그들을 혐오했던 내가 그 소굴로 들어가려고 잔머리를 썼다. 그래야 심신이 편했고 미래를 향한 내 시간을 쓸 수가 있었다. 큰 이변은 없었지만 예전처럼 심하게 대하지는 않았다. 마음에도 없는 선물 공세와 비위를 맞추어 준 덕이었다.

어릴 때는 까불거나 개구쟁이 짓으로 많이 맞았다. 생각이 커가는 나이엔 눈치가 있어 맞을 이유가 없었다. 그런데도 유독 나를 사정거리 안에 두고 잘 겨냥된 발길질로 공격을 가했다. 괴롭힐수록 시계 수리에 치중했다. 동료들이 자는 시간에도 혼자 눈에 불을 켜고 하루 열 시간 이상을 투자했다. 내게 내일은 희망의 날이면서 동시에 불안하고 불확실한 미래였다.

누워 있으면 환청이 들리기도 했다. 분명 선배들의 발소리였다. 점점 가까워지면 나도 모르게 벌떡 일어나거나 잠자는 척했다. 조용해서 살펴보면 아무도 없었다. 긴장이 고조될 때는 발소리가 죽음이 다가오는 소리라는 생각마저 들었다. 죽이라고 달려들고 싶었지만 실제로는 한마디도 못 하고 깨갱거렸다. 더럽게 치사해도 웃으며 싹싹하게 굴었다. 해가 져야 한숨을 돌렸고 선배들도 누그러졌다. 겉으론 평온해 보여도 언제 터질지 모르는 시한폭탄을 안고 사는 기분이었고 선배들의 그림자에 뒤덮여 살았다. 시간이 지나도 선배들 앞에 벼락은 떨어지지 않았다.

교동시장 시계방 골목

　　　　　　　　　나는 보육원의 희망이 되고 싶었다. 그러니 관심도 당연히 시계밖에 없었다. 시계방 문턱에도 가보지 못했던 시계 수리에 일인자가 되고 싶은 꿈을 키워 나갔다. 먹여주고 재워주고 입혀주었으나 학원비까지는 주지 않았다. 억지로라도 하려는 내가 기특했는지 원장님이 두 달 치 학원비를 보태주었다. 내 손으로 학원비를 벌어도 턱없이 부족했다. 신이 내 몸에 장애를 준 게 미안해서 손기술을 주었다고 생각했다. 손재주는 남달랐다. 뭐든 거침없이 잘 만들었다. 초등학교 때는 여러 부품을 가지고 하나의 구조물로 짜 맞추기를 잘해 상도 받았다. 그러나 돈은 뚝딱 만들어 내지 못했다.
　열여섯 살 때 학원에 다니면서 시계에 관해 더 배우고 싶은 욕심이 났다. 교동시장에 있는 시계방 골목으로 가서 이리저리 고개를 기웃거렸다. 용기를 내어 가게마다 들어갔으나 동냥아치가 구걸하는 것도 아닌데 문전박대를 당했다. 다시 들어가 시계 기술을 가르쳐 달라고 수십 차례 말했으나 하나같이 아래위를 훑어보며 가라는 손짓을 보였다. 재수 없다고 혼잣말을 하는 사람도 있었다. 내가 사회에서 최초로 겪은 커다란 슬픔이었다. 그래도 굴하지 않고 몇 날을 더 다녔다. 박대를 당하면서도 찾아오는 내가 가상했는지 결국 한 사장님이 나를 받아 주었다. 눈물이 쏟아질 것 같았다. 사장님은 교회 장로였다. 다정하고 너그러운 분이었다.

 방학 기간에 밀링과 선반, 시계 부품 제작법을 조금씩 가르쳐 주었다. 정신을 바짝 차리고 사장님의 동작을 눈여겨보고 한마디 말도 흘려보내지 않으려고 귀를 기울였다. 시계 수리는 간단한 것도 있고 복잡한 것도 있었다. 실지로 설명을 듣고 보면서 한다는 게 신기할 따름이었다. 어린 나이에도 간단한 수리를 잘했는지 사장님이 칭찬해 주셨다. 그 말에 어깨가 올라갔지만 자만하지 않고 호기심과 관찰력과 탐구력을 높여 나갔다. 하나라도 더 만져보고 이름도 외웠다. 또한 두 번 세 번 되풀이하며 각종 부품의 쓰임새를 공부했다. 고치는 기술을 체험하면서 새로운 단어를 익히고 시계에 관한 어휘력도 늘었다. 시계 기술을 진정으로 이해했고 내가 성큼 도약할 수 있는 계기가 되었다. 시계의 비밀을 배우고 파헤치는 기쁨은 나를 고장 난 시계 속으로 더 깊이 끌어들였다. 날이 갈수록 마치 기술자인 듯한 착각마저 들었다.

사물에 대한 지식이 늘어나고 어려운 용어들을 점차 더 많이 습득하면서 질문도 생겨났다. 궁금한 것은 물었고 그에 대한 상세한 답변도 들었다. 갈증이 해소되어 갔다. 잘 몰라 실수할 때도 있었다. 사장님은 나무라지 않고 내가 익힐 때까지 참을성 있게 지켜봐 주면서 자상하게 가르쳐 주었다. 못 했던 것도 거듭거듭 배워서 해냈을 때는 심장도 함께 뛰고 있음을 느꼈다. 사장님의 표정은 진심으로 밝았다. 기계나 여러 부품에 관해 얘기해 줄 때는 그 얘깃거리마저도 마음을 자극했다. 또한 내 생각을 표현할 수 있게 이끌어 주기도 했다. 자꾸 반복하면서 내 것으로 만들어 나갔고 나만의 길을 만들어 가겠다는 포부를 키웠다. 올챙이가 개구리가 되어 가는 것 같았다. 두 발로 땅을 디딜 수만 있다면 더 바랄 게 없었다.

시계 뒤딱지를 열고 수리하는 사장님이 멋있었다. 그 곁에서 나는 이 시계의 주인은 누구일까. 죽음에서 막 벗어난 노인의 것일까. 아니야, 며칠 전에 맡긴 것이니 주인은 온기가 있는 건강한 사람일 거야. 남의 시계를 들여다보며 그 주인을 그려보기도 했다. 맡겨진 시계 중에는 유리가 깨진 것도 있었고 숫자판이 망가진 것도 있었다. 심지어 한 번도 보지 못한 신기한 부품 수리를 볼 때는 내 시각과 청각과 촉각을 바짝 긴장시켰다. 놓치지 않으려고 감각을 총동원해 하나라도 더 익히려고 애썼다. 내가 배움을 얻고 내 것으로 만든 실질적인 곳이 바로 이곳이었다. 학생을 교실로 데려가 공부하라고 말로 하는 건 어떤 선생님이라도 할 수 있지만 자유롭고 자발적으로 배울 수 있게 이끌어주는 일은 아무나 할 수가 없었다. 사장님을 보고 있으면 하고자 하는 내 의지를 불태우고 어떤 일도 씩씩하게 헤쳐갈 결심을 하게 만드는 것이었다. 아무리 오래 있어도 지치거나 싫지가 않았다. 차분해지고 편안했다. 사장님의 숨소리와 살아나는 시계 박동 소리를 들으면 내가 큰일을 해낸 것같이 뿌듯했다. 오히려 집에 가라고 할까 봐서 걱정이었다. 어떻게든 사장님의 신임을 얻어 방학이 끝나도 여기서 기술을 배우고 싶었다.

길거리에 포장마차가 늘어서 있었다. 사장님이 가락국수를 사 먹으라고 매일 250원을 주었다. 기술을 가르쳐주는 것만도 고마운데 점심값까지 챙겨줘서 눈물이 났다. 20원짜리 오뎅 두 개를 사 먹었다. 차지 않은 양은 뜨끈한 국물 세 그릇으로 배를 채웠다. 남은 돈은 흰 편지봉투에 고대로 넣어 두었다. 삼 개월이 끝나는 날 모은 돈을 사장님께 드렸다. 두 눈이 똥그래진 사장님은 처음으로 집이 어디냐고 물었다. 기술을 배우게 됐을 때 사는 곳을 말하지 않았다. 고아들이 지내는 데서 왔다고 하면 아무리 깨끗하게 차려입어도 선입견 때문에 나를 받아들이지 않을 것으로 생각했고, 보육원 아이들은 손버릇이 나쁘다고 터무니없는 소문이 파다

했기에 집 얘기를 하지 않았다. 이제야 물어봐 준 것이 차라리 고마웠다. 마지막 날이라 용기를 내어 나는 고아이고 보육원에서 산다고 솔직하게 대답했다. 그 고백 속에는 여기에서 오래도록 기술을 배우고 싶다는 속마음도 들어 있었다. 사장님이 깜짝 놀랐다. 왜 진작 말하지 않았느냐고 정직한 표정을 띠며 나를 나무랐다.

사장님은 선걸음에 나와 같이 택시를 타고 내가 사는 보육원으로 갔다. 도착하자마자 원장에게 그동안의 일을 설명했다. 그 때문인지 몰라도 원장이 새 옷 한 벌을 꺼내 주었고 밥도 차려주었다. 먹어보지 못한 진수성찬이었다. 원에 살면서 처음으로 배불리 먹은 날이었다. 그 뒤부터 사장님은 오 년 가까이 요구르트와 빵을 오백 개씩 지원해 주었다. 간식 혜택 때문인지 나를 대하는 태도가 달라졌다. 잘난 체는 혼자 다 한다고 비웃는 아이도 있었지만 잘 먹었다고 인사를 건네는 아이도 많았다. 선배들은 여전히 꼴값을 떨고 있다는 시새움이 섞인 눈빛을 보내며 사나운 경계를 늦추지 않았다. 비웃든지 말든지 신경 쓰지 않았다. 전에는 보기만 해도 오금이 저렸는데 어느 순간부터 으스대는 모습이 우스웠다. 나를 업신여기는 이들에게 피식 웃으며 작은 맹수가 되어갔다.

돌이켜 보면 나와 사장님을 분리하여 생각하기는 어려웠다. 기술을 배우려고 찾아다닐 때 모두가 내쳤어도 사장님만큼은 나를 감싸주었다. 사장님의 영향으로 내가 가려는 길을 확실히 찾았다.

그러니 내 삶의 발자국이 사장님의 발자국이기도 하다는 게 내 생각이었다. 내 재능을 칭찬해 주고 자애로운 손길로 지도해 주지 않았더라면 지금의 내가 있을까 싶기도 했다. 시계와 내가 한 몸이 되어 발전해 온 계기가 다 사장님 덕분이라는 걸 잊을 수가 없다. 몇 해 동안 성보원에 후원을 해주신 사장님은 가족과 함께 이민을 갔다. 세월이 흘러서 시온사 시계방 정두천 사장님을 찾았으나 돌아가셨다는 소문을 들었다. 너무 늦게 찾아서 죄송했다. 친절한 성격을 지녔고 견문이 넓은 고마운 분으로 여전히 기억에 남아 있다.

내 머리에도 어느덧 흰서리가 내렸다. 생각해 보면 그 어떤 것도 시계 외에는 나를 데워줄 수 없었다. 가끔 가슴에서 자만심이 쓱 올라올 때는 교동시장을 찾아가 초심을 잊지 않으려 마음을 달래고 돌아온다. 그때를 생각하면 지금도 내 작은 심장은 뛰어오른다. 이제 따뜻한 밥은 먹고 살고 나와 같이 불행한 이들에게 밥숟갈을 나누며 살아가고 있다.

한 살 한 살 먹어가는 내 앞에 시계 기술을 펼쳐가는 후배들이 돈보다 더 값진 보물로 쌓여간다. 큰돈은 없지만 앞으로도 그들이 걸어가는 데 필요한 든든한 보물 창고가 되어줄 것이다. 현재 삶의 배경 중에는 암울하게 보냈던 얼룩진 시절이 있었기에 내가 성공할 수 있었다. 시계방에서 처음 경험했던 모든 것들이 아직도 눈앞에 생생하다.

넝마주이에게 끌려가다

하루는 칠성시장에서 파는 토끼를 보러 가다가 신도극장 앞에서 넝마주이한테 붙잡혔다. 사람들로 와자한 틈에서 순식간에 벌어진 일이라 나는 얼굴이 파랗게 질렸다. 떨고 있는 나를 안심시키려는 듯 배고프지, 먹을 것을 줄 테니 같이 가자고 했다. 그 말에 솔깃해져 겁 없이 따라갔다. 그러나 낌새가 이상했다. 집에 간다고 하니 머리 위로 두툼한 손이 올라왔다. 계속 집에 보내 달라고 하자 주먹으로 뒤통수 몇 대를 때렸다. 나는 올가미에 걸린 가여운 짐승 새끼처럼 벌벌 떨었다. 떼를 쓰며 가겠다고 한마디 더 했다가는 피투성이가 될지도 모른다는 무서운 생각이 들었다. 더는 끽소리도 못 하고 팔딱거리는 새가슴이 되어 그들 뒤를 고분고분하게 따랐다.

거무죽죽한 야전잠바에 큰 광주리를 둘러멘 젊은 사람, 텁수룩한 장발 머리에 갈고리 모양의 손을 늘어뜨린 체구가 당당한 아저씨 다섯 명, 그 사이에 끼어 있는 나는 처음부터 있었던 아이처럼 보였다. 사람들은 내가 붙들려 가는 줄도 모르고 지나갔다. 어느 한 사람이라도 내가 이 패거리가 아닌 걸 눈치챘다면 두목이 있는 이 무리에서 나를 구해줬을까. 가운데 서서 뒤따르는 내내 누군가가 나를 꺼내 주길 바랐다. 언제나 떠나고 싶었던 보육원이 갑자기 그리웠다.

한참을 가다가 나를 앞세워 다리 근처에 있는 움막으로 들어갔다. 거기에는 빡빡머리와 긴 머리의 무표정한 얼굴을 한 내 또래 몇 명과 장애아로 보이는 두세 명의 아이 그리고 정상인 여섯 명이 같이 있었다. 그중에는 손이 없는 사람도 있었다. 그들의 모습은 하나같이 독특했고 차림새도 지저분했다. 이런 생활에 익숙한 듯 비치는 아이들이 내 주위에 모여들어 목발 짚은 나를 신기하게 쳐다보았다. 음산한 모습에 또 한 번 기겁했다. 이들은 이곳에서 잠을 자고 생활했다. 이제 정말 끝이구나. 다시는 원에도 못 가고 시계도 만지지 못한다는 절망에 눈물이 절로 났다.

입었던 옷도 남루한데 갈아입으라고 주는 옷가지는 더 형편없었다. 내 신체 조건으로는 좋은 옷을 입어도 궁색한 티가 났지만, 건네준 옷으로 바꾸어 입으니 완전 깡통 없는 거지꼴이었다. 그들이나 나나 옷이 해지고 구멍이 나 어처구니가 없었다. 조용히 있다가 한밤중에 도망치자고 계획을 세웠다. 그러나 그들의 눈은 하나같이 나를 감시하고 있었다. 들키지 않고 탈출할 용기는 더욱이 없었다. 만약 걸리면 저 꼬챙이 달린 손으로 나를 콕 찍어 나보다 큰 망태기에 가두어 쥐도 새도 모르게 없애 버리면 어쩌나 하는 아찔한 생각에 그들이 시키는 대로 따르며 옴짝달싹하지 못했다.

호랑이에게 물려가도 정신만 차리면 산다고 했다. 속담을 믿으며 정신을 차렸다. 밥은 많이 주었다. 입이 미어지도록 넣고 급히 먹었다. 먹으면서도 빠져나갈 방법이 없을까 머리를 굴렸다. 없었다. 먹었으면 얼른 자라고 소리쳤다. 새우처럼 누워서 잠에 갇힌 눈을 살며시 떠 보니 낮에 내 뒤통수를 때린 사람이 보초를 서는지 거적문 옆에 앉아 있었다. 오늘 밤은 안 되겠다고 생각하며 눈을 감았다.

앵벌이 하다

날이 밝았다. 두려움에 떠는 나에게 더 황당한 일이 벌어졌다. 그들이 동냥하는 법을 가르쳐주었다. 다 떨어진 옷에 시커먼 고무신을 신게 했다. 내 얼굴 군데군데를 검게 칠한 뒤 가마니를 덮어쓰고 엎드리라고 했다. 그 옆에 목발을 나란히 놔두라고 지시하며 손은 벌리고 고개는 숙이라고 했다. 말처럼 하지 못하자 한 사람이 내 앞에서 직접 시범을 보였다. 그러고는 따라 해보라고 손짓을 보냈다. 그제야 내가 무슨 일을 해야 하는지 감이 왔다. 쇠뭉치로 머리를 한 대 얻어맞은 것처럼 정신이 아득했다. 나는 왜소한 체구에 목발을 짚었다. 그들이 부려 먹기에 딱 들어맞는 조건이었다. 엎드리는 게 불편하면 앉아서 하라고 했다. 그러나 나는 엎드려 고개 숙이는 걸 택했다.

이들도 한 가족은 아니었다. 엄마 아빠나 형, 누나, 오빠라는 다정한 말을 들을 수 없었다. 이름 대신 주로 '야~'와 '형님'이라는 짧은 단어로 서로 의사 표시를 했다. 남남이 모여 가족 같은 분위기를 자아냈다. 내가 사는 그곳과 같았다. 얼굴에 아무런 감정도 드러나 있지 않은 우두머리로 보이는 아저씨가 여기서 일하면 용돈을 벌 수 있고 배고프지 않게 밥도 마음대로 먹을 수 있다며 달콤하게 말했다. 실컷 먹을 수 있다는 말에 마음이 쏠렸다. 그들은 하나의 결속력을 보였다. 오랜 훈련을 거친 사람들처럼 알아서들 행동했다. 지시하는 이가 없어도 여기저기에 흩어져서 생계 수단을 위해 열심히들 노력했다.

넝마꾼에게 잡혀 졸지에 두 손을 내밀어 이 불쌍한 아이에게 한 푼만 적선해 달라는 앵벌이를 하는 신세가 되었다. 뭣 한다고 혼자 나왔다가 이런 꼴을 당하나 싶어 후회가 막심했다. 하다 하다 못해서 인제는 이 짓까지 해야 하나 싶어 화가 나서 속이 뒤집힐 지경이었다. 하지만 안 하면 어떤 해코지가 돌아올지 몰라 시키는 대로 해야 했다.

성치 않은 몸으로 납작 엎드려 사람들이 오가기를 기다렸다. 오래 방치된 길가의 돌처럼 나는 어느새 길바닥과 한 몸이 되어 배운 대로 손에 든 동냥 그릇을 내밀며 이마를 땅에 갖다 댔다. 며칠을 그렇게 하고 나니 인기척이 없을 땐 고개를 들어 주위를 훑어

보는 여유도 생겨났다. 걸어 다니는 사람들 사이로 작은 교회의 십자가가 보였다. 가슴이 뜨끔했다. 저들과 똑같은 모습으로 몸에 배어 버린 내 행동이 서글펐다. 설움이 목젖까지 차올랐다. 재빨리 시선을 아래로 내렸다. 어느새 지금의 처지가 자연스러워져 선뜩 놀랐다. 시계 기술자가 되겠다는 희망이 꿈처럼 느껴졌다. 점심은 짜장면과 짬뽕을 주었다. 배고프지 않고 밥걱정하지 않아서 좋았다.

생각 외로 그릇에 돈이 많이 모였다. 고된 노동의 대가로 번 돈이긴 하지만 왠지 공돈인 것 같아 찝찝했다. 하루 벌이가 끝나면 대장이 계산적인 얼굴로 나타나 용돈이라며 걷힌 돈의 일부를 나누어 주었다. 구걸하는 내가 참혹할 만큼 비참했는데 뜨시게 잘 먹고 돈까지 받으니 싫지가 않았다. 잠시 고개 숙여서 나를 팔아 번 돈치고는 짭짤했다. 여기서 도망칠 날이 꼭 올 거라고 믿으며 그때까지 돈이나 모으자며 돈맛에 빠져들었다. 엊그제까지만 해도 부끄러웠는데 헛걱정이었다. 어이없게도 몸이 자연스레 받아들였다. 어떤 때는 상체를 구부리고 사람들이 오는지 안 오는지 곁눈질로 흘끔거리기도 했다. 돈 벌고 배부르고 체벌도 없어 그들이 간데족족 따라다녔다.

일주일을 보내고 이주일이 되어갈 무렵이었다. 여기에 잡혀 있는 동안 원에서는 내가 없어졌다고 난리가 났다. 여기저기 알아봐도 나 같은 아이는 없다고 했다. 그러던 어느 날이었다. 여느 날과 마찬가지로 거리에서 구걸하고 있었다. 칠성시장에 장을 보러 온 보육원 직원이 나를 알아보고는 집 나간 아이 같다고 원에 이야기했다. 그 소식을 듣고 나를 찾으러 왔다. 내 이름을 부르는 소리가 들렸다. 혹시나 해서 고개를 들어 보니 낯익은 얼굴이 앞에 서 있었다. 직원이 나를 일으켜 세웠다. 이젠 살았구나 싶어서 흙 묻은 옷을 툴툴 털어냈다. 눈물이 날 뻔했지만 억지로 참았다. 근처에서 나를 지켜보던 넝마주이들의 표정이 못마땅해 보였다. 거리를 배회하는 아이를 어떤 앵벌이가 그냥 제집으로 가도록 놔두느냐는 듯 심드렁하게 쳐다보더니 내가 잠시 직원과 말하는 사이에 가고 없었다. 나는 그릇에 모인 돈을 챙겨 지프차를 타고 돌아왔다. 평생 내 일 같았던 앵벌이에서 쉽게 벗어났다.

기다리는 몽둥이

　　　　　　내가 신도극장 육교 위에서 거적자리를 깔고 찌그러진 그릇을 들고 동냥질했다는 소문이 원에 쫙 퍼져 있었다. 내가 그러고 싶어서 그런 것도 아닌데 속이 무척 상했다. 찬물에 목욕부터 했다. 원장이 깨끗한 옷을 내주었다. 갈아입으니 내가 아닌 것 같았다. 이런 내가 딱했는지 여기에서 너를 먹여주고 재워주는데 앞으로는 도망가지 말라고 했다. 나는 넝마주이한테 잡혀 어쩔 수 없었다고 솔직하게 말하고는 입을 꾹 다문 조개처럼 더 이상 아무 말도 하지 않았다. 나를 찾으러 와 준 게 눈물 나게 고마웠기 때문이다. 밖에서 지낸 얼마간의 내 꼴은 요즘 말로 집 나가면 개고생이라는 말이 꼭 들어맞았다. 다시는 그러지 않겠다고 약속하고 밖으로 나왔다.

저만치서 내가 나오기만을 기다리던 선배들이 다가왔다. 얼굴에는 사악한 미소와 흥미로운 표정을 감추지 못했다. 나도 모르게 심호흡을 했다. 아니나 다를까 밖에서 그런 생활을 했다고 등 뒤에 감춘 몽둥이를 꺼내 들었다. 이 새끼 오늘 죽어보라고 거칠게 말하며 마치 그동안 나를 때리지 못해 안달이 난 사람처럼 마구 팼다. 싹싹 빌었다. 빌고 비는 손등을 숟가락으로도 때렸다. 내 앞에 어떤 인생길이 펼쳐져 있는지 또다시 알게 되는 순간이었다. 눈을 감았다. 내 삶이 더 어두워지고 있는 건 아닐까. 요 며칠의 일이 주마등처럼 머릿속을 스치고 지나갔다. 모든 사물에는 이름이 있다. 나는 이 새끼가 아니라 장태호라고 주먹을 불끈 쥐었다. 주먹을 꽉 쥔 모양으로 격렬한 분노를 표출했다. 내게 일어났던 앵벌이에 대해 나는 어떤 슬픔도 후회도 하지 않았다.

열흘 남짓 비웠던 9호실 방으로 다시 돌아왔다. 내가 없어져 걱정했던 친구도 있었고 또 말썽을 일으켰다고 비아냥거리는 소리도 들렸다. 그 말에 마비된 것처럼 나는 움직임도 없이 벽에 기대어 생각에 잠겼다. 머리가 복잡했다. 넝마주이와 같이 있을 땐 짜장면 곱빼기를 게 눈 감추듯 먹어 치웠고 나를 때리지도 않았으며 버는 만큼 용돈도 챙겨 주었다. 그때 나를 찾으러 오지 않았다면 나는 미래가 없는 앵벌이에 충실했을지도 몰랐다. 몇 날을 잡혀서 생고생했지만, 마음은 그곳이 편했다. 하지만 앞날을 생각한다면 얻어맞고 배고프더라도 교육 시설이 있는 이곳이 나왔다.
 이불을 뒤집어쓰고 누웠다. 먹는 문제가 아니라 어떻게 살아가느냐가 내게는 문제였다. 물론 넘어야 할 장애물이 태산이지만, 시간이 지나면 그것도 극복할 수 있는 것들이라 생각했다. 이게 내 운명일까. 노력하면 운수는 바뀐다고 했다. 이러한 생활에 내 운명을 묶어 둘 수는 없었다. 내 지친 발이 다시 딛고 일어설 수 있는 튼튼한 발판을 만들 때까지는 시계에 안간힘을 쏟아야 한다고 되뇌며 잠이 들었다.
 꿈을 꾸었다. 누군가 내게로 다가오는 걸 느꼈다. 흐릿한 형체가 엄마라고 생각되어 손을 뻗었다. 온기 있는 손으로 내 작은 손을 잡아 주었다. 나는 그 품에 꼭 안겼다. 포근했다. 그 순간을 놓치기 싫어 엄마를 더욱 끌어안았다. 갑자기 볼이 얼얼했다. 옆에서 자던 친구가 뺨을 때렸다. 같이 덮었던 이불을 내가 잠꼬대하며 돌돌 말아 혼자 덮고 있었다. 틀림없이 엄마의 품이었다. 나는 눈을 비비며 흘겨보는 친구의 따가운 눈총을 애써 외면했다.

다시 일상으로

　　　　　　오후의 태양이 마당을 덮고 있었다. 나무 사이를 뚫고 들어온 햇살이 내 얼굴 위로 흩어졌다. 내 손은 한동안 보지 못했던 친근한 나뭇잎들과 꽃들을 만지작거리고 있었다. 무심결에 내 심장이 뛰는 소리를 들었다. 이곳에서 탈출하려면 더 늦기 전에 시계 기술을 공부해야 한다고 내 영혼이 소리 없는 아우성을 질렀다. 울부짖는 마음을 부인할 수가 없었다. 하지만 복수든 응징이든 뭘 하든 간에 돈이 있어야 했다.
　다시 학교에 갔고 시계에 열중했다. 시계가 아니면 내 앞에 둘러쳐진 가시밭길을 헤쳐 나갈 수 없다고 믿으며 죽으나 사나 시계에 빠져들었다. 이 길만이 미래의 해결책이었다. 기억엔 없지만 아주 어렸을 때 말고는 한 번도 두 다리로 서 있어 본 적이 없었다. 하지만 나는 시계 기술의 일인자가 되어 벌떡 일어날 것이라고 스스로에게 사기를 북돋워 주었다. 사람이 반드시 두 다리로만 서라는 법은 없지 않은가. 기술로 정상에 우뚝 서면 되는 일이었다.

밤이 가는 줄도 모르고 시계와 싸웠다. 요즘은 적성에 맞는 전공을 하거나 일자리를 구하지만, 그때는 나뿐만 아니라 먹고사는 게 먼저였기에 자신에게 맞는지 안 맞는지도 모르고 일을 할 때였다. 때로는 몸이 피곤해서 그만두고 싶었고 방황도 많이 했지만 자기 자신과의 싸움에서 패한다면 모든 게 허물어지고 만다는 생각에 무너지는 정신을 가다듬었다. 당분간 돈 걱정은 하지 않아도 되었다. 앵벌이를 해서 번 돈을 나만 알고 있는 나무 궤짝에 감추어 두었다.

어느 날 밤이었다. 돈이 필요해 모두 잠든 사이에 살며시 궤를 열었다. 누가 돈 냄새를 묘하게 맡았는지 상자 속의 돈이 조금 비어 있었다. 그래도 양심은 있었는지 약간은 남겨 놓고 가져갔다. 속이 부글부글 끓었지만 찾을 길이 없었다. 혹시나 범인을 찾으려다가 있는 돈마저 잃어버릴까 봐 겉으로는 모른 척하며 평소처럼 지냈다.

열쇠 공장

학원비를 벌려고 야간에 조그마한 열쇠 공장에 일자리를 얻었다. 친구와 선배 몇 명도 같이 다녔다. 그들은 모은 돈으로 술을 마시고 담배를 사 피우고 질탕하게 노는 데 다 썼다. 나도 그러고 싶었지만 꾹 참았다. 담배도 술도 아예 배우지 않았다. 힘들어 번 돈은 그대로 시계 기술에 투자했다. 그런 나를 또 시기했다. 그럴수록 굽히지 않고 깡으로 맞서 견뎌냈다. 앞으로 누가 더 잘 되는지 두고 보자며 독한 마음을 먹었다. 자기들과 섞이지 않는 내 행동이 마음에 들지 않아 나중에는 상스러운 마음보를 드러내며 욕을 퍼부었다. 그러나 늘 듣는 말이라 못 들은 척 무시해 버렸다. 주경야독에만 정신을 쏟았다.

더 큰 꿈을 키우기 위해서는 독학보다 전문 기술인에게 체계적이고 과학적인 기술을 배우고 싶었다. 그러려면 돈도 많이 필요한데 나를 도와주는 사람은 없었다. 처음에는 보모 누나의 도움으로 삼 개월을 배웠다. 그 당시 수강료가 한 달에 삼만 원이었고 석 달 치 구만 원을 내주었다. 누나 때문에 시계 기술학원을 다닐 수 있었고 지금까지도 천직으로 일하고 있다. 보육원 원장님도 마음을 써주었다. 학원비를 보태주고 원생들 모르게 용돈도 찔러주었다. 그것도 한두 번이지 매번 반복되지 않았고 바랄 수도 없었다. 그러다 보니 학원에는 가다 말다 했다. 학원비를 스스로 마련해야 했기에 학교를 빼먹고 공장이나 여러 종류의 일을 닥치는 대로 하러 다니는 날이 많아졌다.

열쇠 공장을 다니면 좋은 점이 있었다. 잔업을 하면 밥을 주었다. 밥 먹기 위해서라도 매일 잔업 하기를 바랐다. 나로서는 힘든 일이었다. 몸이 마음 같지 않아 애를 먹었지만 이마저도 잘릴까 봐 다른 사람보다 몇 배나 더 열성껏 했다. 코피도 많이 터졌다. 세숫대야에 담긴 물이 코피로 벌그죽죽히 물들었다. 수업을 마치고 오후 세 시부터 새벽 두 시까지 고된 노동을 하니 그럴 수밖에 없었다. 쓰러질 것 같은 몸을 목발로 버텨냈다. 불편한 다리는 쑤시고 따갑고 아팠다. 참아야 했다. 걷잡을 수 없이 덮쳐 오는 잠에 못 이겨 깜빡 졸 때도 있었지만 배움을 위해 졸음과 싸우며 한 푼 두 푼 알돈을 모았다.

일을 끝내고 집에 오면 이내 곯아떨어졌다. 그러나 몸의 고통보다 내가 더 괴로웠고 견딜 수 없었던 것은 그 누구보다도 나를 이해하고 도와주어야 할 같이 생활하는 친구들의 비난이었다. 열심히 하는 내게 깔보는 듯한 웃음을 터트리는 건 기본이었다. 간간이 날아오는 쇠꼬챙이 같은 날카로운 목소리는 덤이었다. 어떻게 내게만 가혹한지 분노가 일다가도 자신들을 악에 물들이며 살아가는 선배들이 도리어 불쌍해 연민을 느낄 때가 있었다. 내게 부모가 있고 어쩔 수 없는 형편으로 이곳에 있었다면 나를 대하는 태도가 달라졌을까. 엄마 생각이 돌처럼 무감각해졌다가도 유독 내게만 예민하게 굴 때는 나를 버린 원망에 치를 떨었다. 손이 트고 갈라져 피가 나는 추운 계절엔 더했다. 그때마다 나는 나를 야금야금 갉아먹는 이곳에서 뛰쳐나가고 싶어 안달이 났다. 울화통이 터질 때마다 나도 그들에게 돌려주는 게 있었다. 나를 빈정거리는 그들의 뒤통수에 대고 복화술을 구사하듯 알아듣지 못하게 쌍욕을 중얼거렸다. 그들이 보이지 않을 때까지 눈으로 좇으며 화를 풀었다. 그래도 속이 시원치 않았다. 선배들의 얼굴이 욕지기처럼 치밀어 올라 발에 걸리는 아무거나 구석으로 걷어차며 방으로 들어왔다.

내 험한 길은 가도 가도 끝이 없었다. 가는 도중에 휘청거릴 때가 있었고 생각지도 못한 기쁜 일도 있었다. 우울증에 빠지기도 했다. 정신병자가 되지 않으려고 시계에 정을 붙이며 열심히 살았다. 이곳은 단체생활을 하는 곳이라 개인적인 활동에는 제약이 따랐다. 웃었던 날보다 서러움에 울컥댔던 날이 더 많았다. 이 무렵이 가장 고통스러웠고 장애를 지닌 내 삶에 통렬한 아픔을 느끼던 시기였다. 그래도 내가 스스로에게 놀랐던 건 여러 단점을 갖고 있는 결점에도 불구하고 망가지지 않고 위축되지 않고 결국 꿈을 이뤄냈다는 점에서 지금도 벅차오르는 가슴을 억제할 수가 없다.

버스 안에서

　　　　　　버스 안에서 숱하게 넘어졌다. 어두운 도로에서 불쑥 튀어나오는 사람이나 갑자기 끼어드는 자동차 때문에 운전사가 급브레이크를 밟을 때가 많았다. 그 바람에 나는 저만치 나가떨어졌다. 운전사는 욕을 했다. 내게 하는 건 아니었지만 몸이 부실한 나는 당황스러웠다. 나동그라진 게 부끄러워 온몸에서 진땀이 났다. 버스가 급정거할 때는 차장 누나가 있어도 속수무책이었다. 운이 좋으면 승객들 사이에 엎어져 다치지는 않았다. 하지만 터실터실한 나무 목발에 옷이 걸리면 주인에게 따가운 눈총을 받아야 했다. 장애인이라 뭐라고 말도 못 하고 눈살을 찌푸리는 사람에게 내가 할 수 있는 건 오로지 미안하다 죄송하다가 다였다. 그 뒤부터는 목발 손잡이에 철사를 세 겹을 감아 튼튼하게 했고 목발의 거친 가장자리를 매끈하게 정리해서 다녔다.

　　누구 하나 자리를 양보하는 이는 없었다. 차 안이 복잡할 때는 잡을 데가 없어 그대로 넘어질 때도 있었다. 나를 일으켜 세워주기는커녕 집에 자빠져있지 뭘 한다고 밤까지 돌아다니느냐는 눈빛으로 빤히 쳐다보기도 했다. 차를 탈 때부터 고꾸라지지 않도록 용을 써 온몸이 다 뻐근할 지경이었다. 내 마음 같지 않게 버스는 갑작스레 서는 일이 잦았다. 어김없이 나는 승객들이 지르는 비명 사이로 공처럼 굴러 들어갔다. 비 오는 날은 바닥이 미끄러워 더 그랬다. 억지로 일어나서 자리를 잡으려고 하면 차 문에 매달려 손바닥으로 문을 탁탁 치면서 오라이를 거듭 외치는 안내양 누나의 목소리를 들어야 했다. 몸이 또 갈팡질팡했다. 차 안에서 이런 일을 겪을 때마다 굴욕을 느꼈고 자존심을 크게 다쳤다.

버스는 아무 일 없다는 듯이 사람들을 싣고 다시 앞으로 달려 나갔다. 차는 제 길로 바르게 가는데 나만 비틀거렸다. 마음이 너덜거렸다. 생활에 찌든 사람들의 냄새가 서로 뒤엉켜 밀폐된 차 안의 공기도 답답했다. 그 냄새가 싫었고 차비를 아끼려는 핑계 삼아 원까지 걸어간 적도 있었다. 그 당시 차비는 이십 원이었고 토큰을 사용했다. 토큰은 요금으로 내는 동전 모양의 주조물로 가운데에 둥근 구멍이 나 있는 엽전과 비슷한 모양이었다. 내 가슴에도 언제나 구멍이 뚫려 있었다. 버스를 타고 다니면서 겪고 당하는 내 마음은 거대한 둑이 터지는 것 같았다.

언 모유에 찬물을 섞어

　　　　　　　　　　열쇠 공장은 새마을 오거리 근처에 있었다. 학교를 마치고 나서 평일 저녁이나 일요일 저녁에 주로 용돈을 벌러 다녔다. 그곳은 걸어가도 되는 거리였다. 공장에는 보육원 아이라고 밝히지 않았다. 점심은 밀가루 풀죽에 소금과 고춧가루를 뿌려 먹었다. 언뜻 생각해 보면 도배할 때 사용하는 풀과 같았다. 그걸 먹고 나면 이내 배가 고팠다. 늘 만성적인 굶주림에 허덕였다. 저녁까지 버티려면 힘이 들었다. 일하러 가다가 배가 고프면 물로 배를 채우거나 쓰레기통을 뒤져 먹을 걸 찾아냈다.

　잔업을 할 때는 밤 열두 시가 되기만을 손꼽아 기다렸다. 야식으로 밥을 주었기 때문이다. 일하면서도 벽에 걸린 시계를 눈이 빠지게 보았다. 시간이 멀었으면 화장실에 가서 물을 먹고 돌아왔다. 남의 속을 모르는 공장장은 무슨 물을 그렇게도 많이 먹느냐며 붕어 띠냐고 우스갯소리를 했다. 나는 웃으며 원래 물을 많이 먹는다고 답했다. 기다리는 밥은 안 나오고 속이 비어 있는 창자에서 꼬르륵 소리만 났다. 나는 배에서 나는 꾸르륵 소리를 감추려고 괜한 헛기침을 하고 침을 꼴딱꼴딱 삼켰다.

열두 시가 되어 김이 모락모락 올라오는 밥이 나왔다. 씻지도 않은 더러운 손으로 허기를 메웠다. 그때는 보육원 아이가 나 혼자밖에 없어 밥을 세 그릇이나 해치워도 되었다. 남는 밥까지도 내 차지였다. 꿀맛이었다. 작은 입을 하마처럼 벌려 막 끌어넣는 나를 보고 작은 체구에 들어갈 데가 어디 있다고 배탈 난다며 놀리는 사람도 있었다. 실컷 먹고 걸어서 집으로 가는 동안 배가 다 꺼졌다. 도착하면 새벽 한 시가 넘었다. 그런 생활을 한동안 했다.

옷은 땟국이 흘렀고 며칠을 안 씻은 것처럼 얼굴도 지저분했다. 꼬락서니가 말이 아니었다. 지나가는 아이들이 거지라고 놀려도 할말이 없었다. 여름에는 공동묘지에서 땀을 식혀 가기도 했다. 누구의 묘인지도 모르는 무덤 앞에 주저앉아 생각도 많이 했다. 가끔 우리들끼리 묘지 옆을 지날 때 대낮인데도 머리끝이 쭈뼛 치솟는 것 같다고 무서워서 도망치는 친구도 있었다. 하지만 나는 아무도 없는 여기가 되레 편했다. 수풀이 발에 휘휘 감겨드는 풀숲에 앉아 밤 벌레 소리를 들으며 앞으로 어떻게 살아가야 하나, 이 다리로 운전은 할 수 있을까, 나 혼자서 어떠한 방법으로 앞날을 개척해 나가지 등등 고민이 많았다. 몇 년 전에 자살했으면 이런 걱정은 하지 않아도 될 텐데 괜히 살아서 이 고생이다 싶기도 했다.

땀이 말랐을 때 멀리서 무언가가 반짝이며 이리저리 날아다녔다. 혹시 말로만 듣던 공동묘지에 나타난다는 도깨비불이 아닌가 해서 등줄기가 써늘해졌다. 지금 생각하면 여름철 풀밭에 사는 개똥벌레의 황색 불빛이 아닌가 싶기도 하다. 공장에서 보육원까지는 사십 분 거리였다. 그 거리를 오갈 때는 누가 흘린 돈이라도 있을까 해서 눈을 크게 뜨고 길을 샅샅이 뒤진 적도 있었다. 없는 돈을 쪼개어 주택복권도 여러 번 사 봤다. 안 되었다. 그 때문일까. 지금도 꾸준히 로또 복권을 구매하고 있다.

일요일마다 열쇠 공장에 나갔다. 무엇보다 앉아서 하는 일이라 할 만했다. 오후 1시에 가서 자정을 넘기고 밤 1시까지 열두 시간이나 열쇠를 만들었다. 잔업을 하는 날은 공장에서 저녁밥을 주었다. 따뜻한 그 한 끼가 얼마나 고마운지 몰랐다. 하루는 점심을 굶은 채 바로 공장으로 갔다. 배가 너무 고파 공장 뒤 공터에서 찌그러진 양푼으로 두 번이나 수돗물을 떠 마시며 허기를 면했다.

함께 일하는 사람 중에 갓난아이를 둔 누나 같은 젊은 아주머니가 있었다. 아주머니는 매번 양은그릇에다 불은 젖을 짜서 버렸다. 너무나 아까웠다. 기회만 엿보고 있던 어느 날, 버리는 모유를 내게 주면 안 되겠느냐고 용기 내어 말했다. 잠시 머뭇거리는가 싶더니 두말없이 짠 모유를 내게 주었다. 내가 먹는다는 말은 차마 하지 못하고 키우는 강아지에게 갖다줄 거라고 둘러댔다. 밖으로 나와서 허겁지겁 마셨다. 달달하면서도 짭조름한 진한 맛은 기억 속에 남아 있던 엄마의 젖 맛 같았다. 버리는 것이었지만 내겐 소중한 한 번의 끼니가 되었다. 엄마의 젖은 아니었지만, 다시 일할 힘이 솟구쳤다. 열두 시간 넘게 일하고 나면 공장에서 먹고 가라고 주는 하얀 이밥을 정신없이 세 그릇이나 비워냈다. 눈치 보지 않고 배불리 먹었던 그 시간만큼은 모든 시름을 잊을 수 있었다.

    일을 마치고 밥까지 든든히 먹고 공장을 나서면 새벽 2시경이었다. 겨울에는 차가운 바람을 맞으며 걷는 내가 거북이 같았다. 늦게 돌아오는 날은 보육원도 고요했다. 내가 지내는 9호실 방에는 선후배들을 포함해 오십 명 가까이 함께 지냈다. 문을 열고 들어서면 모두가 시신처럼 누워서 코를 골았다. 불을 켜지 않았으니 전부 다 검게 보였다. 조용히 선후배 사이를 비집고 걸어가서 내 자리에 누워 잠을 청했다. 군용 담요를 당겨 덮고 누우니 모유를 준 아주머니가 생각났다. 고마웠다. 혼자만의 비밀을 안고 꿈나라로 갔다. 굶주림에 시달린 나는 밤마다 꿈에서라도 포식을 해보고 싶었다.

    일을 마치고 깨끗이 씻은 링거줄을 이용해 모유를 분유 깡통에 모았다. 한 그릇이나 되었다. 처음에는 꿀꺽 들이켰다. 배가 고파 가릴 형편이 아니었다. 그 후로도 모유를 몇 번 더 얻었다. 처음과 다르게 모유에다 물을 탔다. 맹물보다는 젖이 영양분도 많을 것이고 무엇보다 양을 늘려 오래 먹을 요량이었다. 물을 많이 부었더니 젖이 멀겋게 되어버렸다. 맛이 밍밍했다. 싱거웠지만 허기진 뱃속으로 밥 한술 들어가는 기분이었다. 기도했다. 자신의 아이에게 먹이던 젖을 내게도 계속 내어주기를 간절히 바라고 원했다.

  제일 잘 먹고 잘 커야 할 시기에 나는 가장 시들했고 배를 곯았다. 내 인생의 최고로 어두운 한때였고 세끼 밥만 거르지 않아도 좋겠다던 시절이었다. 너무 말라서 몸 안에는 뼈가 아니라 가는 철사가 들어 있어 움직일 때마다 몸이 휘청이는 것 같았다. 그런 나에게 새댁 아주머니는 본능적인 애정을 베풀어 주었다. 퉁퉁 불은 젖을 짜내는 엄마를 둔 갓난아기가 부러울 뿐이었다. 아기 대신 먹었던 아주머니의 젖 속에는 가슴을 뭉클하게 하는 서글픔이 섞여 있었다. 모유가 주는 위로를 받으며 나는 내 두 손을 엄마의 얼굴에 갖다 대고 엄마의 가슴에 안겨 젖 빠는 모습을 상상했다. 얼굴도 모르는 엄마를 마음속으로 그려 보다 얼른 정신을 차렸다. 자애원에서는 큰 조개껍데기에다 콩가루를 담아 주었다. 반찬이 없어도 콩가루에 밥을 비벼 먹으면 그만이었다. 체한다고 수녀님이 물을 떠다 주었다. 지금도 고소했던 그 시기를 회상하면 마음이 흐뭇하기만 하다.

쓰레기통을 뒤졌고 죄인이 되고 싶었다

폭력과 배고픔이 시시때때로 하루를 꽉 채우고 있었다. 맞는 것보다 배고픔이 더 견딜 수 없었다. 밥을 먹어도 배는 늘 비어 있었다. 혼자 새마을 오거리로 나가서 쓰레기통을 뒤졌다. 지금은 음식물 쓰레기통이 집집이 따로 있지만 그때는 모든 폐기물을 한곳에 버릴 때라 먹을 만한 게 더러 있었다. 살살이 뒤져 봉지에 묶인 신김치를 찾아냈다. 목발 짚은 손에 달랑달랑 매달린 검은 봉지에서 나는 시큼한 냄새가 걷는 내내 코를 찔렀지만 반찬이 생겨 기분이 날아갈 듯했다.

이것저것 가릴 형편이 아니었다. 고릿한 쉰밥 몇 숟갈에 신김치나 짠지 몇몇 쪼가리만 있어도 고픈 배를 다스리는 데는 그만이었다. 혼자 먹는 게 아니었다. 깡통에 숨겨두고 친구들과 나눠 먹었다. 훔친 것이 아니기에 창피하지 않았다. 내 노력의 결과물이었다. 역겨운 냄새가 확 끼치고 간밤에 어느 짐승이 음식물 찌꺼기를 마구 헤쳐 놓아 파리가 끓어도 내게 쓸모없는 것은 없었다. 안 좋은 냄새가 나고 형체가 뭉개진 상태의 것도 비닐봉지에 퍼 담았다. 불결하기 그지없어도 먹어야 했다. 남들이 버린 것이라도 뱃속에 들어가면 양분이 되어 나를 일으켜 세우리라 믿었다. 가정집에서 나온 쓰레기이기에 고르고 골라내면 먹을 만했다.

  밥때가 지날 때쯤이면 나는 길모퉁이에 잠복해 있었다. 담벼락에 기대어 서서 어느 집이 먼저 쓰레기를 들고나오는지 조심스럽게 살펴보았다. 누구라도 먼저 뭔가를 내놓고 들어가면 얼른 가서 뒤적거렸다. 삼킬 만한 턱찌꺼기라도 건지면 운수 좋은 날이었다. 참으로 희한했다. 냄새가 불쾌하면 식욕이 떨어져야 하는데 입에서 군침이 더 돌았다. 나는 오로지 두 가지 생각뿐이었다. 어떻게 하면 선배들의 눈을 피할까, 밥을 먹을 수 있을까였다. 비위를 상하게 하는 음식이어도 일용할 양식이었다. 그랬기에 눈치 보지 않고 남보다 먼저 아니 거지보다 먼저 쓰레기통을 들추어야 했다.

  한참 자랄 때라 먹는 것에 대한 욕구는 채워지지 않았다. 집에서 따뜻한 밥을 먹고 자라는 아이라면 굶주림 때문에 오물통을 뒤지는 일이 없을 테지만, 나는 악취에 코를 감싸 쥐면서도 먹을 걸 구했다. 이마저도 없었다면 굶어 죽었을지도 모르겠다. 나뿐만 아니라 같이 생활하는 아이들 대부분이 그랬다. 누군가는 신선하지 않은 그것들을 꺼리며 손도 대지 않을 때 나는 그것이라도 퍼담으며 기쁨과 슬픔의 눈물을 동시에 맛봐야 했다.

어느 더운 여름날의 오후를 아직도 잊지 못한다. 칠성시장 근처를 배회할 때였다. 누더기를 입은 늙은 할아버지와 나보다 어린 여자아이가 상인들이 내버린 쓰레기 더미 곁을 서성이고 있었다. 아이는 주먹만 한 썩은 감자와 시들어 버린 채소를 손에 쥐고 있었고 노인은 누런 종이에 돌돌 말아 싼 무언가를 들고 있었다. 나도 그 주변을 파리처럼 옮겨 다니다 칼로 조금만 도려내면 먹을 수 있는 복숭아를 발견했다. 손을 쑥 넣어 꺼냈다. 부패해서 한 부분이 짓물렀지만, 그냥 옷에 쓱쓱 문지른 뒤 그 자리에서 먹어 치웠다. 마지막 단물을 삼키고 정신을 차리니 여자아이와 노인이 저만치 걸어가고 있었다. 여자애의 뒷모습을 보는데 괜히 목에 복숭아 씨앗이 걸려 있는 것 같았다.

서둘러 그곳을 빠져나와 골목으로 들어섰다. 오래 방치된 듯한 쓰레기덤에서 호박인지 참외인지 구분이 안 가는 어린 넝쿨이 씩씩하게 자라고 있었다. 머지않아 튼실한 열매를 만들어 낼 것이었다. 군데군데 음식 찌꺼기가 메말라 있고 동물의 배설물인 듯한 것도 보였다. 사람들 눈에는 이곳이 고약한 냄새가 나고 불쾌한 쓰레기 덩어리로 비치겠지만 나 같은 놈이나 저 푸른 식물의 뿌리로서는 영양을 보충할 기회의 장소였다. 정녕 이런 곳에서까지 찾아 먹어야 하나 싶었다. 자존심이 상하고 내 꼴이 구질구질했다. 그러나 훔친 것이 아니었기에 낯부끄러운 행동이 아니라고 스스로에게 위로하며 집으로 왔다. 온몸에 묻혀온 냄새와 팔월의 후텁지근한 바람을 털어내며 앉았다. 아까 봤던 여자아이가 잊히지 않았다. 모양은 볼품없어도 복숭아는 잘 익어 달콤했다. 먹지 말고 그 소녀에게 줄걸 하는 뒤늦은 생각이 들었다.

 한번은 이런 일도 있었다. 길을 가다가 어느 벽보판에 붙은 현상 수배범의 얼굴을 우연히 보게 되었다. 수배범을 신고해 받는 현상금보다 차라리 죄를 짓고 유치장에서 살고 싶었다. 그곳은 춥지 않고 따뜻한 밥 세 끼 나오고 잠까지 재워주니 걱정 없이 지낼 수 있을 것 같았다. 어처구니없게도 배고픔 때문에 도둑질하거나 죄를 지어 감방에 갇히는 게 소원인 적도 있었다. 그 뒤로도 나는 떠돌이 개처럼 코를 킁킁대며 돌아다녔다. 몇 시간이나 헤매고 다니다 거둔 음식을 가져와 나누어 먹었다. 개물 같은 국물이라도 얻는 날에는 감지덕지 먹었다. 원에서도 밥을 주었지만 한창 크는 나이였고 돌아서면 금방 배가 고파 있었다.

빵을 훔치고 연필을 슬쩍하다

 그 아이는 지적 장애를 가지고 태어났다. 나이는 열 살이었지만 정신 연령은 여섯 살밖에 안 되었다. 게다가 성격까지 온순해 시키면 시키는 대로 다 하는 아이였다. 지능이 떨어지다 보니 나뿐만 아니라 누구의 말도 잘 들어 언제나 남들이 주문하는 일을 하느라 바쁜 아이였다. 정신이 미숙한 아이에게 어느 날 나는 해서는 안 될 짓을 하고 말았다.
 배가 너무 고팠다. 한 선배의 빵을 몇 개 훔쳐 먹고 그 아이에게 누명을 씌워버렸다. 그 빵은 명절 때 교회에서 나누어준 빵이었고 선배도 아껴둔 빵이었다. 영문도 모르고 아이는 선배에게 얻어맞았다. 웅크려서 맞는 모습에 내 마음은 고통이었고 파멸을 맞는 것 같았다. 내가 거짓말했다고 솔직히 나서지도 못하고 뒤돌아섰다. 살다 보면 미끄러지고 넘어질 수도 있어. 그러면서 단단해지는 거야. 나만 그런 게 아니야. 마지막 자존심인 도덕적인 양심도 스스로 포기하고 말았다.

며칠이 지났다. 도저히 안 되어서 나는 그 아이를 찾아갔다. 그러고는 내 속이 편해지려고 용기를 내어 그날의 일을 말하면서 미안하다고 사과했다. 그 아이는 아무렇지도 않은 듯 웃으며 "형아, 괜찮아."라고 했다. 누가 이 아이를 정신 연령이 낮다고 했을까. 그 말과 순수한 미소에 오히려 내가 바닥으로 떨어지는 느낌이었다. 해맑은 웃음이 내 죄를 용서해 주는 것 같았다. 분명 며칠을 아팠을 것이고 마음의 상처를 받았을 것인데 아무리 지능이 낮다고 해도 저리 맑은 낯꽃일까. 아이의 웃음이 나를 이겼다. 가만히 있을 수가 없었다. 아이를 데리고 시내로 나왔다. 푼푼이 아껴둔 돈 몇 푼을 들고 분식집에 가서 밥을 사주었다. 입안에 든 밥을 맛있게 씹어 먹었다.

알든 모르든 나는 괴물이 아니라 착한 사람이라는 것을 그 아이에게 보여주고 싶었다. 여기서 생활하면서 내가 한 것도 아닌데 내게 죄를 뒤집어씌운 선배나 동료들을 보면 재고 자시고 할 것도 없이 격멸했다. 그런 수모를 당했으면서도 나는 아이에게 모른 척 대물림하고 말았다. 그래서 더 슬펐다. 결국 나도 빵과 양심을 바꾸어 먹으며 도덕적 의식을 팔고 말았다.

명절 때는 교회에서 사람들이 많이 왔다. 먹을 것을 주면, 주머니에 넣어두고 안 받은 것처럼 또 손을 내밀었다. 두고두고 먹으려면 여러 번 받아야 했다. 어려도 나는 배짱이 있었다. 받은 것은 옷 속에 감추고 다시 뒤로 가서 줄을 섰다. 나누어 주는 분 앞에서는 내 옷 속에 먼저 받은 빵이 있다는 것을 알아채지 못하게 몸을 바로 세워 하나를 더 받아냈다. 어떻게 해서라도 더 얻으려고 아이들의 눈은 벌겠다. 그때는 외부에서 사람이 오면 제일 좋았다. 손님이 오는 날은 새 옷을 입었고 무엇보다 먹을 게 생겨서 모두 신이 났다. 즐겁고 행복한 시간이었다. 나는 얻은 빵을 숨겨두었다가 그 아이에게 갖다주었다. 몇 번 하지 않았어도 마음은 편했다. 달달한 빵에 눈이 멀어 그 아이에게 누명을 씌운 비뚤어진 내 마음을 한동안 책망했다. 지금 생각해도 부끄러운 짓이었고 초라한 일이었다. 여전히 그렇게 살아가는지 그 아이가 궁금해진다.

중학교 다닐 때 한 여학생의 연필과 칼을 쓱싹해 버렸다. 잃어버린 여학생이 발을 동동 구르며 찾느라 야단이었는데도 나는 모른 척했다. 몽당연필이 싫어 그 아이가 깎아 놓은 새 연필을 나도 모르게 슬쩍 가져와 내 것으로 만들었다. 들킬까 봐 가슴이 조마조마했다. 포기했는지 여학생은 더 이상 찾지 않았다.

사나흘이 지났다. 생각만 해도 그날의 일로 가슴이 덜컥 내려앉는데, 태호가 그 연필을 가지고 있는 것을 보았다고 누군가 떠들고 다녔다. 소문이 그 아이의 귀에 들어갔을 텐데도 아무 말을 하지 않았다. 그 아이의 얼굴을 흘낏흘낏 건너다보며 날 미워하지 않기를 바랐다. 미안했다. 나의 잘못을 인정하고 용서를 빌어야 했는데 그 시기를 놓쳐버려 그러지 못했다. 비겁한 행동이 부끄러웠다. 여학생 눈에 띄지 않게 최대한 피해서 다녔다. 그런 일이 있고 나서 더는 남의 학용품을 탐내지 않았다.

후배에게 손찌검하다

나는 늘 피해자의 역할로 고정되어 있었다. 사실 주먹질에 담담하다고는 했지만 두렵고 겁이 났다. 그럴 때마다 '괜찮아. 이것쯤이야.'라고 늘 자신에게 최면을 걸 뿐이었다. 이유 없이 당해보았기에 그 누구에게도 고통을 주는 건 아니라고 생각했다. 착한 사람은 못돼도 짐승 같은 사람은 되지 말아야겠다고 주문처럼 외웠다. 더군다나 내 처지에 누군가에게 고통을 준다는 건 말도 안 되는 일이었다. 그랬던 내가 후배를 때리고 말았다.

어린 후배가 물건을 훔쳤다. 나는 손으로 귀싸대기를 때렸고 고무신을 벗어 머리통을 갈기며 작은 도둑이 큰 도둑 된다며 정신 차리라고 크게 말했다. 내 말을 흘려듣지 말고 새겨듣기를 바랐다. 그런데 성이 난 아이가 고무신으로 맞았다고 선배한테 일러바쳤다. 그 바람에 나는 각목으로 흠씬 두들겨 맞았다. 순간 내 머리가 마비되어 있었다는 것을 알았다. 선배들이 내게 했던 짓을 내가 그 아이에게 그대로 보여주고 말았다. 이런 빌어먹을, 하고 후회했지만 돌이킬 수 없는 일이었다.

도대체 내가 무슨 짓을 한 거지. 선배들에게 당한 수모를 이 아이에게 그대로 연습할 줄이야. 선배들에게 받은 분한 마음을 이 아이에게 풀고 말았다. 그냥 넘어가도 될 것을 어쩌자고 이런 행동을 저질렀는지 생각만으로도 돌아버릴 것 같았다. 이 사실을 동료들이 알면 어떻게 생각할까. 맨날 맞는 주제에 꼴값하지 말고 냉수 마시고 정신 차리라고 손가락질하며 비웃을 게 뻔했다. 멀찍감치서 아니꼽다는 듯 나를 째려보며 구경하고 있을 것만 같았다.

그동안 선배들에게 구타를 당했고 동료들도 때리는 장면을 쭉 봐 왔다. 그 때문에 마음속에서는 누구도 때리지 않겠다고 다짐한 터였다. 나와 같은 처지에 있는 아이에게 자제력을 발휘해야 했는데 스스로 폭력을 행사하고 말았다. 누구를 탓할 수는 없었다. 날마다 당하면서 이런 행동은 절대 따라 하지 않으리라 다짐했건만 어릴 때부터 야만적인 행위를 보면서 살다 보니 알게 모르게 물들어 버린 것 같았다. 내 속에 선만 있다고 자신했는데 악이 함께 자라고 있을 줄은 몰랐다. 시간이 참 무서웠다.

그 일을 겪고 나서는 가학적인 행위에 가담하지 않았다. 선배나 친구가 어린 후배들에게 손대는 것을 목격하고도 말리지 않았다. 형편이 같은 동료나 동생들을 괴롭힌 사람의 비열함은 비난받아야 마땅하지만 더 이상 마음의 동요를 일으키지 않았다. 방관자로 지냈다. 누군가 심한 체벌을 받는 그 광경을 바라보면 마치 내가 그 상황에 직면한 것처럼 공포에 휩싸였지만, 더는 동정심 같은 감정을 느끼지 않으려 애썼다. 괴롭히거나 죽어 가거나 이미 죽은 것을 예사로이 보았기 때문이기도 하고 무엇보다 정을 느끼는 기분이 마음에서 일면 지난번처럼 또 주먹이 나갈까 싶어 뒤로 빠져 있었다. 내게 어떤 일이 벌어졌을 때 도와주지 않고 곁에서 보기만 한 행동을 못마땅하게 생각했는데 이해가 되었다. 내 마음 안에는 독이 있고 독을 없애는 해독제도 있었다. 그에 대한 사용 방법을 알고 있으면서도 사용하지 않았다. 차라리 모르는 척하며 지내는 게 비법이었고 신상에 이로웠다. 그 아이의 고자질이 내 삶을 새롭게 눈뜨게 해주었다.

그때의 일을 돌아보면 어쩌면 내 내면 깊숙이에 숨어 있던 혼자라는 생각과 세상에 홀로 버려진 두려움, 내 편 들어주는 사람이 없다는 것과 부모에게 버림받은 원망과 분노를 그 아이에게 드러냈는지도 모르겠다. 서쪽 햇살이 거리에 질펀하게 내려앉아 있다. 지금도 생생하게 기억나는 그날의 일들, 아득해질 때까지 어딘가에 가서 소주라도 한잔 기울이고 싶은 날이다.

04
희망을 수리하는 시간

보름날엔 깡통 들고 금호강으로

　　　　　　　　　　음력으로 매달 보름날이면 우리는 금호강으로 갔다. 강변에서 민간신앙이 행해졌고 그들이 의식을 치른 뒤 두고 간 먹을거리를 거두러 밤중에 길을 나섰다. 오곡밥을 분유 깡통에 담고 빈 쌀자루에는 타다 꺼진 흰 양초와 버려진 마른 명태를 집어넣었다. 갈라지고 터진 손을 호호 불어가며 자루를 채워갈 때쯤이면 손도 까딱하지 않고 멀리서 지켜보는 넝마주이가 있었다. 애써 모은 음식물을 넝마주이에게 빼앗기게 생겼다. 서로 몸싸움을 벌였지만 결국 빼앗기고 말았다. 너무나 억울해서 돌려 달라고 난리를 쳤지만 돌아오는 건 긴 집게에 난타를 당하는 것뿐이었다. 모아 놓으면 가져가는 상황이 한두 번이 아니어서 우리도 바짝 약이 올라 있었다. 한번은 정말 뺏기지 않으려고 싸움을 했다.

죽기 살기로 마구 덤비자, 집게로 팔을 내리찍었다. 그때 생긴 상처로 우리는 며칠을 고생했다.

한번은 선배들 몰래 세 명이 금호강을 찾았다. 주로 밤 열한 시에서 새벽 한 시 사이에 나갔다. 그곳에는 보통 우리와 넝마주이, 정상인으로 이루어진 동네 깡패뿐이었다. 그들은 거기서 담배를 피우며 우리를 보고 기분 나쁘게 킬킬댔다. 오늘도 다 뺏기면 어쩌나 하는 조바심에 마른침만 삼켰다. 그들의 눈치를 슬슬 보며 지레 겁먹고 있는데 의외로 관심을 보이지 않았다. 이때다 싶어 준비해 간 자루에 무조건 담고 보았다. 안 뺏기고 가져가면 사오십 명이 나눠 먹을 수 있는 양이었다. 용케도 그들에게 뜯기지 않고 무사히 가져왔다. 물론 선배들은 몰라야 했다. 알면 맞아 죽었고 다시는 그곳에 가지 못하게 할 것이었다. 장작불을 피우고 깡통에다 가져온 밥을 볶고 마른 명태를 구워 다 같이 먹었다. 달밤에 잔치를 벌였다. 선배들은 이 음식을 입에 대지 않았다. 사택에 가서 좋은 걸 먹었다. 들키는 날엔 전체가 매를 맞았지만 대체로 그냥 넘어갔다. 그렇게 독하게 구는 선배들이 과연 몰랐을까. 일부러 눈 감아준 건 아닌지 모르겠다.

보름날과 조상의 무덤에서 제를 올리는 묘사 때는 먹을 게 풍성했다. 아예 산에서 진을 치고 기다렸다. 제사가 끝나면 아주머니가 떡이나 먹을 것을 한 움큼씩 쥐여주었다. 이날은 배불리 먹었다.

이곳에서도 넝마주이를 만날 때가 많았다. 그들에게 뺏기지 않으려고 우선 입안에 가득 욱여넣고 나서 볼일이었다. 다람쥐 입같이 볼록해졌다. 설마 입에 든 것은 뺏지 않겠지, 하고 생각했는데 삼키지 않은 게 어리석었다. 입속의 것을 뱉으라고 했다. 고개를 잘래잘래 흔들며 싫은 내색을 하자 다가와서 볼록한 뺨을 쳤다. 아무리 힘을 주고 있어도 밀어 넣은 음식들이 밖으로 다 튀어나갔다. 그것마저도 몽땅 가져가 버렸다.

나는 몸이 말라서 나뭇가지 같았다. 보이는 대로 먹어 치웠고 없어서 못 먹는 형편이었으니 가릴 처지도 아니었다. 환경에 길들여질 만도 한데 콩알만 한 몸뚱이는 적은 양의 음식에 적응되지 않았다. 내 몸이 날마다 나를 먹어 치우는 것 같았다. 가죽만 붙은 참혹한 몰골이었다. 가끔은 성공한 날을 그리며 나만의 식단을 짜기도 했다. 그러나 머릿속으로는 빼앗긴 음식 생각을 떨쳐버릴 수 없었다. 저녁 어스름에 묻힌 우리 꼬락서니는 하나같이 마른버짐이 피고 누렇게 들뜬 얼굴이었다.

지금은 음식이 넘쳐나는 시절이다. 이런 경험, 아니 비슷한 경험이라도 해보지 못한 사람들은 굶주림으로 인한 정신적 갈등이 어떤 것인지 모를 것이다. 주머니 안에 숨겨 놓은 빵을 새알 꼽재기만큼 떼서 먹다가 내일까지 먹어야 한다는 강박관념에 주머니로 들어가는 손을 다시 빼내야 했던 눈물겨운 그 사연을 어찌 알까.

말썽꾸러기

내가 생각해도 어린 시절 나는 짓궂었다. 중학교 1학년 때였다. 여자 담임 선생님을 골려줄 생각에 심한 장난을 쳤다. 하루는 새끼 뱀을 가지고 놀다가 주머니에 넣어 학교에 갔다. 조몰락거리다 선생님 책상 서랍에 넣어 두었다. 물론 독은 없었다. 독을 빼는 방법은 간단했다. 어린 뱀의 아가리에 양말을 물리고 힘차게 잡아당기면 이빨이 빠지고 시간이 지나면 죽었다. 나는 죽은 뱀의 대가리만 쏙 나오게 해서 서랍을 닫아두었다. 아무것도 모른 선생님이 서랍 문을 열다 뱀을 발견하고는 뒤로 벌러덩 넘어졌다. 기겁한 선생님이 단박에 범인 색출에 나섰다. 개구진 장난을 친 나의 소행이 드러나 걸상을 들고 복도에서 벌을 받았다. 친구들도 같이했는데 나만 주범으로 몰려 혼이 났다.

장난꾸러기였어도 의리는 있었다. 공부 또한 잘했기에 웬만한 짓은 금방 용서해 주었다. 커서 뭐가 될지 모르겠다만, 신의를 지킬 줄 알고 남다른 손재주를 지녔고 공부도 잘하니 앞으로 기대한다고 선생님은 늘 그렇게 용기를 주었다. 그 말에 나는 이런 몸으로 사회에 적응할 수 있겠느냐고 속으로 선생님께 몇 번이나 질문했다. 정상인도 어려운데 열심히 한다고 해서 과연 성공할 수 있을까 하고 깊은 고민에 빠지기도 했다. 가슴속에서 장애를 극복하려는 씨앗이 조금씩 움트고 있었다.

여학생에게도 악동 짓을 했다. 목발로 황소개구리를 잡아 여학생 가방에 몰래 집어넣었다. 가방을 열자 풀쩍 뛰어나온 개구리를 보고 여자아이는 식겁했다. 흔히 알고 있는 개구리에 비해 몸집이 몇 배나 컸다. 황소처럼 운다고 해서 붙여진 이름이었고 덩치만 봐도 소름이 쫙 끼쳤다. 지체 장애아인 여학생은 개구리처럼 펄쩍펄쩍 뛰며 울고불고 난리를 쳤다. 한동안 나를 흘겨보아도 그 아이에게 몇 차례 더 장난을 쳤다. 다른 여학생들이 눈치를 살피며 내 곁을 비껴갔다.

그즈음 나는 사춘기였다. 향기 나는 세숫비누로 얼굴을 씻고 머리를 감고 다녔다. 내게서 풍기는 향긋한 냄새를 여학생들이 좋아했다. 어떤 때는 일부러 비누 냄새를 퍼뜨리려고 감은 머리를 덜 말린 채 다녔다. 내게서 나는 냄새를 반겼던 여학생들이 말썽을 부리고 난 뒤부터는 입을 삐죽거리며 나를 아는 체도 하지 않았다. 지금 생각하면 내가 한 뻔뻔한 짓들이 속담에 나오는 말처럼 돼지도 낯을 붉히는 행동이었다.

미군 부대 쓰레기통을 터는 좀도둑

　　　　　　　　금호강 쪽에서 먹을 게 많이 발견된다는 소문이 은밀히 나돌았다. 한 번도 쓰지 않은 물건까지 나온다는 이야기에 망설이지 않고 그곳으로 갔다. 거기는 미군 부대가 있었고 군인들이 먹고 쓰고 버리는 음식물이나 잡다한 것을 금호강변에 매립했다. 여기서도 넝마주이를 피할 수는 없었다. 그들은 꿀단지 주변의 파리처럼 손을 바삐 움직이며 흙을 뒤지고 있었다. 멋모를 때는 그들에게 얻어맞고 도망쳤지만 이제는 요령이 생겨 눈치껏 움직였다. 천천히 주위를 맴돌다 그들이 원하는 만큼 가지고 떠나면 재빨리 먹을 걸 골라서 빈 자루에 눌러 담았다.

　갈수록 소문이 퍼져 먹을 걸 구하러 오는 이들이 많아졌다. 대충 봐도 나 같은 처지의 아이들이었다. 미군이 버린 쓰레기에 너 나

할 것 없이 한꺼번에 확 달려들어도 가장 날렵하게 물건을 채가는 이들은 하이에나 같은 넝마주이였고 다음이 우리였다. 넝마주이가 텃세를 부리는 것도 아닌데 어디를 가나 토박이처럼 굴었다. 무턱대고 달려들었다가는 여지없이 깨졌다. 눈칫밥으로 잔뼈가 굵은 나는 어떤 날은 번개처럼 피했다가 스르르 다시 들어와 찌꺼기를 먹을 때도 있었다. 배를 채울 수만 있다면 그거라도 고맙게 여겨야 했다.

간식이나 끼니를 해결하려면 끊임없는 노력뿐이었다. 먹이를 찾아서 이곳저곳 코를 벌름거리며 헤매다가도 끝에는 미군 부대 쓰레기장이 정착지였다. 우리에게 그곳은 생존을 위한 일말의 양식이 있는 곳이었다. 어른들을 따라 그들을 양코라고 놀리면서도 내놓는 찌꺼기를 잔말할 것 없이 뱃속으로 밀어 넣었다. 어떤 때는 돼지도 이런 먹이는 입에 대지 않을 것이라 생각하면서도 굶주린 손에 닿으면 이내 없어졌다.

손으로 땅을 후벼 파고 긁고 휘저어 꺼낸 것 중에 필요한 것은 챙기고 아니면 던져 버렸다. 먹다 만 빵조각과 돼지비계와 살점이 붙어 있는 뼈다귀, 껍질이 탄 것 외에 아무 문제 없는 고깃덩이도 나왔다. 이 모든 것들이 미군 병사들의 손과 입을 거쳐서 나온 것들이었다. 그들은 정말 부자이고 잘 먹나 보았다. 우리가 구경도 할 수 없는 음식들을 마구 버려 놓았다. 하도 굶주렸기에 목구멍으로 넘어갈 만한 게 있으면 그 자리에서 아귀아귀 먹었다. 그것도 서로 차지하려고 다투기까지 했다. 미친 듯이 먹고 남은 것 중에 괜찮은 것은 가져와 동료들에게 주었다. 먹다 버린 통조림이나 손가락만 한 소시지가 얻어걸리는 날은 땡잡은 날이었다.

 달이 없어 어두울 때는 눈대중으로 갖고 와서 정리했다. 통조림도 있고 한입 베물다 만 사과도 있었다. 요즘이야 흔하지만 그때는 바나나가 굉장히 귀했다. 바나나를 구경하고 맛볼 수 있었던 곳이 미군 부대 앞이었다. 그들은 노란 바나나 껍질이 검누렇게 변해 있어도 땅에 묻었다. 그걸 찾으러 밤에 나가기도 했다. 땅을 파고 꺼내서 먹으면 달고도 달았다. 여러 통에 조금씩 남아 있는 마가린을 한곳에 긁어모아 울퉁불퉁한 면을 성냥불로 녹이면 겉면이 맨드리해졌다. 새 제품 저리 가라였다. 그것을 살짝 떠서 밥에 비벼 먹으면 고소한 맛이 기가 막혔다. 지금이야 웃으며 말하지만, 그때는 너무나 배고픈 시절이었기에 가릴 형편이 아니었다. 먹는 것이라면 입에 넣고 볼 일이었다. 살아남으려고 벌레가 들끓는 사체라도 먹어 치우는 하이에나처럼 나도 마찬가지였다.

 우리는 땅속을 파고 쓰레기 더미를 뒤져서 음식을 찾았다. 바로 먹을 수 있는 것은 그 자리에서 씹어 먹었다. 과일을 먹을 땐 입안에 단물이 고였다. 내 삶도 이렇게 달면 얼마나 좋을까 하는 생각에 눈물이 터져 나왔다. 꾸역꾸역 입으로 집어넣으면서 하늘을 보며 흐르는 눈물을 두 눈에 가두기도 했다. 처음에는 돈 한 푼 내지 않고 이 많은 것을 먹고 가져갈 수 있다는 사실이 믿기지 않았다. 계속하다 보니 나중에는 당혹감으로 바뀌었다. 이런 모습을 미군이 본다면 우리를 어떻게 생각할까 창피스러웠다. 그러나 감성에 빠져 있을 시간이 없었다. 부끄러움도 잠시였다. 그 맛을 잊지 못해 우리는 단내 나는 과일 주변을 맴도는 파리처럼 그곳으로 가 주린 배를 해결했다.

우리는 이곳의 단골이었다. 부패물로 끈적거리고 체면을 지킬 수 없게 만드는 곳, 먼저 다녀간 사람이 남기고 간 잔여물을 헤쳐서 그럭저럭 먹을 수 있는 것만 집어내어 허기를 면하는 자존심 없는 단골손님이었다. 먹는 것이 급했기에 점잔을 빼는 행동은 사치일 뿐이었다. 지금 생각해도 배고픔은 고아나 구타 다음으로 가슴을 짓누르는 단어 중 하나라는 게 서글프기만 하다.

선생님 집 방문

열네 살 때였다. 시계 수리 기술을 처음으로 가르쳐 준 이재홍 선생님께서 우리 반 아이 열 명을 집으로 초대해 주었다. 선생님은 수학을 가르쳤지만, 시계 수리도 지도해 주었다. 내가 시계 수리 기술에 처음 눈을 뜨도록 이끌어 준 분이었고 필요한 장비를 보조해 주기도 했다. 어찌 보면 선생님은 어둠 속에서 헤매던 내 영혼을 현실에 안착하게 만들어 준 분인지도 몰랐다. 가끔은 쓰레기통을 뒤지다 들키기도 했지만 눈감아 주었다. 생각해 보면 시계 기술 수리반은 방황하던 내가 삶을 포기하지 않게 해준 계기가 되었고 그런 나를 지켜봐 준 선생님은 가난한 나의 등불이었다.

선생님 집에는 사모님과 딸과 아들이 있었다. 딸아이가 나를 보면서 했던 말이 아직도 생생하다. 현관문을 열고 들어섰을 때 아이는 선생님을 향해 "아빠, 저 사람 다리가 왜 저래? 아파?" 하고 물었다. "응, 엄청 아파."라고 재빨리 답해 주었다. 선생님은 우리를 밥상 앞으로 데려갔다. 그 위에는 무를 썰어 넣고 끓인 고깃국과 김이 나는 하얀 이밥 그리고 불고기와 여러 반찬이 가득 차 있었다. 우리는 예의도 차리지 않고 정신없이 먹었다. 언제 또 맛볼 수 있을지 모르는 음식이었기에 입에 밀어 넣기에 바빴다. 늘 적은 양만 먹다가 오늘은 맛있고 기름진 양을 폭식하니 위나 창자가 놀라 똥탈이 나지 않을지 먹으면서도 염려되었다. 오늘만큼은 공식적인 날이라 걸신스럽게 먹어 댔다.

　고질적인 영양결핍으로 내 몸은 갈비뼈가 만져지는 빨래판 같았다. 얼굴이 해골과 닮아 있을 때 사모님이 차려준 따뜻한 음식을 배불리 먹었다. 뱃속이 아늑해졌다. 끼니마다 양이 부족해 늘 배고픔을 참으며 식탁에서 일어났는데 오늘은 아니었다. 먹는다기보다는 삼킨다는 말이 어울렸다. 주접스럽게 먹는 행동을 사모님이나 아이가 싫어하지 않을까 마음이 쓰이면서도 혓바닥으로 접시를 싹싹 긁어먹었다. 흔하지 않은 기회였고 내일이면 다시 배가 등짝에 붙을 것임을 알기에 먹고 또 먹었다. 게우더라도 먹고 보았다. 평소 먹는 양의 몇 배를 먹고서야 젓가락질 속도가 느려졌다. 배가 차니 친구들 얼굴이 떠올랐다. 하지만 가져갈 수는 없었다.

　선생님의 집은 아담한 주택이었지만 내 눈엔 궁궐 같았다. 좋은 그릇도 많고 금성사 제품(현 LG전자)인 텔레비전도 있었다. 우리는 저녁을 먹고 일어서려 했으나 선생님이 텔레비전을 보고 가라고 붙잡았다. 브라운관 앞에 옹기종기 앉아 연속극을 시청했다. 처음으로 본 연속극 제목이 '여로'였다. 신기했다. 다 큰 사람들이 어떻게 저 작은 텔레비전에 들어가서 서로 이야기를 하고 고함을 지르고 웃고 우는지 정말 놀라웠다.

　선생님 집을 다녀온 뒤부터 그 연속극에 푹 빠졌다. 내용이 어떻게 진행돼 가는지 궁금해 견딜 수 없었다. 텔레비전이 귀할 때였다. 새마을 오거리 근처에 십 원을 내면 텔레비전을 보여주는 데가 있었다. 나는 여로를 보려고 뻔질나게 드나들었다. 돈 주고 연속극 보는 사람들이 의외로 많았다. 처음엔 재미에 팔려 몰랐는데 돈이 자꾸 새 나갔다. 안 되겠다 싶어 발길을 끊었다. 대신 전자부에서 기술을 익히는 아이가 만들어 준 라디오를 들었다. 삐삐거리는 잡음이 있어도 들을 만했다.

　선생님은 몇 차례 더 우리를 집으로 불러 맛있는 음식을 먹게 해주었다. 여자아이 남자아이 할 것 없이 그릇에 코를 박고 필사적으로 먹었다. 선생님이 정말로 고마웠다. 다른 선생님들보다 유독 우리를 챙기는 이유가 무언지 먹으면서 곰곰이 생각해 봤다.

쓰레기통을 뒤적이다 들키고 영양 공급이 제대로 안 돼 비실거리는 우리가 불쌍해서 호의를 베푸는 건 정녕 아니라고 믿고 싶었다. 밥을 먹고 가면서 감사하다는 인사와 함께 나중에 성공하면 꼭 좋은 밥을 대접하겠다고 당차게 말했다. 선생님 집에서 잠시나마 달콤하고 짭조름한 행복을 느꼈다. 선생님의 화목한 가정을 보고 나서 하느님께 빌었다. 엄마를 찾게 해달라고. 그래서 가족들이 다 같이 둘러앉아 따뜻한 밥을 먹을 수 있게 되기를 잠들기 전에도 기도했다.

그때는 정말 거지 아닌 거지로 살았다. 남들이 먹다 버린 가난의 냄새가 풀풀 나는 음식이었어도 몸과 마음의 허기를 잠재우는 귀한 먹거리였다. 그 기억들이 지금도 여전히 나를 지탱하고 있기 때문에 그 맛들을 잊을 수 없다. 가끔 근사한 요리를 먹을 때면 지난했던 날들의 풍경들이 주마등처럼 눈앞을 스쳐 간다.

친구 창섭이

우리는 동갑내기였고 제일 친했다. 고아인 친구는 소아마비로 한쪽 다리를 살짝 절 뿐 정상인이나 마찬가지였다. 의리 있는 동료였고 뜻이 잘 맞아 대부분 등하교를 같이했다. 함께 있으면 웃음꽃이 만발했고 서로의 우정으로 위로를 주고받았다. 친구와 있으면 저 산 아래 건물에서 부모 없이 지내는 불쌍한 아이라는 말이 떠오르지 않았다. 악한 사람 사이에도 좋은 사람이 끼어 있듯 창섭이가 그런 아이였다. 우리는 눈빛만 봐도 마음을 읽을 수 있을 정도로 호흡이 잘 맞았다. 나를 공감해주고 내 가슴에 온기를 채워주는 아이였다. 남들에게는 시계 기술자가 되겠다는 내 꿈이 막연하고 우습게 들렸어도 창섭이는 그렇지 않았다. 내 의욕을 꺾지 않고 용기를 불어넣어 주었다. 내가 비뚤어지지 않게 잡아준 친구였다. 나 때문에 형들한테 많이 맞기도 했지만 늘 내 편이 되어 나를 보호해 주었다.

하루는 나를 못살게 구는 약간의 뇌성마비 증세가 있는 선배한테 너무 화가 나서 눈이 뒤집힐 정도였다. 이를 갈며 골탕 먹일 방법을 궁리하다 좋은 수를 찾아냈다. 볼록하게 푼 선배의 밥을 조금 덜어내고 거기에다 소금 한 숟가락을 넣은 뒤 다시 밥으로 덮어 놓았다. 나는 곁눈질로 선배를 조용히 살펴보았다. 선배가 밥 한술 푹 떠서 힘차게 씹었다. 내가 킥킥거리는 순간 선배는 앉은 자리에서 벌떡 일어났다. 소태껍질을 씹은 듯 인상을 힘하게 일그러뜨리며 우리를 쏘아보았다. 떫디떫은 표정으로 단체 집합 명을 내렸다. 나 때문에 동료들이 엄한 벌을 받는 게 싫어 진범임을 자수하려고 마음먹었지만 뒷일을 생각하니 눈앞이 캄캄했다. 손을 들까 말까 망설이는데 창섭이가 자신이 그랬다고 자백했다.

선배는 곧바로 창섭이를 발로 찼고 인정 사정없이 따귀를 올려붙이며 폭행을 가했다. 나는 고통스러운 그 느낌을 누구보다 잘 알기에 말문이 막혔고 등줄기에서 마른 땀이 버적댔다. 가쁜 호흡처럼 흘러나오는 친구의 신음에 몇 번이나 목발을 달막달막했지만, 막상 내가 그랬다고 자수할 용기는 나지 않았다. 예상치도 못한 창섭이의 희생으로 사건은 마무리되었다. 미안해서 몸 둘 바를 몰랐다. 내가 하도 많이 맞아 골려주려고 선배 밥에 소금을 집어

넣었는데, 너는 왜 하지도 않은 거짓 고백을 했느냐고 물었다. "너는 평소에 많이 맞잖아. 그걸 아니까 대신 맞은 것뿐이야. 난 괜찮으니 신경 쓰지 마." 아픈 내색을 숨기고 보여주는 따뜻한 마음에 눈물이 북받쳐 올랐다. 툭 튀어나온 선배의 기름진 배퉁이를 목발로 푹 쑤셔 버릴까. 짱돌로 대갈머리를 박살 내 버릴까. 그러나 영혼 없이 사악한 선배에게는 돌도 목발도 아깝다는 생각이 들었다.

창섭이를 바라보며 잠시 숨을 돌렸다. 곤욕을 치른 녀석을 바라보며 겸연쩍게 웃는데 내가 도로 소태를 먹은 것같이 마음이 씁쓸했다. 선배들이 친구도 많이 갈구었지만 유독 나의 피를 더 말렸다. 청소년기가 꽃피는 시절이어야 하는데 우리는 선배들의 조롱거리가 되어 골머리를 앓았다. 흐르는 시간조차도 절뚝거리며 아파했다. 가혹한 운명은 부모 복이 없는 내게 친구 하나는 제대로 엮어준 것 같았다.

어느 날 창섭이가 내 앞으로 다가앉으며 이런 제안을 했다. 혹시 누군가가 너를 때리려 하거든 배를 때리라고 말하고 이제부터 우리도 맷집을 키우자는 차분한 어조의 낮은 음성이 침을 꼴깍 삼키게 했다. 무슨 뜻인지 금방 수긍이 갔다. 나와 창섭이 그리고 한쪽 다리에 보조기를 착용한 복동이라는 친구와 셋이서 매를 이기는 방패 하나를 만들자고 마음 모았고 바로 실천에 옮겼다. 힘 조절을 해가며 서로의 배를 타격했고 복근을 단련시켰다. 밤마다 맨주

먹으로 복부를 강타하다 보니 야구방망이로 쳐도 거뜬할 만큼 복벽근이 단단해졌다. 우리를 지켜주는 야무지고 튼튼한 성벽이 되기를 바랐다.

창섭이와 나는 속마음을 털어놓을 만큼 서로를 신뢰했다. 우리의 영혼은 이미 길을 잃고 방황하는 반쪽짜리 인생이었지만 피 흘리는 서로의 마음을 닦아주고 서로서로 비비며 살았다. 같이 기뻐하고 같이 다독거리면서 역경을 이겨 나갔다. 늘 당하기만 했던 나를 위로해 주고 걱정해 주는 친구가 정말 고마웠다. 힘들 때마다 괜찮냐고 물으며 용기를 줄 때는 가슴이 뭉클했다. 창섭이는 나를 숨쉬게 하는 허파와도 같은 존재였다. 우리는 똘똘 뭉쳐 서로를 응원해 주었다. 육체의 나이는 어렸지만 정신 나이는 어른을 넘어섰다.

배가 너무 고파 잠이 오지 않는 날에는 보육원 창고에 있는 쌀을 훔쳤다. 도둑질한 쌀을 가지고 염소의 보금자리를 침범해 깡통에 불을 때서 몰래 밥을 해 먹었다. 들키지 않으려면 모두 단잠에 빠져 있을 새벽 두세 시가 적기였다. 여러 번 경험을 통해 알고 있었기에 재빠르게 끝내고 방으로 들어가 자는 척하며 몸부림을 쳤다.

그 당시 나는 공작품이나 쇠로 된 기구를 수집하는 데 관심이 많았다. 그래서 서랍 안에 특별한 쇠붙이를 여럿 넣어 두었다. 그중에 쇠톱이 있었기 때문에 창고 문을 여는 게 가능했다. 생쥐처럼 식품 저장 창고를 들락날락하며 얻어낸 쌀과 달걀은 성장기를 지탱해 준 영양 보충 제품이었다. 가끔은 통조림이나 라면을 빼돌리기도 했다. 나쁜 줄 알면서도 마음이 통하는 친구와 함께했기에 즐거웠고 더 맛있었다.

정부에서 보내 주는 우유 차가 있었다. 그 차가 다녀가는 날이면 친구와 나는 실패해도 어김없이 계획을 세웠다. 병원에서 얻어 온 링거 줄까지 깨끗이 씻어 말려두었다. 친구가 먼저 우유를 훔쳐 먹자고 했다. 우유는 식당 안에 있었다. 우리는 사전답사를 했고 운 좋게도 부엌 쪽 창문이 열려 있다는 걸 발견했다. 고무통 안엔 하얀 우유가 가득 차 있었다. 달빛만이 성보원을 비추고 있었고 세상은 잠들어 있었다.

먼저 우리가 서 있는 곳과 우유가 있는 곳까지의 거리를 측정했다. 짧은 링거 줄은 거기에 맞게끔 길게 연결하고 줄 끝에는 작은 돌을 매달았다. 그 돌을 새총 고무에 끼우고 조준 준비를 마쳤다. 쇠사슬이 창문에 덧달려 있었지만, 닭장 케이지와 비슷한 모양이었기에 눈에 익숙했다. 쇠사슬 구멍을 통해 그 너머에 있는 우유 고무통을 겨냥해 쏘았다. 네 번의 실패 끝에 마침내 작은 돌멩이는 기적처럼 목표물인 고무통 안으로 쏙 들어갔다. 링거 줄을 입으로 세게 빨아당겼다. 우유가 입속으로 들어오면 그 줄을 깡통 속에 넣고서 우유를 모았다. 마치 석유를 시추하는 기분이 들었다.

어느덧 깡통 하나에 우유가 가득 찼다. 망을 보던 친구가 그만

가자고 했다. 새벽 두 시쯤이었다. 우리는 모처럼 올챙이배가 되었다. 그날 밤늦게 훔쳐 먹은 우유는 가장 고귀한 맛이었다. 보육원을 떠나던 날 친구와 손을 맞잡았다. 이곳을 벗어나는 내 운명을 알고 있기나 하는 것처럼 창섭이의 눈은 연민의 빛을 띠었다. 그 모습이 마지막이었다. 서로 연락하자는 말을 주고받았지만, 자립한 뒤로는 안부를 전하지 못했고 받지도 못했다. 하지만 창섭이의 고마운 마음을 잊어 본 적이 없었다.

몇 해 전 수소문 끝에 친구가 마산에 있다는 소식을 들었다. 인쇄업을 한다는 소문 하나만 믿고 몇 날을 찾아다녔다. 허탕만 치고 돌아왔다. 창섭이는 내 인생을 참견한 유일한 친구였고 시계 기술을 배우는 여러 명의 친구 중 가장 친했다. 이제 와서 그 친구의 이미지를 되살려보라고 한다면 약간의 신체 흠은 있었지만 막 떠오르기 시작한 햇살보다 더 순수한 마음을 지닌 친구였다고 말할 수 있다. 앞으로도 친구의 고마운 마음을 새기며 살아갈 것이다.

언어터지고 불안에 떨면서도 서로를 도와주고 앞날을 얘기했던 그때가 좋았다. 복동이는 이십 대 초 이른 나이에 장가를 들어 아이를 네 명이나 두었다. 창섭이는 어떤 가정을 꾸렸을지 궁금하다. 하루빨리 만나 웃으면서 지난날을 추억하고 싶다. 평생 잊지 못할 참된 친구다.

희망을 수리하는 시간

　　　　　　　　몇 번이나 중단했다가 이어진 시계 공부는 절망의 끝에서도 유일한 희망이었다. 시계에 몰두하고 있는 동안이라도 나 자신에게 희망을 불어넣고 삐거덕거리는 마음의 나사를 단단히 조이는 시간이었다. 정말로 이 기술을 열심히 배운 것은 이곳의 환경 때문이었다. 선보다 악 덩어리가 목을 누르는 여기를 얼른 벗어나 세상을 향해 발을 내딛으려고 손가락의 지문이 닳도록 피나는 노력을 했다.
　거의 혼자서 공부하고 기술을 익혔다. 특히 비 오는 날이 좋았다. 이런 날은 틀어박혀서 기술을 습득하기에 더없이 괜찮은 날이었다. 머리를 식히고 싶으면 서점에 갔다. 잡지나 책을 뒤적거려 시계에 관한 지식을 얻거나 필요한 건 외워 왔다. 까먹지 않으려고 오자마자 노트에 적어두었다. 시계 실력은 나날이 성장했다. 언젠가는 시계공이 되어 눈에 확대경을 끼고 밤낮없이 시계 속을 들여다보며 죽은 시계를 살리고 있을 나를 상상하며 손에서 시계를 놓지 않았다. 선배들이 나를 괴롭히고 모독하고 내 가슴팍을 함부로 대하지 않았다면 나도 그들처럼 이 생활에 만족하며 그냥저냥 밥만 축냈을지도 모를 일이었다.

그러던 어느 날이었다. 분명한 목표를 정하지 못하고 방황하고 있을 때 어느 지체 장애인이 눈에 들어왔다. 중심을 잃고 쓰러질 듯 엉덩이를 뒤뚱거리며 걸어가고 있는 뒷모습을 보는 순간 숨이 막히는 것 같았다. 남들도 나를 보면 지금의 나처럼 측은하게 느끼는 건 아닐까. 내 뒷모습을 보고서는 서글퍼하지 않았으면 했다. 앞모습도 부자유스러운데 뒷모습까지 구슬프게 보이기는 싫었다. 번듯한 직업을 가진다면 그래도 사람들의 눈에는 낫게 보이지 않을까 싶었다. 그래서 시계에 승부를 건 것인지도 몰랐다. 선배들에게 복수하기보다는 나 자신을 찾기 위해서였다. 그것이 곧 선배들에게 지난날을 대갚음하는 것이기도 했다. 처한 상황이 어떠하더라도 미래의 꿈을 먹으며 살기로 했다. 희망찬 미래가 있다는 사실만으로도 흥분을 감출 수가 없었다.

인간은 조물주가 만든 피조물 중 하나이다. 신이 사람을 창조할 때 짐승과 구별 지었던 것은 지혜였을 것이다. 그런데 이 공간에서 그것은 통하지 않았다. 나는 관 속에 누워 있는 죽은 자와 다를 바 없었다. 썩어가는 선배들의 생각들 때문에 늘 근심과 불안에 시달렸다. 그래도 지칠 줄 모르는 오뚜기 근성으로 시계 수리 기술을 배우며 나만의 기쁨을 누렸다. 원에서 겪은 시련을 말해 뭣 하랴만 당한 고초는 오히려 내 마음이 풀어지지 않도록 더 단단히 동여매 주었다. 지금 배우는 기술이 내가 가진 전 재산이었기에 선배들의 장벽에 걸려 날려버릴 수는 없었다. 내 재산을 지키기 위해 온 정신을 쏟았다. 연구하다가 도저히 안 되면 선생님의 도움을 받았다.

　나는 멈춰 있는 벽시계의 시침과 분침이 아니었다. 끊임없이 돌아가는 초바늘이었다. 선배들이 어떤 방식으로 나를 괴롭혀도 소리 없는 초침이 되어 돌고 또 돌았다. 운명이 정해준 길을 똑바로 걸어가라는 뜻으로 받아들였다. 시계를 잡고 있으면 마음도 안온했다. 집과 학교를 왔다 갔다 하며 기술을 익히는 사이 시간도 시계추처럼 규칙적으로 흘러갔다. 내가 가는 길에 어떤 험한 길이 놓여 있을지 알 수는 없지만 나 자신을 믿었다. 눈을 감고도 시계 수리를 할 수 있을 만큼 기술을 단련해 나갔다.

왕따 그리고 결실

　　　　　　　　　　밥 먹는 것보다 시계 만지는 게 더 좋았다. 한시도 가만있지 않고 손을 움직였다. 죽음에서 벗어난 날, 내 희망은 살아있는 것으로 탈바꿈했다. 나이 들면 어차피 침대에서 보낼 세월인데 두 발로 똑바로 걷고 설 수 없다면 차라리 야무진 두 손으로 뭔가를 해내고야 말겠다고 마음먹었다. 성난 파도처럼 밀려오는 선배들을 언제쯤 막아낼 수 있을까를 두려워하지 말자. 그 파도에 내리눌리고 쓸려 쓸쓸한 해조음만 낼 게 아니라 제방을 때려 튀어 오르는 흰 물거품이라도 되자고 목표를 세웠다. 그동안 생과 사의 경계에서 벌어졌던 많은 시간이 의미 있게 다가왔다. 고장 난 심장을 덜어내고 새로운 심장을 이식받은 것처럼 힘차게 뛰었다. 언젠가 보고 들었던 파도의 힘과 포효하는 소리가 내 가슴에서도 울려 퍼졌다. 시계는 무너진 일상을 다시 일어서게 하는 힘이 되었고 시든 꽃도 되살리는 한 방울의 물처럼 나를 살려 놓았다. 시계를 바라보는 내 눈 속엔 언제나 미래의 세상이 들어와 살았다.

오후 3시면 정규 수업이 끝났다. 모두가 돌아가는 시간이었다. 그래도 혼자 남아 부품을 만지고 조립했다. 다 익힐 때까지 직업보도실에 머물러도 좋다는 허락을 받지는 못해도 선생님이 눈치껏 편리를 봐주었다. 혼자서 분리된 시계를 짜맞추어 나갔다. 시간 가는 줄 모르고 하다 보면 배에서는 꼬르륵 소리가 났다. 그 소리에도 능숙해져 물로 배를 채우며 자정을 넘기는 게 보통이었다. 어떤 땐 새벽 3시까지 하는 바람에 숙직 선생님께 숱하게 혼이 났다. 선배들에겐 시계에 미친 놈이라고 따돌림을 당하며 여과 없이 맞았다. 그리할수록 더 가까이 붙어서 마음에도 없는 아첨을 떨었다.

나는 하나의 기술이라도 더 배우기 위해 교동시장 시계 골목을 누볐다. 가만히 있는 것보다 현장에서 몸으로 부딪치는 게 내 목표를 빨리 이룰 수 있는 지름길이라 생각했다. 그때만 하더라도 어떤 분야에 전문직 기술을 가진 사람이 대접을 받던 시절이었다. 그렇기 때문에 자기만의 비법을 남에게 선뜻 가르쳐 주지는 않았다. 그래서 나는 그 근처를 배회하며 일부러 시계방의 쓰레기통을 뒤졌다. 그러면서 어깨너머로 삐죽이 얼굴을 내밀어 수리를 어떻게 하는지 눈여겨보았다가 학교에서 연습하기도 했다. 눈칫밥으로 잔뼈가 굵은 나는 주인의 싫은 내색에도 불구하고 묵묵히 내 할 일인 쓰레기를 들추다가 지저분하게 널린 조각들을 치우기도 했다. 지금 생각하면 그분들 곁을 서성거리며 애를 먹였지만, 나로서는 최고의 방법이었다. 보다 못한 어느 시계방 주인이 나를 부르며 들어오라고 했다. 그때 만난 분이 바로 점심까지 사 주며 도와준 교회 장로님이었다.

시련 속에는 희망이 숨어 있다는 것을 확신했다. 마음이 답답할 때 찾았던 금호강 물도 어디로 가서 어디에 닿을지는 모르겠지만 끝은 있을 것이었다. 그렇듯 나도 어떻게 될지 알 수 없는 일이었다. 시계에 대한 열정은 더해만 갔다. 예전이나 지금이나 가장 많이 한 공부도 시계 공부였다. 애초 시계에 관한 기초 상식은 없었다. 학교 보도실에 갖춰진 도구로 배우는 게 다였다. 그렇다고 나 하나만을 지도해 주는 선생님이 따로 있는 것도 아니었다. 홀로 해내려니 무척 힘이 들었다. 언젠가는 꼭 해내고야 말겠다는 고집이 온몸에 뿌리를 내리면서 희망으로 불타올랐다.

보육원에 있을 때 나는 친구가 없었다. 친구라고는 창섭이가 유일했고 거의가 친밀감이 없는 동료들뿐이었다. 그 시기에 나는 조그마한 공장에 들어가 돈을 벌고 있었다. 일한 대가로 받은 돈은 먹고 싶은 것이나 입고 싶은 게 있어도 허투루 쓰지 않고 비축해 두었다. 친구들과 어울려 그 돈으로 술을 마시며 기분 내는 데 쓰고 싶었지만 기술을 배워야 했고 자립해야 했기에 실속 없이 사용할 수는 없었다. 그런 나에게 친구들은 막말을 쏟아부었다. "잘 먹고 잘살아라. 병신이 뭐 별것 있느냐." 하면서 야유를 퍼부었다. 너희들이 깔보는 다리 병신인 내가 너들보다 백배 낫다는 걸 꼭 보여주마. 지금의 조롱쯤이야 얼마든지 소화할 수 있다고 오히려 콧방귀를 뀌었다. 구두쇠라는 말도 병신이라는 말도 잊은 채 열심히 갈고닦았다.

그러나 외로웠다. 반겨주는 이 없으니 한 발짝 한 발짝 걸음을 뗄 때마다 천근이나 되는 무게만큼 처량했다. 어느 하늘 아래 있을 막연한 엄마가 그리웠다. 어둠의 도움으로 구석구석 찾아다니며 울기도 많이 울었다. 그러나 시간이 지나면서 어둠 속의 내 삶을 참고 견딜 줄도 알게 되었다. 문제는 내가 처한 상황을 이겨낼 만한 용기가 있느냐 없느냐였다. 무심코 지나가는 바람 소리가 '너는 안 돼.'라는 환청의 소리로 들릴 때도 있었다. '어른이 되어도 너는 병신이야. 설마 모르는 건 아닐 테지.'라고 나를 놀려대는 아이들의 꿈도 여러 번 꾸었다.

걸어가면 맞은편에서도 슬픔이 걸어왔다. 잡초 같은 인생을 비관하지 않으려고 밖으로 나와서 걸을 때는 몸속에다 십자가 하나 크게 그려 넣고 길동무 삼았다. 불편한 다리를 지닌 내가 아픈 세월을 딛고 일어설 수 있도록 용기와 인내를 잃지 않게 도와 달라고 십자가에 간구했다. 십자 모양은 늘 '딴마음을 먹지 마라. 너를 구제할 수 있는 건 너 자신뿐이다. 너와 너 자신은 서로 도와야 한다.'며 등덜미를 쓰다듬어주었다.

단단해진 마음만큼이나 정신도 강인해졌다. 이곳에서 부대끼며 살아남는 방법도 시계 수리 기술만큼이나 나날이 발전했다. 자신은 없었지만 시계 수리의 기초가 되는 지식과 수리법도 어느 정도 숙지했다. 새로운 시계를 대할 때는 여러 가지 특징을 꼼꼼히 기록해 놓았다. 부품 하나라도 함부로 넘기지 않고 쓰임새를 작성하고 복습을 철저히 했다. 날이 갈수록 공책은 깨알 같은 글씨로 빼곡했다. 고장 난 시계를 보고 또 보아도 모를 때는 서로 견주어 보며 주물럭거리다 보면 될 때도 있었다. 다시 돌아가는 초침 소리는 살아 뛰는 내 심장 소리로 들렸다. 시계 뒤딱지를 열고 끙끙대다 해결했을 때는 마치 큰일을 해낸 것같이 가슴이 벅찼다. 오므렸던 손을 활짝 폈다. 열 손가락에 꼽히는 기술자가 되고 싶었다.

열심히 했다. 곤경을 모질게 이겨냈다. 그 결과 1980년 10월에 문교부가 주최한 제13회 전국특수학교 학생 직업보도 실기 경진대회에서 지체부자유 분과 시계 수리부에서 최우수상을 받았다. 이듬해인 1981년 5월 대구성보학교 3학년 때도 과학 기술 분야에 뛰어난 기능을 지니고 있어 우수한 기능인으로서의 앞날이 기대된다는 기능상을 문교부 장관에게 표창받았다. 지금 생각해 봐도 가슴 아프도록 눈물겨운 일이었다. 따지고 보면 처음 기술을 가르쳐 준 직업 보도실의 이재홍 수학 선생님이 내 최초의 후원자인 셈이나 마찬가지였다.

 직업 보도실에서 처음 시계 기술을 접하면서도 출세해야 한다는 압박감을 스스로에게 주던 시절이었다. 그때를 돌아보면 하루하루의 내 기억은 상처로 시작해 아물기도 전에 새로운 상처가 악화해 하루를 마무리한 것 같다. 찰거머리같이 달라붙어 떨어지지 않던 병신이라는 독침 같은 말은 아직도 가슴 한구석에서 따끔거린다.

마침내 보육원을 나오다

내일이면 이곳을 떠난다. 이제는 정말 세상과 더불어 홀로 살아가야 하는 법을 배워야 한다. 주먹질이나 발길질을 피하려고 몸을 움츠릴 이유도 없고 공동생활 때문에 불편했던 외출이나 시계 공부도 눈치 볼 필요가 없어졌다. 날이 밝으면 마음껏 다 할 수 있게 된다. 세상 사람들이 내게 담배나 술, 밥을 권할 해방의 체험을 상상하며 정들었던 화단을 찾았다. 그동안 친구가 되어주고 넋두리를 들어줘서 고마웠다. 그간의 우여곡절을 말로 다 할 수는 없지만 그래도 나무와 꽃, 밤하늘의 별들, 너희들이 있어 위로되었다. 너희들은 여기서 뿌리를 내리고 잘 살아. 나는 밤이 지나면 나는 여기에 없어. 마지막 인사를 건네고 돌아섰다. 나에게는 감옥과도 같았던 곳, 하루빨리 벗어나고 싶어 늘 탈

옥을 꿈꾸던 곳이었다.

　아침이 밝았다. 마침내 7년간의 보육원 생활을 끝내고 사람들 속으로 나가는 날이었다. 그토록 원했던 세상과 마주하는 더없이 기쁘고 좋은 날이었다. 자립을 코앞에 두고 고아원 밖으로 나와 잠시 걸었다. 미처 자세히 보지 못한 내가 살았던 집 주위를 자유인의 눈으로 천천히 살펴보고 싶었고 기억해 두고 싶었다. 그런데 자유라는 낱말이 어제와는 다르게 별 느낌이 없었다. 착잡했다. 여기 온 첫날부터 어제까지만 해도 자유를 갈망하면서 수없이 이 단어를 떠올렸는데 막상 독립해야 한다고 생각하니 막막했다. 빈손으로 나가야 하는 열여덟 살의 현실이 내 의식 속에 들어온 탓이기도 했다.

　마침내 세상으로 나왔다. 고아 티를 벗고 출세를 향해 첫발을 내디뎠다. 선배들에게서 벗어나니 무죄를 선고받은 느낌이었다. 어두웠던 긴 굴속을 빠져나온 것처럼 가슴이 뻥 뚫렸다. 마치 몸과 마음이 펄럭이는 깃발 같았다. 멀쩡한 다리는 아니지만 잘 살아 보자고 자신을 따독였다. 무엇보다 우선 사람처럼 살고 싶었다. 될 것 같았다. 웃는 사람들의 유쾌한 광경 뒤로 앵벌이를 할 때 보았던 작은 교회가 있었다. 거리를 오가는 사람들의 걸음이 바빠 보였고 어린아이의 머리를 쓰다듬어주는 할머니의 주름진 얼굴이 다정해 보였다. 마음이 흐뭇했다. 이런 게 사람 사는 냄새라는 걸

절실히 깨닫는 순간이었다.

　어제는 단절되었고 오늘부터 새로운 날이 만들어졌다. 거기에서 순탄하게 생활했다고 생각하는 건 절대 아니었기에 기억에서 그곳을 제일 먼저 지우고 싶었다. 한 걸음 한 걸음 앞으로 걸어 나갔다. 이제는 자유의 몸이 되었다. 그 누구의 눈치를 보지 않아도 되고 폭력과 부당한 대접을 받는 대상도 아니었다. 이 자유를 특허받은 것처럼 마음껏 사용하면 되었다. 이 시간에도 선배들은 자신들의 행위를 정당화시키며 버젓이 가해자 행세를 하고 있을 것이다. 나 대신 누가 당하고 있을지를 생각으로 그치고 오래도록 마음을 짓눌렀던 중압감에서 비로소 벗어났다.

　집들이 다닥다닥 붙어 있는 동네에 이르렀다. 밖으로 나오면 내 세상이 펼쳐져 있을 줄 알았는데, 막상 갈 데가 없었다. 아무도 없는 고요한 호수 한복판에 가라앉는 느낌이었다. 가슴은 뻥 뚫렸으나 나는 아직 이 세상에 속한 사람이 아닌 것처럼 느껴졌다. 여전히 세상과 동떨어진 보육원 아이였다. 살아가야 할 많은 날 앞에 자신 없이 서 있는 막막한 처지의 보육원 소년으로 보였다. 사람들이 다니는 거리에 갇혀 움직일 수 없었다. 생생한 그놈의 다리 하나 없는 게 이렇게 서러운 줄 몰랐다. 저무는 마을을 바라보았다. 어두워지기 전에 잠잘 곳부터 찾아야 했다. 값싼 여인숙으로 갔다. 나선형 껍데기의 집을 가지고 태어나는 달팽이가 그렇게 부러울 수가 없었다.

여인숙은 좁았지만 편하게 드러누울 수 있어 좋았다. 고리타분한 냄새가 났지만 자유로운 숨을 쉴 수 있어 만족스러웠다. 팔베개하고 누워 천장을 바라보았다. 군데군데 쥐 오줌이 묻어 있었다. 익숙한 정경이었다. 보육원 천장도 그랬다. 방 몇 칸에 꾸역꾸역 들어가 지금까지 살았다. 양이 부족한 음식을 먹으며 서로의 것을 뺏어 먹으려고 눈이 벌게서 지냈다. 또다시 당하더라도 그곳에 가서 선배나 동료 그리고 동생들과 어울리고 싶은 생각이 들었다. 겨우 구속에서 풀려났는데 하루도 못 가 그곳의 추억을 곱씹다니 알다가도 모를 일이었다.

혼자 쓰기에 넉넉했다. 뒹굴뒹굴하고도 널따란 공간이 남았다. 아침이 되면 돈을 벌어야 하는 새로운 생활의 시작에 신이 나 있어야 하련만 침울한 생각에 빠져 헤어나지 못했다. 잠이 오지 않았다. 새우잠을 자는 습관이 몸에 배어 옆으로 누웠다. 몇 번을 뒤척였다. 대폿집이나 국밥집에서 잔을 기울이고 나온 아저씨들의 기분 좋은 큰 소리와 노랫소리에 길갓집인 여인숙이 흔들리는 것 같았다. 고성방가가 조용하다 싶으면 방과 방 사이의 얇은 벽을 타고 달게 코 고는 소리가 이어졌다. 나를 버린 엄마가 내일이면 찾아올 줄 알고 기다리고 또 기다렸던 보육원은 내게 언제나 기다림이었다. 덧없는 상념에 잠겨 있을 때가 아니었다. 이제는 스스로 회복하는 자연처럼 나도 정신을 빠짝 차려야 했다. 내일을 위해 억지로 눈을 감았다.

쓰레기 청소차 소리와 빵빵거리는 차 소리에 눈을 떴다. 보육원에서는 한 번도 겪어보지 못한 새벽 풍경이었다. 불편한 몸으로 안정된 일자리는 구할 수 없을 것 같았다. 기댈 때는 열쇠 공장밖에 없었다. 대충 씻고 무작정 그곳으로 갔다. 딱한 사정을 듣고는 우선 밥벌이라도 하라며 자리를 내주었다. 감사했다. 보육원을 떠나오면서 벼르고 별렀던 고등학교 진학을 이참에 다시 마음먹었다. 검정고시를 치려고 신도극장 앞에 있는 대구고시학원에 등록하고 토요일과 일요일은 오롯이 공부에만 파묻혔다. 그러나 학원비가 부족해 다니다가 말기를 되풀이했다. 시작한 공부 끈을 놓을 수가 없었다. 수학과 영어만이라도 배우려 했지만 그마저도 뜻대로 되지 않았다. 8개월을 다니다가 중간에 그만두었다. 냉혹한 현실이었다.

서울살이

 앞날을 다시 설계해야 했다. 열쇠 공장을 그만두고 대신동에 있는 조그마한 시계방에 취직했다. 몇 달 일하다가 다른 곳으로 옮겨 갔다. 돈 때문이었다. 그때는 시계 기술자들이 부족해서 서로 데리고 가려던 시절이었다. 한 푼이라도 더 주는 데가 있으면 당연히 그곳으로 갔다. 교동의 한 시계방 주인의 소개로 서울 청계천 상가에 있는 시계포에서 일하게 되었다.
 방을 구하지 않아도 되었다. 가게에서 먹고자면서 월급을 조금 받았다. 가게를 지키고 청소 겸 허드렛일을 하면서 틈틈이 시계 수리를 배웠다. 직원이 나 혼자여서 자유로웠고 마음이 홀가분했다. 씻는 건 화장실에서 해결했다. 무엇보다 사장님이 잘 대해주었다. 배고플 때 삶아 먹으라고 라면을 박스째 사다 주었다. 어둠 속에서 홀로 기술을 익히다 출출하면 라면을 끓여 먹었다. 끓여 놓고 하던 걸 마무리하다 보면 잊어버릴 때도 있었다. 통통 불은 면이라도 맛있었다.

봉급으로 2만 원을 받았다. 어린 나이와 신체 조건 때문에 다른 사람에 비해 적었지만 내겐 큰돈이었다. 월급을 손에 쥐면 제일 먼저 통닭을 먹으려고 했다. 그러나 마른침만 삼켰다. 이제부터는 뭐든지 스스로 결정하고 처리해야 하기에 돈을 모아야 했다. 그나마 간식으로 뽀빠이를 사 뒀다가 시계를 수리하면서 먹었다. 짜장면은 실컷 먹었다. 점심으로 두세 그릇을 비워도 사장님은 더 먹으라고 권했다.

배부르니 스위스가 떠올랐다. 예전부터 가 보고 싶은 곳이었다. 거기 가서 시계 기술을 배우고 싶었지만, 그림의 떡이었다. 대신에 이가 없으면 잇몸으로 살아 나갈 수 있다는 것을 깨달았다. 그걸 왜 이제야 생각해 냈을까. 나만의 방법을 찾으면 되었다. 필요한 부품이나 물건을 샀다. 그것으로 기존의 기술을 활용해서 새롭게 개발해 나갔다. 정식으로 배우지도 않은 나이 어린 사람이 응용의 달인이라고 차츰 소문이 돌았다. 번 돈은 기술 익히는 데 써 버려 저축은 하나도 못 했다. 하지만 기술에 값어치를 비축해 놓은 거나 마찬가지였다. 멈추지 않는 시계처럼 나의 노력은 계속되었다.

하루를 마감하고 시간이 나면 주위에 산책하러 나갔다. 해가 저문 거리를 걸었다. 교복을 입은 남학생 몇몇이 책가방을 들거나 옆구리에 낀 채 서로 장난을 치며 집으로 돌아가고 있었다. 부러웠다. 그 모습에서 눈을 떼지 못하고 우두커니 바라보는 목발 짚은 나 자신이 한없이 초라해 보였다. 나는 학생들이 걸어간 길을 밟으며 가게로 향했다. 채소가 자라고 있는 텃밭을 지나칠 때였다. 무의식적으로 그곳에서 걸음을 멈추었다. 추억이 팔을 잡아끌며 나를 밭으로 데리고 들어갔다. 거기서 나는 지난날을 더듬었다. 보육원에서 살 때 배가 고파 남의 밭에 들어가 먹을 만한 건 죄다 입으로 들여보냈던 일, 물오른 과일을 싹쓸이했던 일, 고구마밭을 이리저리 밟고 다녔던 일, 서로 먼저 먹겠다고 아옹다옹했던 잡다한 일들이 다양하게 나왔다. 푸르게 잘 자라고 있는 생명을 바라보며 과거의 실답지 못한 행동들에 피식 웃고 말았다. 그때와 그곳이 그리웠다.

연고지가 없는 서울에 맨몸으로 상경했다. 눈 뜨고 있어도 코를 베어 간다는 이곳에서 정신을 바짝 차려 생활했다. 고아 출신이라는 티를 내지 않으려고 머리나 옷은 유행을 따랐다. 제법 틀이 잡혀갔다. 그러나 겉만 서울 사람 흉내를 냈지, 마음속은 여전히 지난날에서 벗어나지 못했다. 나도 모르게 향수병을 앓고 있었다. 처음엔 긴가민가했는데 진짜였다. 고향 같은 그곳이 자주 그리워졌다. 야심 차게 서울살이를 택했지만 자신이 없어졌다. 1년 정도 있다가 지방으로 내려왔다. 나를 보살펴주었던 그때 그 사장님은 돌아가셨고 기억에만 뚜렷이 남아 있다.

경남 거창에서 흘린 눈물

　　　　　　　　서울에서 내려와 1979년에 경상남도 거창군 가조면에 있는 천금당이라는 시계방에 취직했다. 봉급은 15만 원이었다. 기술을 인정받아 열아홉의 나이임에도 불구하고 그 지역에서 최고의 대우를 받았다. 사람들이 성치도 않은 아이가 무슨 시계를 고치겠냐고 한마디씩 거들었다. 나를 무시하듯 내뱉는 목소리에 은근히 오기가 뻗쳤다. 그들의 코를 납작하게 만들어 주고 싶었다. 그들이라면 몇 날을 공들여야 고치는 시계를 나는 하루도 걸리지 않고 고쳐냈다. 장애도 장애지만 시계 고치는 기술은 귀신이라고 입대면서 더 이상 나를 두고 잡음을 일으키지 않았다. 이런 나를 사장님은 물심양면으로 챙겨 주었고 배려를 아끼지 않았다. 갈수록 나는 사람들의 시선을 끌었고 부러움의 대상이 되었다. 소문이 대구까지 흘러 나갔다. 나를 스카우트 하려고 눈독을 들이는 가게 주인이 많았다. 대구에서 전화만 와도 사장님이 긴장할 정도였다.

　여기서도 가게에서 잠을 잤다. 봉급을 받는 대로 저축하기로 했다. 이불 속에서 돈을 세고 세었다. 남들은 얼마 되지도 않는 돈을 여러 번 세느냐고 하겠지만 내겐 귀한 돈이었다. 셈이 맞는데도 엄지손가락에 침을 발라 가며 거푸 세어 보고 그러다가 품속에 안고 잠들기도 했다. 뭉칫돈은 아니지만 열심히 모은 이 돈으로 조그만 구멍가게라도 차리고 싶었다. 되도록 돈을 쓰지 않았다. 꼭 쓰는 데가 한 군데 있었다. 꿈에서도 진절머리를 쳤던 보육원이었다. 돈을 버니 그때 배고팠던 시절이 생각나 어린아이들에게 뭔가 해주고 싶었다. 명절이나 특별한 날에는 빵과 요구르트를 전화로 주문해서 갖다주었다. 보육원 출신이라는 이유 하나만으로 생판 모르는 보육원 두어 군데에도 빵과 우유를 정기적으로 후원했다.

　사회생활은 내게 적잖은 고통을 주었다. 그 당시 고아라고 하면 무조건 편견으로 보았기에 멸시당하기 싫어서 감추고 살았다. 더군다나 온전하지도 못한 몸 상태라 구태여 밝히고 싶지도 않았다. 안 그래도 나를 얕보는 사람들이 대부분인데 출생까지 얘기했다가는 한층 더 나를 깔볼 것이었다. 그렇지 않아도 다리 병신이 시계 하나는 잘 만진다며 내 능력을 시기하고 있었다. 자기네들끼리 나를 깎아내리고 나를 향해 쑥덕거렸지만 못 들은 체 대꾸도 하지 않고 더 나은 기술을 위해 마음을 투자했다. 쉬는 날이나 명절에도 가게에 있었고 외출도 하지 않는 나를 보고 "장 기사는 여기 온 뒤로 부모님 뵈러 가는 걸 못 봤다. 보러 안 가나?"라고 사장님이 의아해하며 묻기도 했다. 그럴 때는 부모님이 외국에 갔다고 핑계를 대고 그 자리를 빠져나왔다. 물을 때마다 같은 대답을 하니 부모가 일찍 돌아가셨겠거니 짐작하지 고아라고는 생각지도 못할 것이다. 아니 어쩌면 사장님은 이미 고아라는 걸 눈치채고 있는데 내 꾀에 내가 속아 나만 모르고 있을 수도 있겠다 싶은 생각도 들었다. 그 시절에 가족들이 같이 이민 가거나 남편 혼자 외국에 돈 벌러 가면 모를까 부부가 함께 외국에 나간다는 건 흔치 않았기 때문이다. 더 이상 묻지는 않았다. 무엇보다 직장다운 직장을 잃고 싶지가 않아 고아라는 사실을 밝히지 못하고 거짓말을 꾸며댔다. 그 뒤부터는 가족에 관해 묻지 않는 대신 건강을 염려해 주었다. "장 군아, 돈 벌어서 뭐 하노. 몸이 불편하니 그 돈으로 보험이나 여러 개 들어라. 사람 일이란 건 내일 어찌 될지 아무도 모르는 거다."라고 몇 번이나 권했다. 하지만 나는 보험보다는 저금이 낫다고 웃으며 말했다. 한 달 치 보수를 받는 대로 모아두는 악바리가 되어 갔다.

한번은 연탄가스에 중독되어 죽을 뻔했다. 사장님 어머니께서 출근 시간이 되어도 내가 보이지 않아 방문 앞에서 나를 여러 번이나 불렀다. 아무리 불러도 대답이 없어 문을 열었다. 순간 아차 싶었다. 할머니 직감으로 장 군이 연탄가스를 먹은 게 틀림없다며 아들에게 나를 데리고 얼른 병원부터 가라고 했다. 깨어나서도 내가 병원에 왜 있는 줄을 몰랐다. 집에 돌아와서야 연탄가스에 중독돼 쓰러져 있던 나를 할머니가 발견했다는 걸 알았다. 집에 들어서니 연탄가스 냄새가 났다. 그 당시 연탄을 때는 집이 많아 연탄가스에 중독되는 일이 잦았다. 할머니께 감사하다는 인사를 드렸다. 물을 마시고 수시로 김칫국물을 떠먹었다. 아마 사장님이 보험 얘기를 자꾸 한 것도 이런 일을 대비해서 그런 건 아닌지 모르겠다.

열네 살 초겨울의 그날이 떠올랐다. 공장을 다니던 때였다. 이유는 모르겠지만 오른손 둘째 손가락이 생인손을 앓았다. 누렇게 곪아서 병원에 다녀오고 약을 먹어도 잘 낫지 않았다. 너무 아파 고함을 질렀으나 동료들은 거들떠보지도 않았다. 오히려 꾀병이라고 놀리기만 했다. 일주일 동안 학교도 못 가고 끙끙 앓았다. 생손앓이처럼 어린 마음에까지 통증이 엉겨 붙어 힘들었던 기억이 살아났다. 이젠 아파도 나를 챙겨 주는 누군가가 가까이 있다는 게 그저 고맙기만 했다. 눈물이 났다.

이산가족 찾기, 누가 이 사람을 아시나요

1983년 6월 30일부터 11월 14일까지 한국방송공사(KBS1)가 이산가족 찾기 프로그램을 생방송으로 진행했다. 한국전쟁이 남기고 간 가슴 아픈 사연을 토대로 한 이산가족 상봉 프로그램이다. 무려 138일, 453시간 45분에 걸친 방송으로 단일 생방송 프로그램으로는 세계에서 가장 긴 기간 동안 연속 생방송의 기록을 남겼고 100,952건이나 접수되었다. 그중에서 53,536건이 방송되었고 10,180명의 이산가족이 재회했다. 방송 전에도 신문이나 주요 일간지를 통해 사람 찾기가 있었으나 그다지 큰 효과를 보지는 못했다. 그러나 방송의 힘은 달랐다.

방송사 건물 주변은 그야말로 인산인해였다. 가족을 찾는 벽보가 나붙었고 자루 달린 널빤지에 헤어진 사연을 적은 피켓을 들고 서서 잃어버린 가족 만나기를 간절히 바랐다. 이산가족의 고통이 전파를 타고 전국으로 퍼져 나갔다. 그 절절함은 우리 모두의 것으로 다가왔다. 부모와 만나는 장면, 남매가 재회하는 모습. 서로 만나 좋아서 만세를 외치던 모습, 목 놓아 울다 까무러쳐 버리던 모습, 입을 벌린 채 어린아이처럼 엉엉 울던 남자의 모습, 서로의 만남에 한결같이 손뼉 쳐주던 모습, 살아 있는 엄마의 제사를 지낸 어이없는 아들의 모습 등등 각종 사연이 넘쳐났다. 지금도 이산가족 찾기 방송은 뇌리에 선명하게 각인되어 있다. 이산가족 찾기 특별 생방송에 관한 기록물은 2015년 10월 9일 유네스코 기록유산으로 등재되었고 이 방송은 분단의 아픔과 전쟁의 참상을 세계에 알리는 계기가 되었다. 그때는 전 국민이 가족이었다.

　일을 마치고 텔레비전을 보았다. 방송에서 「이산가족 찾기」라는 프로그램을 하고 있었다. 얼마 전부터 생방송으로 진행하고 있었지만 보는 건 처음이었다. 방송을 시청하면서 많이 울었다. 울지 않으려 해도 눈물이 나왔다. 나도 부모를 만날 수 있을까 하는 기대에 부풀었다. 그때는 다리 병신이라고 버렸어도 이제는 성인이 되었으니 나를 찾지 않을까 하며 얼굴도 모르는 가족들을 만날 희망에 잠시 젖기도 했다. 그러나 이내 포기했다. 나를 찾으려고 했다면 벌써 만나고도 남았을 텐데 미련을 두고 있는 자신이 못나 보였다.

낮에도 방송을 시청했다. 제목만으로도 가슴을 저미는 노래 '누가 이 사람을 모르시나요'를 들을 땐 어깨를 들먹이며 울다가, 어릴 때 헤어져 중년의 나이가 훨씬 넘어서야 상봉한 오누이의 기뻐하는 모습에 눈물을 닦았다. 그런 나를 보고 있던 사모님이 "태호 아지야도 이산가족이가?"라고 물었다. 부모님은 일본에 있다고 거짓말로 대답했다. 스물한 살 때였다.

방송을 틀어 놓고 시계 수리를 했다. 눈은 텔레비전에 가 있고 손은 쉴 새 없이 움직였다. 고아라는 사실을 깨닫기 전부터 수녀님을 엄마로 생각하고 따랐다. 순간순간 얼굴도 모르는 엄마를 그리워하고 원망도 했지만, 찾는다는 생각은 해보지 않았다. 그러나 내 속에 늘 엄마라는 존재가 도사리고 있었다는 것은 부인할 수 없었다. 다만 커가면서 생각이 바뀌었을 뿐이었다. 아마도 전문 기술을 터득해 밥벌이하고 괴롭히는 사람이 없고 어떠한 가시밭길이라도 헤쳐 나갈 수 있다는 자신감을 찾았기 때문인지도 몰랐다. 생각은 그랬어도 잊지 못하고 끌리는 데가 남아 있었는지 엄마라는 말만 들어도 감정이 북받쳐 올랐다. 이산가족 찾기를 구실 삼아 실컷 울었다. 평생 흘릴 눈물을 다 쏟은 것 같았다. 아닌 척해도 또 한 번 가족에 대한 내면적 진통에 나는 고요히 신음하고 있었다. 몰래몰래 흘렸던 눈물의 시간도 어느덧 끝이 났다. 1983년 6월에 시작했던 방송이 11월에 막을 내렸다. 방송은 끝났지만, 이산가족 찾기는 계속되었다.

나는 마음의 평정을 찾으며 공부를 이어 나갔다. 돈이 없어 중단했던 시계 수리학원에 다시 등록해서 공부하던 중이었다. 따뜻한 눈길로 맞아주는 원장님의 도움으로 배우지 못했고 알지 못했던 시계의 기능을 다시 차근차근 익혀갔다. 한번 마음을 먹으면 끝을 보는 성격이라 시계의 경험을 더 넓게 쌓기 위해 거창에서 대구에 있는 팔달시장을 오가며 공부했고 직장에서 수리하는 일도 게을리하지 않았다. 그러나 욕심만큼 마음먹은 대로 되지는 않았다. 시계 수리 기능인으로서의 최고의 영광인 금메달을 거머쥐고자 전국대회에 도전했지만 두 번이나 떨어졌다. 기대가 컸기에 실망도 컸다. 바랐던 일이 이루어지지 않아 속이 많이 상했다.

엄마를 만나다

몇 개월이 지났다. 새벽 1시에 나를 찾는 전화가 걸려 왔다. 잠결에 어디냐고 물으니, 안동이라고 말하며 사장님이 바꾸어 주었다. 처음엔 고급 기술자를 빼가려는 사람이 아닌가 싶어 말을 둘러대려고 하다가 태호 형이라는 다급한 목소리에 나를 깨웠다고 했다. 누군가의 장난 전화려니 생각하며 대수롭지 않게 수화기를 귀에 갖다 대었다.

이것저것 묻는 목소리에는 울음이 맺혀있었다. 꿈인지 생시인지 몰라 네가 태호냐고 묻는 말에 아무런 감정 없이 "예 제가 장태호입니다."라고만 대답했다. 흥분으로 떨리고 있던 음성은 마침내 "태호야, 내가 제일 큰형이다."라고 흐느꼈다. 그렇지만 나는 담담히 "… 예."라는 대답밖에 할 수 없었다. 형님이라는 분은 다시 목소리를 가다듬고 십수 년이나 막냇동생인 너를 찾아 헤매고 다녔다고 했다. 아닌 밤중에 홍두깨라더니 내가 잘못 들은 건 아닌지 어리둥절하기만 했다. 전화를 끊었다. 지금까지 막연하게 그리워만 했지, 실지로 형이 있는지 엄마가 있는지도 모르고 살았다. 거짓이나 상상이 아니고 가족이 있다는 현실이 믿기지 않았다. 형이라는 낯선 사람에게서 걸려 온 한 통의 전화 때문에 날밤을 새웠다.

잠을 설친 탓에 머리가 띵했다. 찬물에 얼굴을 씻어도 여전히 꿈길을 헤매는 듯 정신이 몽롱했다. 뜻밖의 전화를 받은 것도 그랬지만, 안동에 가겠다고 얼떨결에 약속까지 하고 말았으니 어떻게 해야 할지 난감하기만 했다. 며칠을 차분히 생각하다가 약속대로 가기로 결정을 내렸다. 날짜가 눈앞에 왔는데도 기쁘거나 들뜨기는커녕 마음이 갈피를 잡지 못했다. 이제 와서 가족을 만나는 게 맞는지 아닌지 분간이 되지 않아 혼란스러웠다. 어릴 때의 기억은 없었다. 생각나는 거라고는 수녀님과 산과 숲과 하늘뿐이었다. 잠재된 의식 속에 가족에 대한 인상이나 경험이 하나도 없는데 과연 이 낯선 사람들을 만나서 어쩌자는 것인가. 그렇지만 KBS 이산가족 찾기에서 컴퓨터 조회로 형의 전화를 받았으니 안 갈 수도 없는 노릇이었다. 이왕 혈육들을 보기로 마음을 굳혔으니 직접 눈으로 확인해야 할 것 같았다.

대구 서부정류장에서 안동으로 가는 직행버스를 탔다. 차는 울퉁불퉁한 비포장도로를 달렸다. 뽀얀 먼지가 일었고 심하게 흔들리기도 했다. 내 인생도 다를 바가 없었다. 요철이 심한 비포장도로 위에서 이렇게 덜컹대며 살아왔다. 배고픔보다도 때로는 이 세상에 혼자라는 외로움에 이불을 부둥켜안고 엄마를 부르며 엉엉 울기도 했다. 심장이 멈추면 고통이 그칠까 죽음에도 도전했다. 나를 갈기갈기 찢어 놓은 보육원 생활, 사회에 나와서 너무나 무겁게 느껴졌던 삶의 무게, 돈을 벌어도 빈털터리라는 텅 빈 마음을 누가 알까. 감정을 추슬렀다. 깊은 슬픔을 갖고 있다는 생각을 뒤로하고 엄마와 형제들을 만나러 가는 이 길이 부디 잘 닦여진 포장길이길 바랐다. 안동에 도착했다. 주소를 들고 형 집을 찾아갔다.

형은 식당을 운영하고 있었다. 그곳엔 꿈에도 그리던 엄마와 형제지간이 다 모여 있었다. 나를 제외하고 다 같이 한솥밥을 먹으며 잘 지내고 있었다. 목발을 짚고 들어서는 나를 엄마가 덥석 안으며 울음을 터트렸다. 엄마라고 하니 그런 줄 알았고 형이 네 명이라고 하니 그런가 보다 하고 생각했다. 여기저기서 울음소리가 들렸지만, 정작 나는 아무렇지 않았고 눈물도 나지 않았다. 메말라 버려 더 나올 눈물도 없었거니와 하루아침에 엄마와 가족이라고 하는 그들 앞에서 운다는 것도 말이 되지 않았다. 한국전쟁으로 인해 헤어졌던 많은 이산가족이 얼싸안고 눈물을 쏟아내던 장면은 아직도 잊히지 않는데 눈물바다는 고사하고 나는 한 방울의 눈물도 나오지 않았다. 가족을 만나면 내 세상일 것 같았고 그동안 받았던 서러움이 싹 가실 줄 알았는데 외려 심란해서 아무 말도 할 수가 없었다. 갑작스럽게 이루어진 가족 상봉, 실종된 아이도 아니고 버려졌다가 이십여 년 만에 만나게 된 가족들 앞에서 이제라도 나를 찾아주어서 고맙다고 통곡할 수도 없는 노릇이었다. 나는 아직 처음 보는 사람들을 가족이라고 받아들일 준비가 되어 있지 않았다. 그토록 그리던 가족들 틈에서 홀로 소외된 기분이었고 물 위에 뜬 기름처럼 섞일 수가 없었다. 쭈뼛거리며 눈치만 보고 있었다. 아버지는 돌아가시고 안 계셨다.

나를 쳐다보는 눈빛이 하나같이 젖어 있었다. 살붙이라고 하는 그들의 눈에 서린 물기가 시각이 아닌 촉각으로 와닿았다. 눈물은 보여주는 도구가 아니라 감정이라는 것을 읽었다. 탯줄의 연결이 만유인력과도 같은 것인가 하는 생각이 들었다. 나는 마음의 평정을 찾으려 애썼다. 긴 호흡의 시간이 지나가고 나도 모르게 가족이라는 울타리를 들여다보았다.

내 눈에는 엄마만 들어왔다. 엄마의 마음속에는 그 어렸던 나는 죽지 않고 살아 있었다. 나를 안는 예순 살의 주름진 손이 마치 수갑처럼 내 전신을 채워버리는 것 같았다. 엄마의 시선은 부담스러울 정도로 내게서 떠나지 않았다. 애처로운 눈빛의 그 모습은 언젠가 보았던 흐린 날의 할미꽃을 연상케 했다. 그래도 엄마는 내게 죄를 지었다. 설령 찾았다고 해도 그것이 감형의 이유는 될 수 없었다. 할미꽃의 시선은 내 온몸을 적셨다. 나보다 더 무거운 형벌을 받은 눈빛이었다.

얼굴을 맞대고 얘기를 나누었다. 일부 가족들은 내가 죽은 줄 알고 아예 찾지도 않았다고 했다. 그러나 큰형은 시신이라도 찾아야 한다고 근처 보육원 여러 곳을 뒤지고 다녔다. 다들 포기하고 있을 때 먼 친척 할머니가 자신의 꿈속에서 막내 너를 만났다며 어디엔가 살아 있을 거라고 엄마에게 말했다. 신빙성이 없는 말이었지만 그래도 희망을 저버리지 않고 결국은 나를 찾아냈다. 어머님은 밤잠도 안 자고 기다렸고 형님도 전화 통화할 때 쓰러지기 일보 직전이었다고 큰형수가 말해주었다. 하지만 나를 찾으려고 노력한 그동안의 사연은 내가 겪었던 수많은 모멸감, 오죽했으면 태어난 게 지독한 실수였다고 스스로 치부하고 살아온 아픔을 달래지는 못했다.

얼마나 외치고 싶었던 단어였던가. 눈만 뜨면 제일 먼저 부르고 싶었던 엄마라는 사람, 간절하게 사무쳤던 그 엄마가 눈앞에 있는데도 나는 선뜻 받아들이지 못했다. 만만세를 부르며 목이 터져라고 소리 질러도 모자랄 판에 엄마라는 말은 머릿속에서만 맴돌았다. 대화할 때도 호칭은 빼고 묻고 답했다. 이제 와서 따지는 건 아니지만 왜 나를 버렸는지 변명이라도 듣고 싶어 말을 꺼냈다. 걷지 못하는 네 다리를 고쳐주려고 그랬다는 한마디에 참았던 눈물이 터지고 말았다. 참으로 오래 버텨온 눈물과 울음이었다. 어쩌면 그것은 내 의식이 눈뜬 순간부터 지금까지 가슴 저 밑바닥 구석진 곳에 조금씩 조금씩 차올랐던 서러움인지도 몰랐다. 무슨 말이 더 필요할까. 울음보따리가 대화였고 그간의 소통이었다. 서먹서먹하던 관계도 차츰 나아졌다. 우습지만 엄마라고 부르기까지 긴 시간이 걸렸다. 엄마는 나를 버렸지만 그래도 세상의 빛을 보게 해준 분이었다. 늦었지만 효도하겠다고 말했다.

몇 개월을 거창에 더 머물면서 명절 때는 찾아뵙고 평소에는 전화로 서로의 안부를 물었다. 혼자 객지를 떠도는 막내가 안쓰러웠는지 자꾸 같이 살자고 했다. 망설이다가 이참에 나도 혈육의 정을 나누고 싶었다. 그간의 사정을 말하고 삼 년이나 몸담았던 직장을 그만두었다. 안동에서 새로운 터전을 잡기 위해 나름대로 계획을 세우고 들뜬 마음으로 차에 몸을 실었다.

가족들에게 정을 붙이기 위해 노력을 많이 했다. 가족들도 마찬가지였다. 나를 위한 노력을 아끼지 않았다. 서로의 배려와 함께 우리는 조화를 이루어 갔다. 무엇이든지 혼자 했던 것이 어울림으로 변화되었다. 어색한 점도 있었지만 하나가 되어 갔다. 해보고 싶은 것부터 틈틈이 했다. 가족사진을 찍었다. 맛있는 것도 먹으러 다녔다. 그 사이에 가족여행도 다녀왔다. 그동안 어떻게 살아왔는지는 다 말하지 않았다. 좋았던 것만 얘기하며 잘 살았다고 했다. 그간의 사연을 듣는다면 엄마나 가족들의 애간장을 저밀 것 같아 말할 필요가 없다고 생각했다. 훌쩍 커버린 나를 바라보는 엄마의 얼굴이 까슬까슬했다. 아들이 늙어버렸다고 속상해하지 않을까, 나는 얼굴에 로션을 바르고 또 발랐다.

처음에는 큰형님의 식당 옆에서 군고구마 장사를 해볼까 생각했다. 그러다가 시계 수리 기술을 썩히고 싶지 않아 마음을 고쳐먹었다. 그간 모아둔 돈으로 조그만 시계 수리 가게를 차렸다. 점포 이름을 '태성당'으로 지었다. 안동시 광석동을 평생 보금자리로 생각하고 야무지게 둥지를 틀었다. 이제 내 인생은 행복만 가득할 거라고 스스로 주문을 외우며 새로운 생활에 적응해 나갔다.

장애인이라고 꺼리거나 싫어하거나 피하는 사람은 없었다. 있다고 해도 걱정 없었다. 든든한 내 뿌리들이 보호막이 되어줄 텐데 두려울 게 없었다. 나보다 더 온전하지 못한 몸으로도 가게를 끌어가는 이들도 있었다. 가게는 마음처럼 잘되지 않았다. 시계 고치는 사람이 부족하던 때라 기술자라면 무조건 돈을 벌 줄 알았다. 그러나 이곳은 그렇지가 않았다. 괜한 욕심을 부리지 않았나 후회가 되었다. 그러나 사장이라는 호칭은 새롭게 다가왔다.

05
목발 위에 핀 꽃

목발 위에 핀 꽃, 금메달

　　　　　　그 와중에도 기능인의 꿈을 저버리지 않았다. 전국 기능올림픽대회 금메달의 꿈을 접지 못했다. 그때 다녔던 학원에 다시 연락했다. 이번에는 편지로 과제를 받고 문제의 답을 구해 우편으로 보내며 실력을 길러 나갔다. 그러나 갈증을 느꼈다. 심한 목마름을 해소할 수 없었다. 전국대회를 두 달 앞둔 어느 날 돌연 가게 문을 닫고 대구로 왔다. 오로지 금메달을 목에 걸기 위해 심혈을 기울였다. 성치 않은 몸이라도 실력까지 남들에게 무시당할 수는 없었다. 장애인도 할 수 있다는 것을 꼭 보여주고 싶었다. 기어코 전국 제일의 기능인이 되고 말겠다는 비장한 각오로 뛰어들었다. 문제는 경기가 좋지 않아 학원 문을 닫아 버린 원장님이었다. 나의 끈질긴 집념과 설득에 마음이 움직였는지 원장님은 두 손 두 발 다 들었다.

　원장님과 강훈련에 들어갔다. 수많은 시계를 망가뜨리고 조립했다. 부서진 부속들을 다시 제작해 한 치의 오차도 허용하지 않는 그 야말로 물샐틈없는 고도의 정밀한 작업을 땀과 눈물로 메꾸어 나갔다. 손으로 만지기에도 작은 부품들, 그 부품 하나라도 없으면 시계는 생명을 잃고 말기에 항상 긴장해야 했고 재가공을 통해 시계를 살려야 했다. 온몸을 긴장시켜야 했던 두 달의 시간은 내게 지옥 같은 나날이었다. 그래도 부족한 도구들은 원장님이 직접 만들어 주었다. 따스한 사랑에 비하면 육체의 고통은 아무것도 아니었다.

나의 저돌적인 행동에 최재만 원장님(시계 수리 전문가)도 처음엔 어안이 벙벙했을 것이다. 2개월 동안의 훈련으로 큰 성과를 낸다는 것은 말도 안 되는 모험이었다. 오죽했으면 원장님이 터무니없는 내 꿈을 포기시키려고 나 몰래 중요한 부분을 망가뜨린 시계 6개를 주면서 하루 만에 고치라는 숙제를 내주었을까. 그것도 모르고 나는 네 개는 한꺼번에 두 개는 이튿날 완성했다. 도중에 그만두겠지, 생각하고 시계를 줬는데 끝까지 해내는 깡다구에 놀라 그제야 두 달만 잘하면 입상권에 들 수 있겠다는 확신을 하고 맹훈련에 들어간 것이다.

우리에게 시간은 톱니바퀴처럼 서로 맞물려 일정하게 돌아가는 것이 아니었다. 시와 분의 속도를 조절하고 회전시키는 장치 탈진기를 빼내 버린 것처럼 쉴 새 없이 돌아갔다. 그에 맞추어 우리도 비지땀을 흘렸다. 모든 게 쉽지 않았다. 특히 선반 작업이 더 그랬다. 쇠를 깎다 보면 쇳가루가 눈에 들어가 아프기도 했다. 긴장을 놓치지 않으려고 애쓰다 보니 정신적으로도 탈진이 왔다. 부담이 컸다. 허탈해진 심정을 가눌 수 없어 맥 빠진 모습으로 먼 산을 바라보며 숨을 돌리기도 했다. 이대로 물러설 수는 없는 일이었다. 나 자신에게 스스로 진다는 건 더더욱 싫었다.

망가진 시계가 얼른 고쳐 달라고 말을 건네는 듯했다. 그동안 배우면서 깨달은 것도 있고 지식도 있는데 포기할 수는 없었다. 꼭 금메달을 목에 걸 거라고 나 자신과 비밀계약을 맺지 않았는가. 이 계약을 깰 수는 없었다. 변덕스러운 마음을 누그러뜨리고 다시 한 번 주먹을 불끈 쥐었다. 얼마 뒤의 승리를 맛보기 위해 고군분투했다. 하루 혹은 며칠에 일생을 모두 마쳐야 하는 하루살이처럼 시계 수리에 꽉 매달렸다. 처절한 노력이었다. 내가 만지는 낱개의 부품마다 생명의 기운으로 몸을 파르르 떨고 있는 것처럼 느껴졌다.

드디어 공정한 기회의 날이 왔다. 1985년 9월 전라북도 이리에서 열린 정상인도 참여하는 전국 기능올림픽대회 시계 수리 부문에 출전했다. 그동안 이를 갈면서 닦아온 실력을 자신 있게 발휘했다. 수상자 발표가 시작되었다. 몇 명의 이름이 불리고 나서도 내 이름은 들리지 않았다. 또 떨어졌나 싶어 입술이 타들어 갔다. 낙심하고 있을 때 내 이름이 호명되었다. 목발 없이도 걸어 나갈 수 있을 것 같았다.

기어이 해내고 말았다. 정상인과 당당하게 겨루어 일등을 했고 장애인이라는 높은 벽을 뛰어넘어 금메달의 영예를 안았다. 시계를 만진 지 8년 만에 이루어 낸 쾌거였다. 피나는 노력 끝에 따낸 결실이기에 기쁨은 말로 표현할 수 없었다. 가슴 밑바닥에서 뜨거운 눈물이 솟구쳤다. 목발이 금메달보다 더 값지게 보였다. 장애인도 노력만 하면 목적한 걸 이룰 수 있음을 내가 증명해 보였고 희망을 심어 주었다. 뜻이 있는 곳엔 반드시 길이 있다는 자신만의 믿음으로 여기까지 왔다. 피할 수 없었던 고통과 어려움이 나를 더욱 강인하게 만들어 주었기에 난생처음 지난날이 고맙게 생각되었다.

불편한 몸이 말해주듯 힘겨운 시간이 많았다. 아파도 마음 놓고 울 수 없었고 자리에 편히 누울 수도 없었다. 또래들의 성적 걱정이나 진학 고민이 부러웠고 무엇보다 힘차게 뛰어노는 친구들의 튼튼한 다리가 부러웠다. 사는 게 힘들어서 인생을 포기하고 싶을 때도 여러 번 있었다. 그러나 이제 나의 목표는 국내 최고의 기술자가 되는 것이었다. 하늘은 스스로 돕는 자를 돕는다고 했다. 나를 저버리지 않았다. 목발 위에 핀 영광을 기억하며 누가 뭐래도 계속 기능을 갈고닦을 것이라고 강다짐했다.

한때 억지로라도 행운을 사고 싶었다. 그런데 오늘 행운이 내 손을 들어주었다. 기다림을 버리지 않는 한 언젠가는 꿈을 이룰 수 있다는 어둠의 말이 맞았다. 나는 날아올랐다. 처음엔 꿈이 아닌가 싶었는데 생시였다. 그동안 나를 가둬 놓고 있던 과거의 내 모습이 내게 손을 흔들었다. 외톨이라도 참고 잘 버텨와서 고맙고 청춘을 바친 결과라고 공식적으로 인증해 주는 것 같아 기뻤다. 나도 빙싯이 웃으며 예전의 나에게 환호를 보냈다.

언제였던가. 보육원에서 지낼 때 친구로 지냈던 길 잃은 새 한 마리가 내 곁을 떠나지 않았다. 바보야, 울고 있을 때가 아니라 기다릴 줄 알아야 해. 너를 두고 간 수녀님을 기다리는 그 다섯 밤은 네가 살아갈 수 있게 해주는 힘이 되어줄 거야. 지금은 이곳에서 살지만 언젠가는 세상으로 나가 네가 그리는 꿈을 펼칠 수 있을 거야. 그렇게 되려면 넌 지금부터 기다림을 배워야 하고 이겨내야 해. 잊으면 안 돼. 참고 견디지 못하면 기다림의 결과를 얻을 수 없다는 연약한 새의 말처럼 열심히 살아왔다. 선배나 동료들이 날카로운 말로 나를 찔러대어 온몸이 피투성이가 되었어도 하려던 일을 도중에 그만두지 않았다. 인내와 끈기로 마침내 어둠에서 벗어나 달빛을 물고 날아오르는 황금새가 되었다.

상금은 얼마 되지 않았다. 하지만 대통령이 주는 포상금을 받았고 대구시에서도 칭찬하며 별도로 챙겨 주었다. 내 기술을 인정해 주는 것만으로도 기뻤는데 돈까지 생겼다. 내가 수상할 수 있도록 지도해 주고 무작정 매달리는 손길을 어찌지 못하고 다정하게 이끌어 준 원장님의 애정 어린 관심에 깊이 감사드렸다. 내 나이 스물두 살, 고장 난 시계를 고치듯 내 삶을 조립해 사회에서 처음으로 인정을 받았다.

갈등

 안동 생활도 일 년이 넘었다. 그동안 살아온 이야기를 가족들에겐 차마 하지 못했다. 그냥 짐작으로 고생했겠거니 생각하며 나를 위해 온정을 베풀었다. 내가 혼자 있다는 걸 알고 둘째 형수가 밥을 해주고 발도 씻겨주었다. 가게를 마치고 돌아온 큰형수는 손수 밥을 지어 주었다. 이런 대접은 처음이라 눈물이 나려 했다. 가족은 이런 거구나 싶었다. 그렇지만 나는 여전히 소외감을 느꼈다.
 이십여 년을 따로 산 것도 있지만 무엇보다 성격이 다르고 서로서로 이해하기엔 부족한 시간이었다. 형들은 술, 담배를 했고 나는 하지 않았다. 어쩌면 엄마가 나를 버리지 않았다면 다리는 절룩여도 형들처럼 평범하게 살았을 것이다. 피가 섞였다는 이유로 한

곳에 살기에는 갈수록 어색했다. 나를 제일 좋아해 주고 나를 찾자고 한 건 큰형이었다. 나머지 형들은 찾지 말자고 했다. 성격은 넷째 형과 비슷했다. 외모는 아버지를 닮았다. 이름도 달랐다. 어렸을 때 나를 끝락이라 불렀다. 끝락이와 태호, 가족들은 나를 태호나 막내라고 불러 주었다.

사실 두려웠다. 하지만 내가 태어난 곳, 엄마한테 돌아가고 싶어 연어처럼 회귀했다. 거센 조류에 밀려 다른 곳으로 흘러갔다가 이제야 가족들이 있는 이곳으로 돌아왔다고 생각했다. 어느 날 엄마가 내 손을 잡았다. 그 손은 따뜻하고 힘 있는 손이 아니었다. 세파에 거칠어진 손이었다.

나는 엄마의 눈동자를 들여다보았다. 내 모습이 그 속에 있었다. 가슴이 떨렸다. 아, 엄마를 만나기 위해 지금껏 고생한 것이다. 그간에 겪었던 어렵고 고되었던 일이 사라지고 다시 힘이 솟구쳤다. 우리는 서로 손을 맞잡고 웃었다. 나를 그토록 쉽게 내버린 것에 대해서도 덮어 주고 싶었다. 나를 당신 앞으로 끌어당기는 손힘이 절룩거리는 내 다리보다 힘없어 보였다.

"태호 니는 엄마가 보육원 근처에 버리지 않았다면 성공 못 했다."라고 말했다. 무척 당황스러웠다. '내 새끼 그간 얼마나 고달팠느냐, 얼마나 힘이 들었느냐, 어미 품에서 울어라. 그 설움이 풀릴 때까지 실컷 울어라! 이젠 이 어미가 지켜줄 테니 굳세게 잘 살아라.'라고 힘껏 안아 주지는 못할망정 가슴에 못 박는 말에 용서하고 픈 마음이 사라졌다. 살점을 도려내는 듯 가슴이 아렸다. 엄마 입을 통해 그런 말을 듣는다는 게 믿어지지 않았다. 다시 이어졌던 탯줄이 싹둑 잘려 나가는 느낌이었다. 갑자기 엄마가 젖이 남아돌면서도 내 입에 넣어주지 않고 나를 굶긴 못된 늙은 유모처럼 보였다.

　어떻게 그런 말을 할 수 있을까. 농담이라고 해도 가슴 찢어지는 말은 해서는 안 되는 것이었다. 죽었다가 다시 살아난 것도 아니고 잃어버렸다가 수십 년 뒤에 되찾은 아들에게 더군다나 건강하지 못하다고 당신 손으로 버려 놓고 이제야 찾은 자식에게 어찌 아무렇지 않게 저리도 무심한 말을 할 수 있단 말인가. 충격이 컸다. 정말 날 낳아 준 엄마가 맞는지 의심마저 들었다. 하기야 안동에서 다시 대구로 와 혼자 자취할 때도 따뜻한 밥 한 끼, 빨래 한 번 해준 적 없는 엄마였다. 고통스럽게 살아온 얘기를 꺼내어 엄마의 말을 되받아치고 싶었지만 그럴 수 없었다. 엄마는 이미 중풍으로 고생하고 있는 노인이었다. 가라앉았던 원망이 다시 치솟았지만, 강하게 자라게 해줘서 고맙고 지금이라도 엄마한테 효도하는 거라고 태연하게 말했다.

　내가 아들이 맞을까 하는 의구심이 머릿속에서 떠나지 않았다. 둘째 형에게 얘기해서 엄마 머리카락을 가져와 유전자 검사를 했다. 친엄마가 맞았다. 시간이 지나니 못마땅하게 여겼던 불만도 누그러졌다. 둘째 형이 말하지 않았다면 다른 식구들은 지금도 유전자 검사까지 한 사실을 모르고 있을 것이다.

이런 어려움들을 서서히 넘기고 있는데 상황을 송두리째 뒤엎는 사건이 발생했다. 형들의 형편이 좋은 편은 아니었다. 내게 손을 벌리는 횟수가 늘어났다. 한 날은 술을 마시고 들어온 셋째 형이 내게 돈을 꿔 달라고 했다. 나는 빌려주지 않았다. 그 바람에 우리는 대판 싸웠다. 기술이 있어 돈을 벌었지만, 가게가 잘되지 않아 나도 모아둔 돈을 까먹고 조바심이 나던 차였다. 형제지간이라고 해서 금전적으로 도움을 받은 적도 없지만 이렇게 다투려고 나를 찾았나 하는 생각까지 들었다. 서로 부대끼며 살아야 하는지 지금까지 그랬듯이 따로 살아야 하는지 내 안에서 두 생각이 끝없이 다투고 있었다.

머릿속이 엉킨 실타래 같았다. 어떻게 풀어야 할지 몰랐다. 나는 행복해지면 안 되는 건가 싶었다. 과거에서 벗어나 어렵게 만난 가족들과 온기 나누며 평범하게 살고 싶은 게 꿈이었고 바람이었다. 그렇게 살고 싶은 내 소원이 이루어졌다. 가족은 나의 기쁨이었고 낙원이라고 생각했다. 그런데 시간이 갈수록 가족이라는 냄새는 감미롭지 않았다. 식구들에게 나라는 존재가 달갑지 않게 느껴졌다. 마음에 낀 먹구름이 점점 넓어졌다. 서로 잘 알지도 못하면서 서둘러 한곳에서 산 게 잘한 일일까. 가족이라는 걸 억지로 머릿속에 욱여넣었던 것이 잘못이었을까. 이것도 저것도 아니면 식구들 앞에 나타난 내가 무거운 짐이었을까. 소란스러운 불협화음에 마음 둘 데가 없어졌다. 나무가 새 땅에 뿌리를 내리려면 오랜 시간이 필요하듯 나 또한 새로운 땅에 뿌리를 내리려면 심한 몸살을 앓는다는 생각은 하고 있었다. 그러나 시간이 지나도 마음이 편치 않았다. 핏줄이라는 굵은 밧줄에 그냥 묶여있는 느낌이었다. 둥지에서 겉도는 마음이 불에 덴 것처럼 못 견디게 따가웠다.

  그럭저럭 되던 가게도 손님이 눈에 띄게 줄었다. 더 붙잡고 있어봤자 푼돈도 못 건지겠다는 결론에 이르렀다. 가게를 싸게 넘겼다. 혼자라 생각하고 다시 일어서야겠다는 결심을 굳혔다. 떠나기로 마음먹었다. 수중에 있는 오십만 원을 가지고 미련 없이 안동을 떠났다.

  버스에 올라 창가에 기댔다. 탁란이라는 생각이 들었다. 남의 집에 뻐꾸기 둥지를 틀고 뻔뻔하게 고개를 들고 산 기분이었다. 고립감이 느껴졌다. 혼자라는 생각이 또 엄습해 왔다.

대구에서 다시 시작하는 태성당

동구 신천동에 있는 송라시장에서 새로이 자리를 잡았다. 갖고 있는 돈으로 두 평 남짓 세를 얻어 시계 수리를 시작했다. 조그맣게 차린 태성당에서 도장을 파는 것도 같이했다. 지금까지 혼자서 묵묵히 잘 이겨낸 나였다. 나를 지키기 위해 다시 대구로 왔으니 새롭게 뿌리를 내려야 했다. 장애인인 나를 향해 쓴소리할까 봐 실력은 키우고 자세는 낮추었다. 돈이 부족해 일숫돈까지 얻어 썼다. 장사가 되지 않았다. 날마다 본전과 이자를 갚는 것도 빠듯했다. 기사로 돌아갈까 하는 생각도 잠깐 했지만 여기서 물러설 수는 없었다.

여인숙에 사글셋방을 얻어 놓고 그곳에서 잠을 자고 생활했다. 사방이 회갈색 벽지였다. 마음도 칙칙했다. 풀기를 잃은 벽지 끝이 내 다리처럼 너덜거렸다. 파리나 모기를 때려잡은 흔적도 여기저기 묻어 있었다. 그 어떠한 것도 나보다 암울한 풍경은 없을 것으로 생각했는데, 이곳이 나보다 더했다. 볼품없는 방이었지만 애써 소박하다고 생각했다. 나를 지배한 현실 때문이었다.

손님은 이십 대에서 육십 대가 주 고객이었다. 어떤 이는 얼마 되지도 않는 수리비를 깎아달라고 했다. 나는 서로 기분 나쁘지 않게 상황과 형편에 맞게 돈을 받았다. 손님들도 만족스러워했다. 시간이 지나자 시계 고치는 솜씨가 보통이 아니라고 신천동에 입소문이 났다. 매일신문에도 기사가 실렸다. 고장 난 시계가 밀려들어왔다. 금메달 획득이 컸다. 나는 부품을 직접 제작하는 선반 밀링까지도 할 줄 알았다. 아주 정밀하게 깎는 것을 해내다 보니 다른 데서 위탁이 들어오기도 했다. 돈이 차곡차곡 불어났다. 안동에서 쓴맛을 봤기에 시계방을 또 차려서 성공할 수 있을까 하는 미심쩍은 마음으로 시작하긴 했는데 다행히 시장을 끼고 앉아 있어 큰 도움이 되었다.

손기술이 뛰어나다고 알려지자 사람들은 제 발로 찾아와 시계를 맡겼다. 덕분에 시계방은 날로 번창해 갔다. 피곤한 줄도 모르고 일했고 시계 공부도 부지런히 했다. 시계 고치는 데 명수로 불렸고 소문은 곳곳으로 퍼져나갔다. 내 손길이 닿으면 잠자던 시계도 일어나 가던 길을 재촉했다. 한참 재미를 보려는데 송라시장이

재개발에 들어갔다. 시장 안쪽으로 이사를 했다. 가게 환경은 지난번보다 못했지만 장사는 더 잘되었다. 어느새 터줏대감이 되었다. 삼 년을 꼬박꼬박 모아 시장 맞은편으로 한 번 더 자리를 옮겼다. 여덟 평이나 되는 규모였다. 부자라도 된 듯 우쭐했다. 삼십 대에 들어서면서 어느 정도 기반이 잡혔다.

이때부터 엄마와 자주 왕래를 했다. 당신이 했던 말, 애틋한 모정이 없는 그 말들은 내 가슴에 꽉 들러붙어 있었지만 그래도 나를 있게 해준 분이었다. 자식 된 도리는 다하고 싶다는 생각을 늘 하고 있었다. 내가 여기까지 올 수 있었던 것도 어쩌면 엄마가 만들어 준 것이나 마찬가지였다. 내가 보육원에서 자랐기 때문에 어쩔 수 없이 강해져야 했고 밥벌이를 위해서 기술을 가져야 했으니 말이다.

금메달을 따고 독일, 스위스 등 5개국을 12박 일정으로 연수 갈 기회가 생겼다. 촌놈이 처음 비행기를 탔다. 기분이 좋아 바깥 구경하기에 바빴다. 비행기가 이륙했는데도 흥분은 가라앉지 않았다. 그 나라의 시계를 보면서 기술까지 익힌다면 얼마나 좋을까. 생각만으로도 기분이 좋았다. 설렌 마음도 잠시였다. 중풍으로 힘들어하는 엄마가 떠올랐다. 자유시간이 주어지면 중풍에 좋다는 약부터 샀다. 여러 날을 여행하며 시계에 관한 많은 경험을 하고 돌아왔다.

엄마는 넷째 형네가 있는 점촌에 있었다. 나는 한 달에 두어 번 찾아뵈며 아들 노릇을 했다. 그런 나를 엄마는 우리 막내가 효자라고 떠들었다. 지금까지 못다 한 도리를 하려고 했을 뿐인데 그것이 화근이었다. 자식이 여러 명이라 엄마에게 드리는 용돈의 액수가 문제였다. 혼자 많이 하지 말고 비슷하게 맞추어서 하면 좋겠다고 형이 언성을 높였다. 지금까지 드리지 못한 용돈을 몰아드린 것뿐이었다. 많이 드리는 것도 죄인가. 형편이 되면 좀 더 할 수도 있는 거라고 속으로 생각했다. 나대로 서운했다.

 엄마는 차츰 기력을 잃어 갔다. 목소리에도 힘이 없었다. 살가죽과 뼈가 점점 맞닿아 갔다. 엄마의 맥박이 불안전할 때마다 나는 회복을 기도했다. 최선을 다했지만, 더 잘하지 못한 것이 후회스러웠다. 보육원에 있을 때 부모를 향해 칼을 갈던 형들이 떠올랐다. 말 한마디로 천 냥 빚을 갚는다는 옛말이 있다. 엄마와의 대화에서 차라리 내가 입을 다물자고 울음을 삼키던 게 엊그제 같았다. 무정한 말을 했던 엄마의 아들로 다가간 길이 얼마나 어려웠는데, 병원에서 임종을 지켜보는 마음은 허무했다.

 늘 나만 아픈 줄 알았다. 나 때문에 엄마의 가슴이 병들었을 줄은 생각도 못했다. 당신이 병상에 누워 꼼짝 못 할 때 비로소 느꼈다. 눈을 감기 전 나를 바라보는 표정은 마치 태호야, 너를 수녀원 근처에 놔두면 그 사람들이 너의 병을 고쳐줄 줄 알았다. 그렇게 너를 놓아두고 지금까지 가슴에 돌덩이 하나 얹고 평생을 살았다. 다들 죽었다고 여겼지만 나는 어딘가에 살아있다고 믿으며 하루도 빼놓지 않고 너의 안부를 기도하며 어미 속은 곪아갔다. 원망 많이 했지? 너무 늦게 찾아서 미안하고 더 살갑게 대해주지 못하고 가게 돼서 미안하다. 막내야. 죄 많은 늙은 어미를 용서해라.' 애원하는 것 같았다.

가련한 여인이었다. 가정을 두고 나가버린 남편을 대신해 홀로 자식들을 키운 애달픈 삶이었다. 하루 종일 뼈 빠지게 일하고 집에 와도 개울물에 내놓은 송사리 같은 새끼들을 건사한 남자이자 여자였다. 한 많은 세월을 살아온 여인의 생이 끝날 무렵에야 엄마도 나처럼 오랜 시간을 고통 속에서 허덕였다는 걸 알았다. 크나큰 슬픔이 가슴으로 밀려들었다. 내 마음 한구석을 차지한 엄마와의 오래된 응어리, 그 덩어리와 화해하지 못하고 가슴에 박힌 옹이 하나 뽑아 드리지도 못한 채 보내고 말았다. 한없이 흐르는 눈물이 나의 자책과 엄마의 쓰라린 삶의 여정을 씻어주지는 못했다.

장례식장 모퉁이에서 몰래 울었다. 다섯 밤만 자고 나면 데리러 오겠다는 수녀님과의 약속을 믿고 기다렸다가 끝내 오지 않은 수녀님을 원망하며 몇 날을 울었다. 그 때문에 정신 박약아로 취급당한 그때의 나로 돌아가 통곡했다. 엄마의 죽음을 슬퍼하는 방법은 엉엉 울고 또 우는 것밖에 할 줄 몰랐다. 나는 긴 장송곡을 마치고 여든아홉 살에 수의를 입고 빈소에 있는 엄마의 사진을 물끄러미

들여다보았다. 엄마를 처음 만났던 그때가 떠올랐다. 얼굴에 주름이 자글자글했고 머릿결도 퍼석퍼석했다. 할미꽃이 되어버린 엄마가 그 꽃술의 하나인 나에게 던졌던 정나미가 떨어지는 말에 나도 악하게 말하고 싶었다. 하지만 하나뿐인 내 엄마의 마음을 아프게 할까 봐 대못을 박지는 못했다. 나를 만든 엄마는 이제 보이지 않았다. 사진 속의 엄마를 붙잡고 나 혼자만 컴컴한 어둠 속에서 허우적거렸다.

엄마와 또 헤어졌다. 그렇지만 결코 내게서 떠날 수 없는 엄마였다. 나는 오랜 시간 속눈물을 흘리며 보냈다. 돌아보니 당신을 통해 세상에 나왔고 피를 나눠준 엄마인데 용서 못 할 것도 없었다. 마음속에 박힌 옹이를 빼내고 그 자리에 엄마를 묻었다. 진정한 화해의 꽃이 피어났다. 따스한 눈빛에도 바보처럼 굴어서 미안했다고 뒤늦은 참회를 했다. 눈을 감을 때까지 당신도 충분한 불행을 겪었겠다고 생각하니 마음이 미어졌다. 엄마의 품을 떠났던 어린 아이는 어른이 되어 돌아왔는데 엄마는 내 마음에 덩그런 무덤 하나 만들어 놓았다. 나이만 먹었지 아직도 나는 엄마가 필요했다. 그렇지만 이제는 엄마를 편안히 놓아 드리고 나도 모성 결핍 증후군에서 벗어나고 싶었다. 엄마를 향한 그리움으로 망부석이 되었던 지난날, 당신이 없었다면 나도 없었다.

후진 양성

 가게는 호황을 누렸다. 돈을 벌고 생활도 안정되자 시계 수리 기술을 처음 배울 때부터 품어온 나만의 꿈을 펼치고 싶었다. 후진 양성이었다. 나 같은 고아나 장애를 지닌 아이, 시계 기술을 배우고 싶어도 사정이 있어 망설이는 이들에게 내가 가진 기술을 알려주고 싶었다. 힘들게 지낼 때 나를 일어서게 하고 나를 웃게 한 게 시계였다. 시계에 미쳐서 살아온 나날 덕분에 지금의 내가 있었다. 나처럼 절망에 놓인 사람들을 위해 마음의 조임새를 단단하게 조였다. 나의 첫 출발은 어려운 환경에서 시작되었다. 먼저 시작한 선배들이 자신의 노하우를 일러 주지 않았다. 하지만 나는 내가 가르칠 아이들에겐 쉽게 물꼬를 터주고 싶었다. 가진 기술을 전수하는 것뿐만 아니라 창업할 수 있도록 도와주는 게 목표였다. 1995년 가정 형편이 어려운 소년 소녀 가장이나 장애인에게 먼저 손을 내밀었다.

처음엔 가게에서 했다. 하지만 장소에 한계가 있었다. 가게 뒤편에 따로 세를 얻어 '21세기 시계 연구원'이라는 이름으로 새로이 시작했다. 이곳에서 1년 과정으로 2년 정도 했다. 많은 일이 일어났다. 인원이 많을 때는 십오 명이었고 적을 때는 열 명 정도였다. 복잡했지만 중도에 하차하는 아이가 있어 큰 무리는 없었다. 하지만 아이들이 힘들어하는 모습을 볼 때마다 힘이 빠졌다. 이제 와서 내가 아까울 게 뭐가 있으랴. 기술을 나누어 주려고 시작한 게 아니었던가. 마음을 쏟아붓지 못하는 아이들을 어르고 달래며 식당에서 저녁밥도 같이 먹었다. 이 아이들을 위해 내가 분명히 해야 할 중요한 일이 있을 것이었다. 낮에는 내 직업에 충실하고 가게 문을 닫으면 아이들을 가르치는 데 집중했다. 노곤했지만 마음은 평안했다.

여러 아이 중에서도 스물다섯 살 먹은 청년이 있었다. 그와 특별한 인연이 된 것은 어느 날 나를 찾아온 여성분 때문이었다. 그녀는 청년의 누나였고 나에 관한 기사를 신문에서 읽었다고 했다. 한마디로 말하면 소아마비로 지체 장애인이 된 남동생에게 시계 기술을 가르쳐 줄 수 있느냐는 것이었다. 집에만 틀어박혀 있는 동생이 기술을 배우고 싶어 해서 이렇게 부탁하러 왔다고 했다. 말하는 과정에서 동생이 배우고 싶어 하는 것보다 집에만 있는 게 안쓰러워 바깥 공기를 마시게 해주고 싶은 누나의 안타까운 심정이 숨어 있었다. 나는 그러겠다고 자신 있게 대답했고 여성은 고맙다는 인사를 남기고 돌아갔다.

다음날 그 청년이 왔다. 잘 따라 하는가 싶었는데 난장판을 만들어 놓았다. 잘 안된다고 성을 내고 욕하고 신경질을 부리며 작업할 때 쓰는 도구까지 집어 던졌다. 나는 참다못해 다른 사람은 다 잘하고 있는데 왜 너만 짜증을 내느냐고 했다. 잘 안돼서 그런다는 말에 고작 이틀을 배우고 성질을 내느냐, 그럴 바에는 차라리 포기하라고 했다. 진심은 아니었다. 오기가 치솟기를 바라는 마음에서 뱉은 말이었다. 사실 나는 겁이 났다. 가르치는 것은 하나도 무섭지 않았다. 아이들이 끝까지 밀어붙이지 못하고 도중에 그만둬 버릴까 봐 그게 더 두려웠다.

청년은 가족들의 사랑을 많이 받고 자란 것 같았다. 다른 아이들과 신체 조건이 다르다 보니 부모님이 오냐오냐 하며 키운 게 아닌가 싶었다. 그럴수록 더 강하게 키워야 하는데, 그 상황을 지켜보는 내가 답답했다. 더 이상 싫은 소리는 하지 않았다. 마음이 진정되기를 기다렸다가 내일 다시 오라며 집으로 돌려보냈다. 나는 청년의 누나에게 전화를 걸었다. 있었던 일을 이야기해 주고 기술을 익히기에는 힘들겠다고 말했다. 말 떨어지기가 무섭게 그녀는 내게 사정을 했다. 한 번만 더 봐달라고 간곡히 부탁했다. 거듭되는 간청을 거절할 수가 없었다. 알겠다는 대답과 함께 내일 오면 잘 타일러 다시 열심히 해보도록 하겠다고 약속하고 전화를 끊었다.

이튿날 평소보다 조금 늦게 청년이 들어왔다. 저녁 먹었느냐는 말에 아직이라고 했다. 다른 아이들에게 연습할 양을 만들어 주고 나는 청년을 데리고 옆집 식당으로 갔다. 라면을 주문하고 식탁에 마주 앉았다. "너는 부모 형제 밑에서 어려움을 모르고 편하게 컸네. 혹시 나에 대해서 알아?" 하고 주저 없이 물었다. 전혀 모른다는 짧은 대답이 돌아왔다. "그러면 내가 무상으로 너에게 기술을 더 가르칠지 말지, 네가 아까운 청춘을 어둠에 묻고 살 건지 아닐지를 오늘 결판 짓자."고 엄하게 잡도리했다. 나는 아이의 표정을 살피며 내가 살아온 이야기를 꺼냈다. 부모에게 버림받고 보육원에서 자란 내가 지금의 자리에 오기까지의 이야기를 들려주었다. 이야기보따리를 풀자, 그 속에서 뱀과 매미와 쥐가 튀어나오고 폭행과 자살, 걸인 행세를 했던 지난날이 스르르 나왔다. 살아온 날을 말하려면 잠시의 시간으로는 어림도 없지만 간략하게 들려주었다.

"너와 나는 같은 소아마비다. 나와 비교하면 너는 부모 밑에서 따뜻한 밥 먹고 응석 부리며 할 건 다 했다. 나는 그렇지 못했다. 울기만 했고 배가 고파 훔쳐먹기도 하고 많이 맞기도 했다. 눈을 뜨면 어떻게 살아가야 할지 걱정이었다. 혈혈단신 외돌토리로 살아온 나도 있는데, 너는 뭐가 그리 불만이냐."고 침을 튀기며 말했다. 아니 세뇌했다. 한참이나 묵묵히 있더니 입을 뗐다. 고생한 이야기를 들으니 무슨 이런 경우가 있나 싶어 무척 놀랐다며 용서를 빌었다. 너는 부모님이 뒷바라지 다 해주는데 뭐가 너를 이렇게 만들었느냐고, 사랑 받고 컸으면 오히려 더 잘해야 하는 게 아니냐고 열변을 토했다. 청년은 울면서 앞으로 열심히 하겠다고 진심으로 미안해했다.

나는 기분을 가라앉히고 내가 할 일이 없어 너에게 기술을 가르치는 게 아니다. 다 네가 잘되기를 염려하는 마음에서 그러는 것이니 섭섭해하지 말고 이제부터 정신 똑바로 차리고 기술을 배우도록 하라고 다독거렸다. 아이는 결석하지 않고 잘 나오겠다고 하면서 나의 고생을 알아 주었다. 그다음부터는 욕하지 않고 물건을 던지지도 않고 생떼를 부리지도 않았다.

어느 날 청년 누나에게서 전화가 왔다. 고맙다는 인사가 첫 마디였다. 동생이 많이 달라졌다고 감사하다는 말을 잊지 않았다. 혹시나 여기서는 잘하다가 집에 가서 괜히 화풀이하는 건 아닌지 걱정되었는데 다행이었다. 시간이 흐른 뒤 매형 되는 분에게도 처남을 잘 이끌어줘서 고맙다는 전화를 받았다.

청년은 나날이 실력이 늘었다. 일 년을 성실히 배우고 나서 가게를 차렸다. 누나가 동생이 혼자 일어서도록 길을 열어 주었다. 이 아이가 이렇게 말을 잘하나 싶을 정도로 재치 있는 말솜씨로 나를 웃게도 했다. 신통한 녀석이었다. 북적이는 손님들로 일손이 바빴다. 보기 좋았고 내가 더 신이 났다. 선생님을 만나지 않았다면 내 인생이 어떻게 되었을지 생각만 해도 끔찍하다고 너스레까지 떠는 사이가 되었다. 가족의 필요성을 절실히 느끼게 되었고 가족끼리도 잘 지낸다고 했다. 그 말이 무슨 뜻인지 고스란히 알 것 같았다. 말썽을 부렸던 청년이 어느새 마음씨 고운 아내와 두 아이를 둔 어엿한 가장이 되었다. 시계방과 금방을 겸했기에 모르는 게 있으면 조언을 해주었다. 나와 같은 장애를 가졌기에 더 애착이 갔고 남다른 눈으로 보게 되었다. 가장 기억에 남는 제자이기도 했다.

 좀 더 체계적으로 후진을 양성하고 싶었다. 범위를 넓혀 나갔다. 먼저 수성구 파동에 있는 '애활원'을 찾아가 원장님을 만났다. 여기엔 정상적인 아이들이 있었다. 기술을 배우면 밥벌이는 할 것 같다며 아이들에게 기술을 가르쳐 주고 싶다고 제안을 했다. 이곳에는 초등과 중등학교가 같이 있었지만 외부 학교에 다니는 아이도 있었다. 주로 다섯 살에서 열다섯 살의 아이가 많았다.

 뚜렷한 내 목적을 이해한 원장님은 기분 좋게 승낙했고 교실까지 내주었다. 나는 장비를 가져왔다. 여덟 시에 일과를 끝내고 열 명의 학생과 첫 교육을 시작했다. 잘 따라왔다. 그러나 아이들이다 보니 몸을 꼼지락대며 하품하고 눈을 감았다 떴다 했다. 아직은 뛰어노는 데 익숙하고 충분한 잠이 필요한 아이들이기에 어쩔 도리가 없었다. 열한 시까지 하다 보니 이런 날이 되풀이될 때가 많았다. 차츰 결석하는 아이도 생겼다.

대책을 세워야 했다. 통닭을 사서 숙사로 갔다. 자는 아이를 깨워서 먹이며 나무라기도 하고 설득하기도 하고 고함도 질렀다. 내 입장만 생각한 것 같았다. 성숙하지 못했다는 미안함에 사과하고 내일부터 다시 잘해보자며 악수를 나누었다. 이곳 아이들은 고아라는 것 외엔 다 정상적인 아이들이었다. 그래도 가르치는 건 쉽지 않았다. 어떤 때는 저녁에 가게를 구경시켜 주고 밥도 같이 먹었다. 일요일에도 외식하면서 다독거렸다. 피곤해서 코피를 쏟을 때도 있었다. 피를 닦으며 내가 하는 짓이 옳은가 하는 생각이 들기도 했다. 원장이 직접 목을 뒤로 젖혀 코피가 멎도록 도와준 적도 있었다. 힘들었지만 꼭 가르쳐야 하겠다는 근성 하나로 버텨나갔다. 조는 학생도 있었고 눈을 부릅뜨고 따라오는 학생도 있었다. 더러는 배우고 싶어 교실 밖에서 어슬렁거리는 아이도 있었다. 너희들 전교 십등 안에 들면 시계 기술을 배우게 해주겠다며 원장이 우스갯소리로 분위기를 바꿔 보려고도 했다.

학생 중에 말썽꾸러기 녀석이 있었다. 이 녀석은 하고 싶은 게 하나도 없었고 뭐든 하기 싫어했다. 그래도 시계 기술만은 가르치고 싶었다. 곧잘 따라 했다. 그랬던 녀석이 지금은 기술자로 취직해서 실력을 발휘하고 있다. 그뿐만 아니다. 어렵게 기술을 익혀 외국계 회사에 보란 듯이 들어간 아이도 있고 전국 기능올림픽대회에서 금메달을 따고 이 일을 생업으로 삼고 있는 아이도 있다. 내가 끝까지 이 일을 해야 하나를 고민하며 갈등을 겪었지만, 성공한 모습들을 보면 그들에게 손을 놓지 않은 게 잘했다고 생각했다. 보람을 느끼며 소외된 이웃들에게 더 많은 재능 봉사를 해야겠다고 다짐했다.

동구에 있는 대구공업고등학교 학생들에게도 기술 교육을 하게 되었다. 교장 선생님이 직접 찾아와서 부탁했다. 그때는 기계과에도 기능올림픽대회가 있었다. 서너 명의 학생을 우리 가게에서 가르쳤다. 처음에는 지원자가 백여 명이나 되었다. 테스트를 통해 가능성이 보이는 아이는 가르치고 그렇지 않으면 돌려보냈다. 우선적으로 가정 형편이 어려운 학생들을 추천받아 지도했다. '성실, 창의, 협동'이라는 학교의 교훈처럼 학생들은 기를 쓰고 달려들었다. 결과는 참으로 좋았다. 해마다 금메달과 은메달을 목에 걸며 12연패를 달성했다. 그 당시 문희갑 대구시장님이 지방대회가 아닌 전국대회에서 대구를 위해 큰일을 했다고 칭찬을 아끼지 않았다. 좋은 일 많이 한다고 격려했고 사정이 어려우면 돕겠다고도 말했다. 힘을 실어 주는 따뜻한 말이 든든했다.

그중에 형편이 아주 어려운 아이가 있었다. 엄마는 갑상샘암이었고 학생은 신장이 좋지 않았다. 성서에서 다니며 시계 기술을 배우게 되었다. 성치 않은 몸이지만 공부를 잘해 전교에서 일·이등을 다투는 아이였다. 아이는 우리 가게 뒤쪽에 월세로 골방을 얻었고 부모님도 따라 왔다. 가까워진 거리만큼 더 열심히 시계 기술을 배웠고 나도 열성껏 지도했다. 학교를 졸업한 아이는 진학을 미룬 채 생활전선에 뛰어들었다. 대학은 돈이 있으면 언제든지 갈 수 있다는 생각이었고 어려운 가정에 보탬이 되는 게 먼저라고 말했다. 그 선택에 박수를 보냈다. 아이는 연마한 실력으로 시계 업계에서 우뚝 섰고, 어느새 장가도 들어 아이 아빠가 되었다. 사랑스러운 아내와 부모님과 함께 오순도순 잘살고 있는 모습에 내가 다 행복했다.

언젠가 이 아이와 같이 '천국보다 아름다운 세상'이라는 방송 프로그램(KBS)에 출연을 했다. 학생의 신분으로 인터뷰에 응하면서 열심히 기술을 배워 부모님을 호강시켜 드리는 게 목표라고 야무진 포부를 밝혔다. 문득 그 생각이 나서 전화 통화를 했다. 대학 공부는 언제 할 거냐고 물었더니 대기업 못지않게 연봉을 받는다며 대학 갈 필요가 없다고 답변했다. 대학을 나와도 대기업이나 중소기업에 취업이 힘들고 전공을 살리지 못하는 사람을 많이 보았다며 전문 기술이 최고라고 말했다. 궤도에 올라섰 때면 지금 한창인 선배들이 물러날 때가 아니겠느냐며 다부진 모습도 보였다. 희망과 자신감을 스스로에게 불어넣는 아이가 올찬 곡식알 같았다. 학벌 위주의 사회였는데 요즘은 대학을 마치고도 전문적인 공부를 다시 하는 풍조가 번지고 있다. 기술을 가진 저 아이의 말이 맞는지도 모르겠다.

지금까지 내게 배운 제자가 163명이나 되지만 여전히 나는 한 사람이라도 더 가르치기 위해 앞으로 나아가고 있다. 중간에 포기하는 아이도 있지만 대체로 취업이나 창업을 많이 했다. 창업은 주로 장애인이 했다. 전국 기능대회가 있을 때는 밤 열두 시까지 연습하는 게 보통이었다. 용기를 북돋우기 위해 저녁을 사 주고 함께 통닭을 먹으며 얘기도 나누었다. 더울 때는 힘든 내색을 보이기도 했지만 잘 따라왔다. 의욕을 잃으면 나는 어김없이 내 과거를 앞세웠다. 나도 했는데 너희들은 따 놓은 당상이라며 부추겼다. 내 얘기를 듣고 정신을 차리는 아이도 많았다. 아이들이 해이해져 있을 때마다 나는 약장수가 되었다. 고아로 살아온 이야기를 명약처럼 꺼내 들고 약을 팔았다. 약을 먹기 싫어 머리를 잘잘 흔드는 아이도 있었지만, 대부분은 약 효과가 금방 나타났다. 비상약 한 알을 챙겨 먹은 듯 두 눈이 다시 반짝였다.

후진 중에는 나이 든 분도 서른 명이나 되었다. 그중에는 직장에서 은퇴하면 한가롭게 잘 지낼 줄 알았는데 지겹다며 기술을 가르쳐 달라고 사정하는 사람도 있었고, 자신의 아버지에게도 기술을 배울 기회를 달라는 딸들의 전화도 있었다. 나는 관심과 재능을 보이는 분들에겐 다 가르쳐 드렸다. 일주일 정도 테스트를 해보고 따라오면 통과를 외쳤고 아니면 진로를 바꾸는 게 어떻겠냐고 조심스레 도움말을 해주었다.

내가 시계 기술을 배울 때는 가르쳐 주는 선배가 없어 고생을 많이 했다. 그래서 배우고자 하는 제자들에게는 나와 같은 전철을 밟게 하기 싫어 아낌없이 퍼주었다. 각자 성향을 파악해 그에 맞게끔 이끌어 주었다. 취직을 목표로 하는 사람에겐 시계 수리만 교육하고 자격증을 원하는 사람에겐 그에 걸맞게 강도 높은 기술을 가르쳤다. 시계 수리는 기본이었고 초정밀하게 부품을 깎아야 하는 선반旋盤을 비롯해 직접 제작해야 하는 밀링milling까지도 가르쳤다. 부품을 깎는 건 정말 어려웠다. 머리카락 정도의 가늘기로 구멍을 뚫어야 하기에 눈의 피로도 엄청났다. 요즘은 이러한 기술을 갖춘 이들이 태부족이다. 주로 시계 수리만 가르칠 뿐 선반 기술을 가르쳐 주는 데는 어디에도 없었다.

배우려는 청소년 대부분이 형편이 어려운 아이들이었다. 나 또한 힘겨웠던 시절을 이겨내고 기술로 성공했다. 제자들 역시도 시계 전문가로서의 꿈을 갖고 있었고 수리 기술을 다 배운 뒤에는 창업을 준비하고 싶다고 포부를 드러냈다. 훗날에는 스스로 시계를 만들어 보고 싶다는 야무진 꿈을 내보이기도 했다. 내가 가진 기술 전부를 누군가에게 가르쳐 주고 나눠주고, 그것을 밑천으로 제 삶을 일궈가는 제자들을 볼 때면 저절로 입꼬리가 귀에 걸린다. 보육원에 있을 때 탁상시계나 라디오를 많이 망가뜨렸다. 못 쓰게 만들어 놓고 기억을 더듬으며 하나하나 다시 끼우고 맞췄다. 그런 대로 조립하고 나면 마치 내가 고쳐낸 것처럼 대견스러웠다. 그때부터 시계 방면으로 강한 집착을 하게 되었고 오늘에 이르렀다.

무엇보다 나는, 어떻게 하면 장애 아이들을 밖으로 데리고 나올지를 고심했다. 처한 상황을 이겨내는 아이들이 되기를 바랐다. 일찍이 사회생활을 하면서 나는 그들의 주춧돌이 되고 싶었고, 없이 사는 아이들의 거름이 되고 싶었다. 엄마에게 내팽개쳐진 내가 천덕꾸러기 목숨에서 쓸모 있는 생명으로 다시 태어났듯이 나 같은 처지의 아이들에게 용기를 불어넣어 주는 불사조의 욕망을 키웠다. 그 꿈을 하나하나 실현하면서 곁을 둘러보니 외롭게 버려진 아이 중에는 주춧돌로 쓰이게 될 아이들이 눈에 많이 띄었다. 하기야 내가 인정받는 기술자가 되리라고 누가 생각이나 했겠는가. 경험자의 입장으로 볼 때 언젠가는 귀중하게 쓰일 존재들이라는 확신이 들었다. 혹시 알랴. 방치된 돌이 어느 지붕을 받치는 주춧돌로 쓰이게 될지. 지금도 나는 그들의 행복을 위해 발 벗고 나선다. 언제까지나 길잡이가 되어주고 싶고 그들의 인생을 수리해 주며 살아가고 싶다. 나는 정말 시계 바보다.

빚보증

생활이 즐거웠다. 날마다 누군가에게 시계 기술을 가르쳐주고 나눠줄 수 있어 행복했다. 아침부터 밤까지 고단한 하루를 보냈어도 퇴근하는 발걸음은 가볍기만 했다. 열심히 살고자 하는 사람들에게 어떤 대가도 바라지 않고 시계 수리 기술을 전수해 주는 것이 낙이었다. 인연으로 이어진 사람 중에는 아무것도 모르고 뛰어들었다가 본업이 된 분도 있다. 눈빛이 금메달처럼 빛나던 사람이었다. 그런 사람이 도움을 청하면 늦은 밤이어도 가서 궁금증을 풀어 주고 돌아왔다. 늘 집과 일터와 기술을 알려주는 일과로 하루를 마무리했다. 남이 잘되면 누군가가 심술을 부린다고 했던가. 내 앞에 뜻밖의 날벼락이 떨어졌다.

자리를 잡고 아무 걱정거리가 없을 때 지인이나 친구, 후배들이 찾아와 보증을 서 달라고 했다. 거듭되는 부탁을 외면할 수가 없어 보증을 서 주었다. 지금은 형제간에도 안 서 주는 보증을 그때는 쉽게 하던 때였다. 이런 것도 어려운 사람을 도와주는 것이라고 마음이 시켰고, 손도 빨리 움직이게 했다. 열다섯 명에게 사심 없이 마음의 도장을 꾹꾹 찍어 주었다. 심지어는 동네 깡패한테도 보증을 섰다.

몇 년이 흘렀다. 언론이 심상치 않았다. 매스컴에서 연일 다루는 소식에 나라가 발칵 뒤집혔다. 긴장이 감돌았고 금융 불안까지 엉켜 버렸다. 아니나 다를까 1997년 12월, 뜻도 잘 모르는 IMF국제통화기금가 터졌고 최악의 경제 상황을 맞게 되었다. 방송에서 계속 속보로 내보낸 한보철강의 부도가 IMF 사태를 본격적으로 알리는 첫 신호탄이었다. 손가락 안에 드는 기업이 부도를 맞았고 은행이 무너지고 대규모의 실업자가 발생했다.

온 나라가 위험 불감증에 빠졌다. 설마설마했는데 결국 우리나라는 금융 위기에서 헤어나지 못하고 남의 힘을 빌려야 했다. 후진국 개발을 위해 선진국을 포함한 여러 나라가 출자한 공동 기금인 국제통화기금International Monetary Fund에 구제 금융을 요청했다. 1997년 11월 22일, 그 당시 대통령이었던 고 김영삼 대통령이 발표한 대국민 담화를 듣고서야 실감이 났다. 너무도 갑작스러운 일에 모두가 어안이 벙벙했다. 나라가 부도를 맞은 데는 분명한 이유가 있겠지만 누구를 탓하고 책임을 물을 때가 아니었다. 온 국민이 극복해야 할 현재 상황이었다.

 책에서 보고 방송에서 들었던 제2의 국채보상운동이 현실로 이어졌다. 1907년 대한제국의 국채를 갚기 위해 벌어진 애국정신이 계승되어 온 국민이 나라를 살리겠다고 금 모으기 운동에 동참했다. 그 누구의 강요도 아니었다. 자율적 운동이었다. 범국민적 운동은 강한 조국애와 높은 단결력을 보여주었고 한데 뭉친 힘은 엄청났다. 이에 따라 1998년 1월에는 'KBS 금 모으기 캠페인'이 시작되었다. 주요 금융기관과 언론이 함께 참여하면서 전국적으로 퍼진 행사였다. 언론에서도 연일 대서특필했다. 은행 앞에 사람들이 길게 줄을 섰다. 다양한 내막이 있는 귀한 물건을 나라를 위해 내놓았다.

 결혼 예물과 아이들의 돌반지, 자식들이 사 준 반지, 남편에게 선물 받은 금목걸이, 조상이 물려준 장롱 속의 금붙이 등등 사연이 담기지 않은 물건이 없었다. 평생 자랑거리가 될 금메달을 쾌척한 운동선수도 있었고 트로피에 붙은 순금 장식을 떼어내 기부한 가수도 있었다. 평범한 국민의 마음이 쏟아져 나와 비어가는 나라의 곳간을 채워나갔다. 결과는 상상도 못 할 만큼 대단했다. 아니 위대했다. 351만 명이 참여하고 227톤, 약 22억 달러에 해당하는 금이 모였다. 국민이 만든 기적이었고 감동이었다. 금은 대부분 수출되었다. 그렇다고 금 모으기운동이 공짜는 아니었다. 정부에서 실제 금값보다 조금 더 얹어서 국민에게 돌려주었다. 그 당시 금 한 돈이 오만 원도 안 될 때였다. 이러한 국민의 자세가 국제적인 신용을 얻는 데 거든히 한몫을 해냈다.

  1997년 11월 22일부터 2001년 8월 23일에 걸친 경제 위기는 뼈를 깎는 고통을 안겨주었다. 4년간 지속된 IMF 사태는 피해 갈 수 없는 생존경쟁을 낳고 말았다. 기업의 구조조정으로 집안을 책임지는 가장들이 직장을 잃었고 기업의 파산이나 부도로 실직자들이 늘어났다. 진짜 경제 위기가 무엇인지를 보여주는 표본이었다. 빚 독촉을 이겨내지 못한 가족이 음독자살하고 잘나가던 중소기업 사장이 투신자살하는 등 곳곳에서 사람이 죽어 나가고 가정이 무너졌다. 걱정 없이 다니던 회사 중견간부들이 하루아침에 직장을 잃고 노숙자가 되어 길거리를 떠돌았다. 운전기사가 영업이 안 돼 강도로 돌변했다는 기사도 났다. 생존을 위해 처절하게 살아가는 민생들의 사투가 그저 눈물겨웠다.

  금융 위기는 나에게도 찾아왔다. 보증을 선 게 문제였다. 그들이 갚아야 할 돈을 내가 몽땅 뒤집어쓰고 말았다. 내게 매달렸던 사람들은 나 몰라라 하는 냉담한 방관자가 되어 있었다. 그들에게 제발 해결해 달라고 내가 통사정하며 늘어졌다.

은행에서 원리금 상환을 독촉받았다. 형편을 말하고 사정해도 봐주지 않았다. 하루가 멀다 하고 담당자가 찾아와 빨리 돈을 갚으라고 재촉했다. 걱정 없이 살다가 빚보증 때문에 길에 나앉게 생겼다. 남들은 나보고 등신짓을 했다고 입을 모았다. 병신, 쪼다, 병신이 육갑하고 있네. 모두 맞는 말이었다. 온몸이 벌거벗겨진 느낌이었다. 믿었던 그들, 여러 사람이 나 하나를 깔아뭉개버렸다.

둑 터지듯 쏟아져 나온 빚보증에 정신을 차릴 수가 없었다. 전화벨이 점점 자주 울렸다. 잘 일궈 놓은 인생을 은행에 다 털려버릴 판이었다. 나를 이렇게 만든 게 나인데 누구를 원망할까. 도와준 정순한 내 마음을 도둑맞았지만, 그 사람들이 장애인인 나를 이용하려고 그랬다는 생각만은 절대 하고 싶지 않았다. 간이라도 빼줄 듯이 굴었던 그들이 아예 강 건너 불구경하는 태도에 욕지기가 치받쳤다. 이러다가는 내가 죽을 판이었다. 1억 7천만 원이나 되는 큰돈을 어찌 갚음해야 할지 암담했다. 내 삶에서 고아인 줄 알았다가 이산가족 찾기 덕분에 가족을 만난 것이 큰 사건이었는데, 덤터기 쓴 남의 빚을 갚는 이것에 비하면 그것은 사건도 아니었다. 은행원이 와서 돈을 갚으라고 하는 날짜가 째깍째깍 다가왔다. 시계 돌아가는 소리가 처음으로 공포스럽게 느껴졌다. 머리가 깨질 듯한 두통에 시달렸다. 막대한 빚에 몰리게 된 나는 또 한 번 자신과의 싸움을 시작했다.

가게를 할 때 직원 한 명을 두었다. 직원이라고 하지만 친구였다. 우선 가게를 그 친구 앞으로 돌려놓았다. 가게가 남 앞으로 되어 있으니 은행도 어떻게 할 방법이 없었다. 의심하는 눈치에 돈을 빌리고 갚지 못해서 넘어갔다고 둘러댔다. 더 이상 뭐라고 하지는 않았다. 그래도 은행직원은 포기하지 않고 찾아왔다. 언제 빚을 갚을 건지 들볶았다. 그러다 안되면 설득하고 달래고 으름장 아닌 으름장을 놓고 돌아가기를 수십 번이었다. 은행원의 목소리를 듣는 것도 이골이 났다. 누군가 내 몸을 바늘로 마구 찌르는 것 같은 나날이었다.

나도 부도 직전이었다. 땡전도 없는데 모든 재산을 압류하겠다는 경고까지 받았다. 도와달라고 여기저기 손 벌리며 갖은 애를 썼지만 내 편이 되어주는 사람은 아무도 없었다. 형제들이 있다고 해도 넉넉한 형편이 아니라 내 일에 신경 쓸 여력이 없었다. 장애인에게 선선히 돈을 빌려주는 사람은 더욱이 없었다.

늘어나는 건 빚과 술뿐이었다. 못 먹는 술로 밥을 대신하며 시름을 잊었다. 괴로운 심정에서 잠시 벗어나려면 마시고 고꾸라지는 게 최고였다. 그것도 하루 이틀이었다. 거듭되니 몰골이 말이 아니었다. 얼굴색이 검게 변해갔다. 아무리 용을 써도 돈 한 푼 나올 데가 없는 신세가 처량하기 그지없었다. 어렵게 번 돈을 그들에게 죄다 바친 꼴이 되어버렸다.

인생이 허기졌다. 건강한 폐로도 숨쉬기가 힘들었다. 심신이 약해지고 버텨나갈 재주가 없었다. 땡빛을 내서라도 은행 빚을 갚고 싶었지만 아무도 나를 반겨주지 않았다. 아무리 해결책을 모색해도 돈 나올 구멍이 없었다. 출구가 없는 막다른 골목에서 나는 죽음과 맞닥뜨렸다. 기껏 생각해 낸 게 또 생을 포기하는 거였다. 내가 살길은 죽음밖에 없었다. 마지막이라 생각하고 친구들과 포항으로 향했다. 수구초심도 아니었다. 아는 데가 포항밖에 없었다. 국내에서는 이미 단종된 차종이었지만 그때 대우에서 생산된 (1994년) 씨에로를 끌고 갔다. 루비 빛깔과 같은 붉은색이 마음에 들어 할부로 산 자가용이었다. 수녀님 곁에서 잠시 머물렀던 성모자애원에 가고 싶었다. 하지만 성공하면 간다고 나 자신과 약속했기에 이 꼴로 갈 수는 없었다.

해변을 걸었다. 바닷바람, 나를 감싸는 파도 소리가 편안하게 들렸다. 친구들 몰래 눈에 보이는 약국마다 들어가 수면제를 사 모았다. 팔십 알이 넘었다. 저녁이 되었다. 나는 한꺼번에 그것을 털어 넣고 잠자리에 들었다. 눈을 뜨니 병원이었다. 친구들과 있다가 자주 약국으로 들어가는 모습이 수상해서 나를 지켜보았고 혹시나 해서 몸을 흔들었는데 아무런 기척이 없어 급히 응급실에 데려와 위세척하고 수액을 공급했다고 친구가 말해주었다. 그 바람에 나는 감았던 눈을 또 뜨게 되었고 심청전의 심 봉사처럼 눈뜨는 장면을 친구에게 보이고 말았다.

 응급실을 나와 대구로 왔다. 이리 죽으나 저리 죽으나 죽는 건 마찬가지였다. 오기가 발동했다. 가게 문을 다시금 활짝 열었다. 그리고 은행으로 갔고 법원에도 찾아갔다. 벌어서 갚아 나가겠다고 통사정하며 애원했다. 씨알도 안 먹혔다. 그러나 애걸복걸하는 장애인을 마냥 두고 볼 수 없었는지 내 말에 귀를 기울여 주었다. 그동안 살아온 이야기를 주저리주저리 늘어놓았다. 진심이 통했다. 만회할 기회를 얻어 나왔다. 결혼을 꿈꾸며 마련해 둔 작은 아파트를 처분하고 시계를 팔아 남은 이익으로 빚을 갚아 나갔다. 급한 나머지 이자가 비싼 일숫돈까지 끌어 썼다. 장애인이라 회복될 가망이 없을 거라고 포기했다가 다달이 조금씩 빚을 갚아 나가는 모습에 은행에서도 얼마의 빚을 탕감해 주었다.

 틈날 때마다 보증을 서 준 사람들을 찾아다니며 적은 돈이라도 달라고 빌다시피 했다. 내 말에 그들은 콧방귀도 뀌지 않았다. 그래도 양심이 있는 사람은 나의 선한 의도를 짓밟지 않고 조금이라도 성의를 표했다. 자취를 감추고 연락마저 끊긴 후배를 경찰이 수배까지 해도 붙잡히지 않았다. 받지 못한 돈이 태반이었다. 시간이 걸리더라도 한 푼 한 푼 빚을 갚아 나가겠다는 처음 생각을 잊지 않았다. '거리에 나앉을 판인데 바닥에 엎드린다고 쪽팔리는 건 아니다. 금융 위기가 남긴 강력한 주먹에 맞아 케이오를 당해도 나가떨어진 몸을 일으켜 세워 다시 주먹을 내지르면 된다. 세상이라는 링 위에서 내가 싸워야 할 라운드는 아직 많이 남아 있다. 대적해 보지도 않고 녹아웃이 되는 선수는 결코 되고 싶지 않다.' 독하게 마음먹고 새빠지게 일했다. 그러면서도 짬짬이 봉사활동도 다녔다. 핏줄이 녹아내리는 것 같았다.

죽으라는 법은 없었다. 사회에서 만난 형님이 있었다. 중소기업을 운영하는 분이었다. 몸도 멀쩡하지 않은 내가 딱해 보였는지 삼천만 원을 빌려주며 가계수표도 사용하게 했다. 보잘것없는 내게 돈을 빌려주면 언제 받을지도 모를 일인데 너무나 뜻밖이었다. 열심히 살라는 말을 건넨 사장님, 나를 믿어주며 해준 진정한 위로 한마디가 심금을 울렸다. 암담했던 앞길이 탁 트이는 느낌이었다. 사장님으로 인해 나는 새로운 힘을 얻었다. 그 힘을 빌려 일숫돈을 갚고 부채를 해결해 나갔고 가까스로 위기를 넘겼다. 시간이 꽤 오래 걸렸지만, 자신과 했던 약속을 지키며 IMF와의 전쟁에서 값진 승리를 거두었다. 2011년, 마침내 모든 부채를 갚고 신용 불량자에서 해방되었다.

한 줄기 빛으로 나타나 나를 도와준 동일금속의 김용상 사장님과 조금이나마 빚을 삭감해 준 은행과 주위 분들이 아니었다면 아직도 나는 빚에 쪼들리고 있을지도 모른다. 내겐 숨구멍 같았던 분들이었다. 정말 감사드린다. 그 인연으로 김용상 사장님과는 의

형제를 맺었고 지금도 관계를 잘 유지하고 있다. 흔히들 세월이 약이라고 하지만 나에게는 사람이 약이었다. 내가 명치를 공격받아 숨 못 쉬고 거꾸러져 있을 때 가슴에 포근한 불을 지펴 주고 아늑히 손 내밀어 준 그들이 보약이었다.

  나는 어려운 고비를 넘기고 다시 살아났다. 가게 뒤편에 딸린 방에서 생계를 꾸려 나갔다. 주인아주머니가 돈도 잘 버는 총각이 이런 누추한 곳에서 생활하겠느냐고 농담처럼 말했다. 남의 속도 모르고 그렇게 말해주는 아주머니가 오히려 고마웠다. 이보다 더한 곳에서도 지낸 경험이 있는데 이쯤은 고급이었다. 가끔 쥐들이 설치다 갔지만 친구처럼 생각하면 되었다. 창문으로 스며든 빗물로 벽은 곰팡이가 슬고 벽지는 누렇게 얼룩져 있었다. 벽지 대신 흰색 래커를 뿌려 깨끗해졌으나 내 머리가 하얘졌다. 모자라도 쓰고 했으면 됐을 텐데, 이 슬픈 순간에도 나는 웃음이 나왔다. 친근히 다가온 아주머니가 가끔 빨래를 해주었다. 엄마가 한 번도 해주지 않았던 그 손빨래를 말이다. 멀쩡한 집을 구하고 싶었지만, 빚에서 벗어난 지 얼마 되지 않아 돈이 없었다. 그래도 다리 뻗을 방 한 칸이라도 소유한 게 어디인가. 진짜 내 전 재산인 몸뚱어리 하나 잘 추스르고 두 손 잘 간수한 것만으로도 천만다행이었다. 만약 일숫돈을 갚지 못해 팔 하나라도 내어주었다면 어쩔 뻔했는가. 참으로 아찔한 날들이었다.

은행이라는 이름만 들어도 공포에 싸였고 은행을 지나칠 때마다 안절부절못했던 많은 시간이 마치 어제 일처럼 느껴진다. 지금도 그때를 떠올리면 갚지 않은 부채처럼 가슴을 짓누른다. 사장님에게서 큰돈을 건네받았을 땐 내가 죽고 난 뒤 얻는 조의금을 미리 당겨 받은 기분이었고 음복은 눈물로 대신했다. 다달이 빚을 갚아야 할 날짜가 다가오면 독침을 가진 말벌이 내 몸에 사는 것 같았다.
　요샛말로 웃프다는 말이 있다. 그때를 생각하면 지금도 슬프면서도 웃음이 나온다. 그렇지만 여전히 그 기억을 죽이지 않고 살려두는 것은 그래, 그런 날이 있더라. 살다 보니 오발탄 같은 날도 있더라고 말하고 싶었기 때문이다.

설움에서 부러움까지

　　　　　　　횡단보도를 건널 때 공연히 나를 힐끔 쳐다보고 가는 사람들이 있다. 불편한 시선을 보낸 그들은 목발을 짚은 나와 종이상자를 반쯤 싣고 뒤처져 따라오는 노인을 빼고는 대부분 앞서서서 뿔뿔이 흩어졌다. 어둑어둑할 때 가끔 나는 내가 자주 다니는 건널목을 찾는 습관이 생겼다. 그 근처 어딘가에 자리 잡고 앉아 내 몸을 들여다보거나 혹은 타인들에게 시선을 돌리기도 했다. 그럴 때 마음은 이미 내 몸속을 빠져나와 정상인들과 나란히 박자를 맞추어 걸어가고 있었다.

　맞은편 버스 정류장 앞에 다다르면 그 자리엔 나와 같이 다리 저는 아주머니가 밤이 늦도록 꽃을 팔았다. 몸은 불편하지만, 얼굴은 언제나 꽃보다 환했다. 그곳을 서성이다 비가 오면 쏟아지는 빗속을 절룩절룩 떠다니기도 했다. 빗물에 떠내려가기라도 할까 봐 서로 손을 맞잡고 바삐 걷는 젊은 연인도 있었다. 우산을 준비하지 못한 사람들은 건물 처마 아래에서 비를 피하다 빗방울이 잦아지면 다시 사방으로 퍼져 나갔다. 그때는 장애인을 대하는 시각이 노골적이었다. 목발을 곁에 둔 채 우산을 받쳐 들고 앉아 있기만 해도 그냥 지나치지 않고 꼭 쳐다보며 지나갔다. 그 많은 눈빛 속에는 불쌍하다는 연민과 비 오는데 집에나 있을 것이지, 왜 궁상맞게 나와 있냐 하는 조소가 흥건했다. 나를 훑고 지나가는 빈정거리는 눈빛에 마지못해 일어나기도 했다. 깔보는 눈길에 비를 맞지 않아도 내 목소리와 몸은 흠뻑 젖어 버렸다.

  밝고 활기찬 소리에도 나는 잘 넘어졌다. 공원이나 학교 운동장에서 흘러나오는 씩씩한 목소리, 분주하게 공을 차는 아이, 달리기 시합하는 아이. 그 아이들 속에는 비쩍 마르고 다리가 병든, 그래서 측은해 보이는 소년이 늘 끼어 있었다. 가던 길을 멈추고 한참을 바라보다가 뒤에서 인기척이 들리면 다시 길 가는 사람처럼 행동을 취하곤 했다. 내 처지가 지는 해를 등에 업고 홀로 사막을 걸어가는 어린 낙타 같았다. 나를 떠난 다리를 불러들여 다른 아이들처럼 며칠이라도 건강하게 뛰어놀다 보내고 싶었다. 특히나 사춘기 때에는 또래들이 내 다리를 보며 비웃을까 봐 앉아 있을 때가 많았다. 나는 목발을 짚는 다리가 긴 아이였다.

햇빛이 찬란한 날은 반바지를 입고 자전거를 타고 싶었다. 무릎 위까지 올라오는 짧은 바지를 입고 자전거를 타다 지치면 벤치에 앉아 땀을 식히며 웃고 있는 나를 많이도 상상했다. 계절에 맞는 옷을 입고 힘찬 두 발로 등산도 가고 싶었다. 큰 욕심도 아니고 보통 사람처럼 살고 싶은데도 건강이 허락하지 않았다. 갓 쓰고 자전거 타는 우스운 시늉만 그리고 그려댔다. 건강한 체구의 사내가 양쪽 허벅지에 힘을 잔뜩 주며 자전거 페달을 힘껏 굴려 가는 모습을 볼 때는 고장 난 내 다리 대신 손목에 힘만 들어갔다. 나는 여름에도 늘 긴 바지를 입는 남자였다.

길가의 낡은 집 대문 앞을 지날 때였다. 노인이 나무 의자 다리를 톱으로 잘라내고 있었다. 톱질소리에 마치 내 다리가 잘려 나가는 듯 마음에 전율이 돋았다. 보기에도 한쪽 다리 끝이 많이 썩어 있었다. 괜찮은 다리도 잘려 나갔다. 네 다리의 균형을 맞추려면 건강한 다리까지도 그에 맞게끔 조금 없애는 게 맞았다. 빛바랜 낡은 의자와 내가 겹쳐 보였다. 사람이나 사물이나 어찌할 수 없는 허물 하나는 갖고 있다는 것을 깨닫는 순간이었다. 다리 병신, 내가 처한 상황이 희망으로 역전되는 날이었다.

아이의 걸음마를 보았다. 걷던 아이는 신발을 벗어 손에 들고 짜박짜박 걸었다. 나도 저 아이처럼 낡은 운동화를 들고 맨발로 걷고 싶었다. 왼손과 오른손을 편하게 사용하며 철없이 뛰놀고 싶었다. 양다리가 있어도 다리 하나는 남의 다리나 마찬가지이니 모양만 갖춰진 다리였다. 그러하니 내겐 목발을 지지하는 양손이 발이었다. 엄마 손을 잡고 걷는 서너 살의 소년을 바라보았다. 기억엔 없지만 병을 앓기 전 나도 저리했을 것이라는 생각에 쓸쓸했다. 봄이 오는 길을 흔들림 없이 또박또박 걷고 싶었다. 하루라도 신성한 다리를 가지고 싶었다. 그 하루 새로운 다리를 받으면 무엇부터 해야 하나 실없는 고민도 해보았다. 아무도 내게 인생을 가르쳐 주지 않았다. 혼자서 거칠고 메마르고 지랄 같은 세상에 대항하며 살아왔다. 목발 인생으로 잘 살아왔고 앞으로도 잘 살아갈 나였다. 다리 구실까지 하느라 피눈물을 흘렸을 내 귀한 두 손을 격려하며 따뜻한 물로 씻고 영양이 풍부한 크림으로 깍듯이 대접했다.

어느 저녁 거리에서였다. 나를 쳐다보며 흘리고 가는 사람들의 비열한 웃음은 상처 위에 덧나는 염증 같은 것이었다. 가만히 길 가는 나에게 왜 그런 웃음을 날렸는지 생각할수록 눈물이 났다. 보육원에서 붙어버린 다리 병신이라는 별명은 세상까지 따라 나와 나를 애먹였다. 정말 듣기 싫었다. 가만히 걸어가는 사람을 왜 째려보고 지랄이야 라고 날카로운 말투로 상대를 공격하고 싶었다. 생각뿐이었다. 엄마가 나를 잘 만든 건 아닌 것 같았다. 첫아이였다면 서툴러서 그럴 수도 있겠다고 치지만 다섯째로 내놓은 아이가 이 모양 이 꼴이었다. 차라리 가난을 물려줄 것이지, 어쩌자고 온전하지 못한 다리를 유산으로 물려주었는지 사람들의 싸늘한 시선에 묶일 때마다 드는 원망이었다.

비가 오는 날은 우는 날이었다. 하느님도 눈물을 흘려주고 나도 울부짖었다. 울었다는 표시가 나지 않게 훌쩍거리기엔 안성맞춤의 날씨였다. 이런 날은 느지막이 술집에서 나온 남자들의 비틀거리는 모습을 보며 잠잠히 생각에 잠기기도 했다. 저들은 술을 마셔서 쓰러질 듯 걷지만, 나는 술에 취하지도 않았는데 평생을 비뚤거리며 살아왔다. 남들은 잘똑잘똑하게 걷는 나를 이상히 쳐다보겠지만, 내게는 똑바른 걸음걸이다. 이제는 아무런 시선도 느끼지 않은 채 건널목을 보란 듯이 건너간다. 삶에 자신이 생겼다는 증거일 것이다.

아내를 만나다

　　　　　　　남성으로서 매력이 있었다면 모를까, 여자들이 내 팔을 휘감고 싶어 할 만한 얼굴을 가지고 있지는 않았다. 잘생기지도 않았고 품위가 있거나 감정이 풍부한 남자도 아니었다. 녹초가 될 때까지 일하고 술 안 마시고 착실할 뿐 내가 생각해도 온화하고 자애로운 남편감은 못 되었다.

　그래도 첫사랑은 있었다. 시계 수리를 맡기러 온 참한 아가씨였다. 나는 젊은 그녀가 마음에 들었고 놓치면 안 되겠다는 생각이 들었다. 어떻게든 붙잡고 싶었다. 시계를 고장 나게 고쳐주고 다시 찾아오게 만드는 방법을 고안했다. 제대로 손을 보지 않고 일부러 느슨하게 매만져 보냈다. 예상이 적중했다. 그 아가씨가 다시 시계를 가지고 왔다. 네 번 정도 그렇게 만든 끝에 결국 가까워졌고 마음을 나누는 사이가 되었다. 그러나 생각지도 못한 복병이 생겼다. 후진 양성에 힘을 쏟는 내가 못마땅했는지 그녀가 잔뜩 토라졌다. 아니라고 해도 소용없었다. 아가씨는 새침해져서 자기 자신보다 시계를 더 좋아하는 남자라고 우기며 결별을 선언했다. 혼자만의 오해로 결국 헤어졌다. 함께 밥을 먹고 온기를 나눌 누군가를 간절히 바랐는데 첫사랑은 어이없이 끝나고 말았다. 결혼하기 전까지 연애 아닌 연애를 몇 번 더 해봤지만 늘 허무하게 마무리되었다.

넷째 형 소개로 한 여인을 만났다. 아무리 소개팅이라고 하지만 내 신체 조건을 들은 여성이라면 선뜻 나오기는 힘든 자리였다. 내 생각대로 그녀는 나를 안 만나려고 했다. 그런데도 형이 계속 권유하는 바람에 어쩔 수 없이 나왔다고 말했다. 솔직해서 좋았다.

그녀와 나는 다섯 살 차이였다. 우리는 데이트했고 그냥 만남을 이어갔다. 두어 달 정도 지났을 때 새롭게 다가오는 그녀를 발견했다. 그 당시에는 데이트 비용을 남자가 거의 내던 시절이었다. 잘 나갈 때 몇 명의 여성을 만난 적이 있었지만 대부분 나를 벗겨 먹으려고 했다. 하지만 그녀는 달랐다. 교제하면서 뭘 먹자고 하면 돈 달라는 소리를 하지 않았다. 자기가 가진 돈으로 먹을 걸 사 왔다. 이런 여자라면 괜찮겠다고 결혼 상대로 마음을 굳혔다. 좀 더 적극적으로 구애에 나섰다. 그때 나는 시계방과 금방을 같이했다. 007 가방에 반지를 가득 넣어 그녀가 사는 집 근처로 갔다.

마주 앉았다. 가방을 열어 보이며 마음에 드는 것을 골라보라고 무뚝뚝하게 말했다. 동그란 눈을 하고 한참을 보다가 아주 작은 알이 박힌 진주 반지를 꺼내어 내밀었다. 멈칫거리는 행동에 금고에 보관하고 있던 귀금속을 가져온 것이고 전부 내 것이라고 했다. 그제야 그녀는 내가 어디서 훔쳐 온 줄 알고 선뜻 고르지 못했다고 얘기했다. 아내의 입장에서 보면 이 남자가 나를 시험하는 건 아닐까 하는 생각이 들었을 것이고 나를 장물아비로 오해해서 나중에라도 경찰에 덜미를 잡힐까 봐 가슴 졸였을 것이다. 그녀를 상상하니 웃음이 나왔다. 참 멋없는 프러포즈였다.

나는 사랑을 하고 있었다. 한 여인과 나란히 걸으며 앞날을 꿈꾸었다. 우리의 거리는 차츰 좁아졌고 서로 속내를 보이며 편하게 얘기를 주고받았다. 그녀를 처음 만났을 때 나를 아래위로 훑어보지 않은 것만으로도 고마웠다. 아니 그랬다면 나는 큰 목소리를 가지고도 기죽은 소리를 냈을 것이다.

처음에는 아무리 돈 잘 버는 시계 기술자라고 해도 이런 몸으로 몇 푼이나 벌겠나 싶어서 결정을 미루었단다. 그런 가운데도 언니 오빠들은 계속 결혼하라고 부추겼다. 그래도 좀 더 지켜보고 싶은 마음에 교제를 계속했다. 그러던 어느 날 장애를 지녔지만, 뭐든지 해낼 수 있을 거라는 당당한 자신감을 보았고 이 사람이라면 내 인생을 맡겨도 되겠다는 확신이 들었다고 털어 놓았다. 감동이었다.

내가 만약 평범한 가정을 가진 부모거나 그 가족 중 한 사람이었다면 내 딸이, 내 여동생이 나 같은 조건의 남자와 결혼하겠다고 한다면 나는 과연 두말없이 그러라고 할 수 있을까 하는 생각이 들었다. 나의 사정을 알고도 허락해 준 그녀의 가족들과 나를 믿어준 그녀에게 정말 잘해야겠다고 생각했다.

보육원에서부터 가족을 찾기까지 그간 살아온 날들을 대충 얘기했다. 그녀는 내 얘기를 들으며 울었다. 눈물이 많은 사람이었다. 나는 아무것도 내세울 게 없었다. 그런데도 이 사람한테서 안착하고 싶었다. 더 이상 반쪽 인생으로 살고 싶지 않았다. 사귀면서 사소한 다툼도 있었다. 성격은 활달한 편이었으나 내 말투가 거칠어 가끔 그녀를 놀라게 했다. 퉁명스러운 어투가 기분을 불쾌하게 만들었지만, 어린 시절 보육원 생활이 몸에 배어서 그러니 이해해 주기를 바랐다. 내 처지를 공감한 그녀는 더 따뜻한 손길을 내밀어 주었다. 힘없는 다리도 기뻐서 뛰놀았다. 내 미래의 행복을 여는 열쇠를 마침내 만났다. 벌써부터 나는 아기를 안고 있었고 그 옆에서 내 성한 다리를 베고 누워 있는 아내를 상상했다.

상견례하는 날 그녀의 가족들이 열다섯 명이나 나왔다. 그녀는 2남 4녀 중 막내였고 나는 5형제의 막내였다. 우리 집에서는 그녀를 다 좋아했다. 장애인이면 어떠냐, 기술이 좋아 밥 굶기지는 않을 것이고 정신까지 똑바르니 됐다면서 나도 후한 점수를 받았다.

일은 잘 풀렸다. 날을 잡았고 결혼 준비는 둘이서 다 했다. 신혼살림이니 새것으로 다 사고 싶었다. 그녀는 아니었다. 자기가 쓰는 가구들이 깨끗하니 그것을 쓰자고 했다. 서로 간의 신경전이 있었지만 정말 필요한 것만 구매하고 나머지는 그녀의 말을 따랐다. 우리는 아웅다웅하면서도 함께 살 집을 아늑하게 꾸몄다. 사천만 원을 주고 마련한 신천동에 있는 스물두 평 아파트가 신혼집이었다. 그곳에서 5년을 살다가 가게 가까운 곳으로 이사를 했다. 내가 번 돈으로 산 서른세 평의 집에서 지금까지 살고 있다. 그때 가지고 온 세탁기를 아직도 사용하고 있다. 새로 바꾸자고 해도 여전히 낡은 세탁기에다 빨래를 돌린다.

  2004년 10월 24일 화창한 날이었다. 결혼식을 하기에 좋은 날씨였다. 나는 식장 입구에서 시종일관 웃음 띤 얼굴로 하객들을 맞았다. 일가친척과 축하객들로 붐볐다. 로렌조 수녀님도 오셨다. 우리는 많은 사람들의 축복 속에서 식을 올렸다. 마흔네 살의 신랑과 서른아홉의 신부가 마침내 대구 인터불고호텔 컨벤션센터에서 서로 맞절을 했다. 나도 울었고 신부도 울었다. 우리는 눈물범벅이 되었다. 초청한 오은주 가수님이 축가를 부를 때도 그동안의 서러움과 고마움에 눈물이 그치지 않았다. 결혼식이 끝나고 기념사진을 찍고서야 정신을 차렸다. 수녀님이 신부에게 물었다. 왜 이런 데 시집을 왔느냐고. 정신이 바르고 자신감도 있고 무엇보다 목적한 바를 이룰 수 있는 강한 집념을 보았다고 야무지게 답했다. 인생의 나침반을 찾았다. 더는 외롭지 않을 것이고 방향도 잃지 않을 것이다. 새침데기 같았지만, 이해심이 많은 그녀를 만나 연애를 하고 사랑을 하고 한 침대에서 같이 눈 뜨기까지 일 년이 걸렸다. 아이가 태어나고 또 태어나면 더 넓은 공간으로 가야지 하는 생각만 했다.

신혼여행은 중국으로 2박 3일 다녀왔다. 그때만 해도 신혼여행은 대부분 국내 여행을 했고 해외로 가는 건 드물었다. 우리는 어찌 될지 몰라 차일피일 미루다 일 년이 지나서야 부부임을 관할 구청에 신고했다. 혼인신고는 하지 않았지만, 나는 가장이었고 그녀는 아내로 살아가고 있었다.

우리는 신혼여행을 다시 떠났다. 미국으로 갔다. 설레면서 떠난 마음은 잠시였고 말도 통하지 않는 먼 나라에서 대판 싸웠다. 나는 집사람에게 예쁜 옷을 선물하고 싶었다. 갈색빛이 도는 가죽점퍼가 아내와 잘 어울릴 것 같아 치수나 의향을 묻지도 않고 그 옷을 골랐다. 좋아서 덥석 받을 줄 알았는데 무엇을 원하는지 알아보지도 않고 마음대로 사 왔다고 화를 냈다. 며칠 동안 서로 말도 하지 않고 차가운 눈빛만 교환하며 지냈다. 못마땅해도 입으면 되련만 거금 오십만 원이나 들인 비싼 옷을 무르고 싶은 눈치였다. 나는 나대로 언짢았다. 12박 13일로 갔지만 옥신각신하다 보니 좋은 추억은 남기지 못하고 두고두고 우려먹을 일만 가지고 돌아왔다. 마음에 들었는지 버리기가 아까웠는지 우스꽝스럽게도 아내는 그 옷을 아직도 옷장 속에 걸어 두고 있다. 일부러 큰 옷을 샀기에 소매를 걷어서 입고 다니는 것도 보았다. 가끔 언쟁을 벌이는 이유가 아내는 절약 정신이 몸에 배었고 나는 지난 시절 가난했기에 이제라도 쓰고 싶거나 하고 싶은 건 하자는 주의였다. 생각해 보면 그때 가격 때문에 화난 게 아닌가 싶다. 앞뒤 재지 않고 비싸도 마음에 들면 사는 이런 행동이 알뜰한 아내의 신경을 예민하게 만든 것 같다.

  아내는 짠순이 각시다. 구석구석이 돈인데 쓸 때 좀 쓰고 아낄 때는 아끼자고 언젠가 농담조로 말한 적이 있었다. 돈이 아내 손으로 들어가면 나오질 않는다. 우리는 신세대처럼 각자 돈 관리를 한다. 전체적인 관리는 내가 하지만 섭섭해하는 눈치는 아니다. 생활비를 주고 용돈처럼 큰돈을 따로 줘도 모으기만 한다. 오죽하면 처형들이 쌓아두지만 말고 너를 위해 좀 쓰라고 할까. 그래도 귓등으로 듣는다. 근검절약을 생활화하는 아내가 대단하다 싶다가도 시장 할머니들에게 콩나물값을 깎아달라고 궁상을 떨 때는 옆에 있는 나까지 민망해진다. 시계 수리비는 다 받으라고 하면서 말이다. 명품을 몇 개나 가진 사람이 다른 건 몰라도 시장에서만큼은 제발 그러지 말라고 당부한다. 심하다 싶을 때도 있지만 허튼 곳에 쓰지 않고 자신만의 재산을 불려 나가는 아내가 대단해 보일 때도 있다. 하기야 나도 지금의 상황과는 다르지만 성보원에 있을 때 학원비를 마련하기 위해 십 원 하나 쓰지 않아서 선배나 동료들에게 악착이나 재수탱이라는 별명을 얻었다.

  한번은 이런 일도 있었다. 시계방을 하고 있지만 아내에게 늘 보는 시계가 아닌 이름만 들어도 알 만한 고급 시계를 큰마음 먹고 하나 사 주었다. 손목이라도 호사를 누리게 하고 싶은 마음에서였다. 그러나 아내는 어느새 돈으로 바꾸어 왔다. 화가 머리끝까지 치민 나는 두 번 다시 사 주지 않겠다고 퉁바리를 놨다. 그리고 물었다. 돈을 그렇게 모아서 뭐 할 거냐고 했다. 농담인지 진담인지 몸 불편한 우리 신랑 아플 때를 대비해 비축한다고 사람을 당황하게 했다. 있다고 물 쓰듯 하지 않는 아내가 고맙기도 하면서 어려운 환경에서 자라 끌어모을 줄밖에 모르는 아내가 가엾기도 했다. 아등바등하다가 죽으면 이 돈 다 어쩔 거냐고, 걱정하지 말고 있는 돈 다 쓰고 가자. 알뜰한 것도 좋지만 청승 떨지 말고 병원에 가서 치료도 받고 자기 건강이나 잘 보살피라고 했다. 나는 당뇨가 있었다. 하지만 관리를 잘해 지금은 약을 먹지 않는다. 어릴 때 나는 못 먹고 자랐다. 그래서 늘 내 몸에 미안했다. 이제 와서 잘 먹는다고 해도 한참 성장기 때 못 먹은 영양이 보충되지는 않는다. 내 건강은 내가 알아서 잘 챙길 테니까 신경 쓰지 말고 자기 몸이나 돌보라고 말했다.

아내에게 유언처럼 자주 하는 말도 있다. 모든 재산이 내 앞으로 되어 있어 죽기 전에 어느 정도 사회에 기부할 거라고 못을 박았다. 잔소리를 했다. 내 돈으로 내가 하겠다는데 참견하지 말라고 언성을 높였다. 듣고 있던 아내가 상의라는 걸 좀 하면 어떻겠냐고 입을 열었다. 절대 맞는 말이었다. 지금까지 혼자 꾸려왔고 마음대로 했기에 곁에 아내가 있는데도 독단적으로 처리하는 습관이 있었다. 어떤 때는 나도 놀라 반성할 때가 많다. 돈을 벌면 넘치지 않게 쓰고 기부도 하고 봉사도 하며 살겠다고 아내를 만나기 전부터 인생의 신조로 삼았다. 그 약속을 지금도 지켜가고 있다. 다른 건 몰라도 봉사와 주변에 기부하는 돈은 간섭하지도 않고 오히려 잘하는 일이라고 치켜세우는 아내였다.

그렇게 순했던 사람이 나와 이십 년 넘게 살다 보니 어느 틈에 호랑이로 변신해 있었다. 내 탓인 것 같아 기분이 씁쓸했다. 남남으로 살다 만났고 연애 기간까지 짧아 서로를 잘 몰랐던 까닭도 있었다. 어느 순간부터 우리는 누가 먼저라고 할 것도 없이 서로서로 민낯을 드러내었다. 직장에서 스트레스를 받으면 집에 와서도 나는 고함을 질렀다. 고객들과 있었던 언쟁을 삭이지 못하고 퉁명스럽게 굴었다. 짜증을 내도 잘 받아 주던 아내가 변해버렸다. 한 사람이라도 참아주면 되는데 언제부턴가 목소리를 같이 높이고 있었다. 남들이 본다면 결말이 궁금해질 정도로 서로 양보 없이 으르렁거렸다. 꼴에 나도 가부장적인 의식이 있어 물러서지 않았다. 서로 말로 격렬하게 맞붙는 날이면 짧게는 일주일 길면 이 주일까지도 입 다물고 지냈다. 결국은 애교 없는 아내 앞에서 내가 먼저 재롱을 떨거나 몇 마디를 건넨다. 재미있는 말이나 내 행동이 웃기면 손뼉 치며 웃는다. 우리는 그게 화해였다.

정말로 내가 감정을 억누르지 못할 때는 따로 있었다. 아내가 흥분하면 평소의 목소리와 다르게 갑자기 목청이 높아진다. 그런 높은음 소리를 들으면 악몽이 떠올라 깜짝깜짝 놀란다. 보육원 선배들에게서 당할 때 듣던 어조와 같았다. 아내에게서도 이런 음성을 들어야 하나 싶어 그런 목소리 안 내면 안 되느냐고 하면 집안 내력이라며 말문을 막히게 했다. 그런 나에게 아내는 제발 성격 좀 고치라고 되레 한 방 날린다.

우리는 주로 사소한 일로 싸웠다. 한번은 차를 같이 타고 가다가 벌어진 일이다. 늘 같은 길을 갔는데 어쩌다 길을 잘못 들었다. 운전하는 내가 알아서 돌아가면 되는 일이었다. 아내가 몇 번이나 왔던 길인데 저쪽으로 가야지 이쪽으로 오면 어떻게 하느냐고 처형들 앞에서 매섭게 몰아붙였다. 핸들이 좌우로 꺾이듯 머리가 돌 지경이었다. 참았던 성질이 집에 와서야 터졌다. 내가 운전기사냐고 버럭 성질을 냈다. 길을 찾아가는 데 정답이 어디 있느냐. 이리 가도 되고 둘러 가도 되고 잘못 갔다 싶으면 다시 방향을 바꾸어 가면 되는 것이지 꼭 그 길로만 가야 하는 법이 어디 있느냐고 역공세를 펼쳤다. 그래도 아내는 자신의 불찰을 인정하지 않고 끝까지 잘했다고 우겼다. 또 티격태격했다. 나도 성질머리를 좀 죽이고 아내도 억센 가시 같은 억양을 조금만 누그러뜨리면 더 좋은 짝으로 거듭날 텐데 말이다.

다툴 때는 서로 말의 온도가 펄펄 끓었다. 100도가 넘는 게 보통이었다. 차분히 생각해 보면 우리는 뜸 들이는 시간이 부족했다. 싸움이 대화가 되도록 이끌어야 하는데 현명하지가 못했다. 어떤 싸움에도 기술이 필요 없었다. 딱 한 마디면 되었다. 서로에게 '그럴 수도 있지'라는 말만 건넸어도 서로를 비난하는 관계에서 이해관계로 바뀔 것인데 어리석게도 우리는 그걸 몰랐다. 남녀가 가정을 이루어 서로 맞춰 가며 산다는 게 말처럼 쉽지만은 않았다.

지난 아내 생일 때였다. 특별한 이벤트를 해주고 싶었다. 돈 천만 원을 신문지에 둘둘 말아 건넸다. 아내는 처형들이 보는 앞에서 무심히 펼쳤다. 생각지도 못한 돈뭉치에 다들 눈이 휘둥그레졌다. 특히 놀란 토끼 눈을 하고 나를 쳐다보는 아내에게 이 돈으로 처형들과 맛있는 것도 먹고 선물도 사 드리라고 했다. 집에 돌아온 아내는 내 말대로 했는지 안 했는지 알 수가 없었다. 준 돈으로 무엇을 어떻게 했다고 소녀처럼 재잘거리지도 않았다. 파고들어 물으면 좀생원처럼 비칠까 그러지도 못했다. 칭찬을 바라지도 않았지만, 귀띔이라도 해주면 내 기분도 상쾌할 텐데 쓰다 달다 말이 없었다. 내 손을 떠난 돈이라 캐물을 수도 없지만 그대로 속주머니에 집어넣었는지 아니하였는지 지금도 그날처럼 궁금하다.

 부부가 숱한 날을 함께하는데 왜 싸우는 날이 없을까. 든든한 자물통과 야무진 열쇠로 만났어도 서로의 생각이 다르니 딸가닥거리는 건 당연했다. 남편이나 아내나 누군가의 한 사람으로 산다는 건 자발적인 희생이 필요했다. 그렇지 않으면 감정의 지배를 받아 서로 오해하고 증오하고 끝에는 혼인 관계에 금이 갈 수도 있겠다는 생각이 들었다. 비 온 뒤에 땅이 굳어지듯 애증 속에서도 믿음의 뿌리는 내려졌다. 싸울 때 싸우더라도 애틋했던 연애 시절을 떠올리니 미움도 한풀 꺾이는 것 같았다. 여러 번 경험을 해보고 나서야 그렇더라는 것을 깨달았다. 때로는 아내가 얼음 나무처럼 느껴지기도 한다. 그러나 녹으면 금방 푸른 나무로 돌아와 그늘이 되어준다. 서로 지지 않으려고 줄다리기하면서도 서로에게 그늘이 되어주는 그 맛에 부부로 살아가는지도 모르겠다.

 무엇보다 장애인 남편을 둔 아내의 고충이 적지 않았으리라 생각한다. 멀쩡한 여자가 신체장애가 있는 남자와 산다고 수군대는 소리를 들었을 것이다. 내색은 하지 않아도 사람들의 곱지 않은 시선과 남의 말을 쉽게 하는 입방정에 적잖게 마음을 다쳤으리라. 이럴 땐 여우 같은 아내보다 곰 같은 아내가 나은지도 모른다. 그렇지만 가끔이라도 아양을 떠는 모습을 보고 싶다. 각설하고, 내 울타리를 뛰쳐나가지 않고 인내하는 것만도 사뭇 고맙다. 시련과 곡절이 많았던 내 인생, 내가 인생 역전을 하게끔 뜨겁게 동참해 준 한 사람이 아내이기도 하다. 혼자였다면 남은 찬밥을 그대로 먹었을 사람이지만 나를 위해 따뜻한 저녁밥을 짓고 콩나물국을 끓이고 김치찌개를 데우는 뒷모습을 바라보며 더 나은 남편이 돼야겠다고 다짐을 둔다.

애교가 없어 그렇지 아내는 단점보다 장점을 더 많이 가지고 있다. 내 거친 언어들을 이해해주고 옛날 친구들과 어울려도 별말이 없다. 그중에는 깡패도 있다. 자랄 때의 환경을 알고 있었기에 조심스러운 눈치를 보내지만 개의치 않는다. 또한 사시사철 따끈한 밥을 해서 날랐다. 제자들의 점심까지도 가지고 왔다. 가게와 집이 가깝기는 해도 십 년이 넘도록 손수 만든 음식을 그렇게 챙긴다는 건 어려운 일이었다. 싫은 내색 없이 날마다 준비해 주는 아내가 고맙고 미안해서 이제는 배달 음식을 시켜 먹는다. 그래도 아내는 내 점심을 잊지 않는다. 느지막이 일어나도 되련만 늘 일찍 일어나서 도시락을 싸준다. 그 정성을 차에 실어 출근한다. 정갈하고 맛깔스러운 음식은 늘 내게 감동을 준다. 올바로 말해서 누가 나 같은 사람에게 딸을 주겠는가. 정신은 제대로 박혔다 쳐도 내 나이가 마음에 걸린다고 염려했던 장인어른도, 막내딸을 생각하며 늘 속으로 울었을 장모님도 이젠 안 계신다. 두 분의 몫까지 다 해주려고 하지만 놓칠 때가 많다.

가사 분담을 제대로 하는 것도 아니다. 한 번씩 와이셔츠를 빨고 간혹 설거지를 거들고 어쩌다 거실에 청소기를 돌리는 게 고작이다. 거의 아내가 살림을 도맡는다. 밖에서 하는 일이 많다고 불평하지도 않는다. 집에서도 다정한 남편이 못 되었다. 퇴근해도 혼자 방에 틀어박혀 고장 난 시계를 주물럭대며 나만의 작품 세계에 빠진다. 요즘 세상 같았으면 쫓겨났을 것이다. 그런 아내에게 따뜻한 말 한마디 건넬 줄 모르는 못난 사내다. 그러나 아내는 연인이 되고 부부의 연을 맺기까지 주위의 많은 편견과 오해에 부딪혀도 잘 헤쳐나온 든든한 기둥 같은 사람이다. 신체장애는 나쁜 게 아니다. 사람의 일이란 알 수가 없다. 우리도 길 가다가 교통사고로 불구가 될 수도 있다는 오빠의 말에 결혼을 결심하게 된 착한 사람이었다.

나는 사람들이 보내는 시선을 피해 시계라도 붙잡고 있지만, 아내는 색안경을 끼고 보는 사람들의 따가운 관심을 오롯이 받아내며 울음을 만들었을 것이다. 어쩌면 아내는 울음덩어리로 살아가는지도 모르겠다. 그런데도 얼굴에 드러내지 않고 남편의 건강을 살뜰히 챙기는 속 깊은 여인이다. 불만이라면 내가 건강을 돌보지 않고 밤늦도록 작품에 매달리는 것이라고 했다. 이런 사람에게 늘 미안함을 감추지 못한다.

　커갈 때는 생일이 없었으면 좋겠다고 생각했다. 같은 처지의 친구와는 다르게, 있는 집 친구들의 생일을 보면 마음의 허기만 커졌다. 아내가 첫 생일상을 차려주던 날, 따뜻한 미역국으로 외로운 마음을 데워주던 날 눈물이 날 뻔했다. 생일이 없었으면 어떡할 뻔했나 싶었다. 생일이라고 엄마가 해준 추억의 음식도 없었다. 나를 위해 음식 해주는 흔한 엄마의 모습도 내 기억엔 존재하지 않았다. 혼자였다면 잡초만 무성한 섬이었을 시간을 곁에 있는 아내가 비빌 언덕이 돼주어 마냥 좋기만 하다. 마흔네 살에 늦깎이 결혼을 했지만, 늦은 만큼 서로 기대며 살아가고 있다. 밍밍했던 내 인생에 참맛이 나도록 알맞게 간을 맞추어 주는 짭짜름한 소금과 같은 아내가 있어 행복하다.

　나는 가진 재산 없이 혼자의 힘으로 가정을 일으키고 재산을 모았다. 그렇게 하기까지 아내는 시계의 중심부인 내장 같은 삶의 동반자였다. 아내에게 사랑을 다하고 충성을 다해도 모자랄 판이다. 열쇠인 아내가 자물통인 나를 열어 주지 않았다면 지금의 내가 있었을까 하는 생각도 해본다. 냉전 기간이 지속될 때는 '열쇠가 없으면 자물통은 아무 쓸모가 없어. 내가 있기에 네가 존재하는 거야'라고 아내가 은연중에 보내는 암시 같아 휘어잡는 방법도 가지가지라는 생각이 들었다.

아직 풀지 못하고 합의 보지 못한 숙제 하나가 우리 사이에 놓여 있다. 내가 하는 이 일을 가맹점으로 만들어 어려운 환경의 제자들에게 맡기고 싶다고 아내에게 계획을 말했다. 이것만 아내의 검열에서 통과되면 되는데 아직 가결되지 못해 초조한 마음으로 기다리는 나는 철조망 아래로 지나가는 훈련병 같은 느낌이다. 그 때문에 또 딱딱한 큰소리가 거실을 메울 때가 있다. 아내가 많이 참아주기도 하지만 보육원에서 몸에 밴 행동과 말투가 튀어나오면 나도 기가 막힌다. 심한 말이 겉으로 툭툭 삐져 나올 때는 부끄럽기도 하다. 화가 나면 손님들이나 제자들에게도 말이 거칠게 나간다. 목소리가 커서 더 기분 나쁘게 들리기도 한다. 자라온 환경 탓이라고 입버릇처럼 말하지만 노력하지 않는 내 탓이 크다. 누구에게라도 욱하는 성질을 보이고 나면 얼굴이 화끈거린다.

직장에서 웃기는 일도 있었다. 목소리를 얇게 하고 최대한 상냥하게 전화를 받으면 듣고 있던 고객이 사장님 좀 바꿔 달라고 한다. 웃음을 금치 못한다. 어쩔 수 없었던 환경에서 크다 보니 알게 모르게 성격이 모가 나고 폭력배 기질이 내 속에도 스며 있었다. 다리 병신에 고아라는 꼬리표를 단 나는 육백여 명이나 되는 성보 보육원에서 잔뼈가 굵었고 그 무리 속에서 견디려면 스스로 살 방법을 찾아야 했다. 그러니 맞더라도 선배들에게도 달려들었고 포악스럽게 굴지 않으면 안 되었다. 그렇게 버티지 않았다면 지금, 이 세상에 없거나 누워 지내는 신세가 되었을지도 모른다. 익숙해져 버린 그 버릇을 따라 하고 있는 나 자신이 싫었다. 애먼 아내에게 이러한 행동을 받아들이지 못한다면 보따리 싸서 가라고 도리어 떵떵거렸다. 참 염치머리라고는 하나도 없는 남편이었다. 말 같잖은 말에 어안이 막혔을 것이다. 마음이 여리고 눈물이 많은 아내를 늘 울리기만 한 것 같다. 나를 위해 김이 오르는 밥 한 끼를 차려주고 출근길에 넥타이를 골라주는 아내가 더없이 고맙다. 아내라는 뿌리가 들뜨지 않게 영양분이 가득한 흙으로 살아도 후회 없겠다는 마음만 수없이 되뇌고 있다.

멈추지 않고 돌아가는 수많은 시계의 초침 소리처럼 오늘도 아내의 심장 소리를 듣는다. 맵짠 잔소리에 가끔 내가 고장 난 시계가 될 때도 있지만, 고생한 나를 위해 야무진 손으로 뭉친 어깨 근육을 풀어 줄 때는 부부싸움은 칼로 물 베기라는 속담이 맞는 것 같다. 함께한 세월 속에서 얼굴과 얼굴을 마주하며 서로에게 차가운 말로 가슴을 때리는 것도 닮아 있다. 그래도 같이 늙어가는 아내가 곱기만 하다.

가끔 험악한 말로 서로의 자존심을 긁는 다른 집 부부를 볼 때면 우리 부부의 단면을 보는 것 같아 걱정스러울 때가 있다. 나를 유혹하고 아내를 매혹시킬 만한 아름다운 구색을 서로 갖추지는 못했다. 그러나 좋든 싫든 각자의 향기를 흡입하며 상대를 질리지

앓게 하려고 노력하니 우리는 별과 꿀의 관계가 분명하다.

　이제 더 성숙한 모습으로 살아갈 날만 남았다. 대수롭지 아니한 일로 다툼이 잦아도, 인생이란 파도치는 날보다 맑은 날이 더 많다는 것을 알아간다. 서로 다른 성질이 만나 하나가 되기까지 오랜 시간이 걸린다. 서로에게 맞게끔 공들이는 건 끝이 없는 숙제 같다. 나는 시계 수리의 명장을 꿈꾸고 아내는 아내 자리의 명장이 되려고 노력하고 있다. 나는 세상에서 가장 값비싼 보석 하나 품고 사는 복 많은 남자다.

스쳐 간 쌍둥이

아이를 가지고 싶었다. 고아로 자랐기에 아이는 적어도 셋은 두고 싶다고 혼자 생각하고 있었다. 결혼을 하고 1년 반 정도 지났다. 꿈에도 그리던 아이가 생겼다. 그것도 쌍둥이로 왔다. 마흔의 나이에도 튼튼한 아기집을 가지고 생명을 잉태한 아내가 고마웠다. 우리는 기뻐서 어쩔 줄을 몰랐다. 아내가 입덧으로 고생했다. 나는 도움이 되지 못했지만, 배가 불러오기를 기다리며 함께 태교에 힘썼다. 임신 8주 차에 접어들었을 때 아이가 자연 유산되고 말았다. 불룩하게 나온 배를 안고 뒤뚱뒤뚱 걷는 아내의 모습을 보고 싶었고 부른 배에 손을 갖다 대어 태동을 느끼고 싶었다.

아내는 멍하게 있는 시간이 많았다. 아내의 탓이 아니었다. 그래도 아내는 자책하며 웃음을 잃었다. 우리에게 더는 아이가 찾아오지 않았다. 꼭 피가 엉켜야만 가족인가 싶어 입양을 고려했지만 잘되지 않았다.

 길을 가다가 어린아이를 보면 내 아이가 태어났다면 저만할 텐데 하며 아내 몰래 부러워하기도 했다. 발바닥으로 장단 맞추며 내 품에서 우유를 먹는 모습을 상상하고 기저귀를 갈아주고 분유 걱정 없이 하루가 다르게 잘 자라기를 바라며 유치원 가는 모습, 학교가는 모습도 상상했다. 아이가 지금까지 성장했다면 스무 살이 넘었다. 가끔 그 또래들을 보면 가슴이 시릴 때도 있다. 금이야 옥이야 키우고 싶었지만 세상의 빛도 보지 못하고 쌍둥이는 하늘로 갔다. 핏덩이를 보낸 아내의 마음은 얼마나 아팠을까. 그 빈자리는 아직도 채워지지 않았을지도 모른다. 퇴근해서도 나는 바로 집에 들어가지 않고 차 안에서 가슴에 묻은 아이를 안고 울다가 천천히 현관문을 열기도 했다.

 나도 늙었는지 예전과 달리 요사이 부쩍 외로움을 탄다. 우리 둘만이라도 잘 살면 된다고 여유만만하게 생각했는데 진심은 그게 아닌가 보았다. 바람이 분다고 마음이 쓰이거나 햇볕이 따갑다고 걱정할 만한 아이는 없지만 언제나 내 가슴 밭에서 무럭무럭 자라고 있는 아이 때문에 더 그런 것 같다. 잊고 지내다가도 주위에서 아빠를 부르는 소리가 귀찮다고 행복한 짜증을 내는 남자들을 보노라면 가슴에 또 격랑이 인다. 나는 가슴에 빈집 하나 지어놓고 없는 아이를 날마다 키우는데 말이다. 혹시 나를 빼닮으면 어쩌나 하는 어리석은 생각이 들 때는 오히려 아이가 없는 게 잘된 일인지도 모른다고 생각했다. 하지만 태어나서 못 걸은 내 걸음까지 걸어주길 바랐는데 이제 아내의 출산은 끝이 났다.

어느 봄날이었다. 길을 가다가 늙은 벚나무 아래에서 잠시 쉬고 있을 때였다. 젊은 여인이 아이를 데리고 와서 꽃나무 앞에 세웠다. 시키지도 않았는데 아이는 앙증맞은 손가락을 들어 브이 자를 했다. 아이 엄마는 너도 저 꽃처럼 예쁘게 잘 자라라고 하면서 휴대전화로 사진을 찍어 주었다. 남의 아이지만 보는 내내 황홀했다.

몸을 흔들고 다니며 꽃잎처럼 살랑살랑 가볍게 떠다니는 아이가 봄날의 새싹 같았다. 바람이 흩날렸다. 연분홍 꽃잎이 발에 툭 떨어졌다. 벚꽃 같은 눈물이 굴러내렸다. 매일매일 태어나는 아이는 많은데 왜 내 아이는 없을까. 젖 한번 물리지도 못하고 떠나보낸 아내의 심정이야 말해 뭣 하랴. 연분홍 꽃을 자식처럼 매단 늙은 벚나무가 나를 물끄러미 내려다보았다.

아내가 미소를 띠며 밥상을 차린다. 뛰어와 뽀뽀를 해주는 아이는 없어도 나는 오늘 있었던 일을 조곤조곤 들려주고 아내도 오늘 하루 일어난 소소한 이야기를 조잘댄다. 그것만으로도 족하다. 아내와 나, 단둘뿐이지만 그래도 감사하다. 신호등 같은 아이는 없어도 심장 같은 아내가 곁에 있다. 아내가 행복을 굽는다. 웃음 냄새가 고소하게 퍼진다.

목발 대신 총을 들고 싶었다

어느덧 나는 성인이 되었고 어릴 적 앓았던 소아마비로 군에도 못 갔다. 엄격히 말하면 안 간 게 아니라 못 간 것이다. 차라리 몸에 병을 숨기고 갔다가 훈련소에서 실시하는 신체 정밀검사에서 불합격 판정을 받고 쫓겨나는 신세가 나을 뻔했다. 그만큼 군에 가고 싶었다. 남들은 든든한 뒷줄을 이용해 군에 안 가려고 야단들인데 나는 가고 싶어도 신체 조건의 결격 사유로 못 가는 처지여서 폭격으로 한쪽 다리에 상처를 입은 상이병 같은 심정이었다.

휴가 나온 군인을 보기만 해도 부러웠다. 당당한 군홧발 소리가 저만치 멀어져가도 내 귀에는 옆에서 걷는 것같이 쟁쟁했다. 목발 대신 나무총이라도 들고 뒤따르고픈 마음 굴뚝같았다. '야 인마, 군대를 졸로 아나. 쩔뚝발이는 군대에서도 안 받아 줘. 꿈 깨라. 깨.' 이런 내 사정을 잘 알고 있는데도 가슴이 욱신욱신 아팠다.

마흔을 넘어서면서 국가에 뭐라도 공헌하자는 생각이 들었다. 곰곰궁리 끝에 내가 가장 잘할 수 있는 게 고장 난 시계를 수리하는 거였다. 우선 대구에 있는 2군사령부와 어렵사리 연락을 취했다. 이메일로 나를 설명하고 장병들의 시계를 고쳐주고 싶다는 뜻을 밝혔다. 나의 신원을 파악하고 의도를 이해하고 요청을 받아 주었다. 마치 입대하는 기분이었다.

한 달에 두 번 일요일에 방문했다. 한번 가면 적어도 몇백 개씩 고쳐내야 했다. 혼자서는 손이 달렸다. 시계 기술을 익힌 장애 지인에게 도움을 청했다. 우리는 힘을 합쳐 장병들의 멈춘 시곗바늘을 다시 활력 있게 해주었다. 계급장은 없었지만 정말로 군 생활을 하는 것 같았다. 그 덕에 2000년도 7월 제2군 사령관 대장에게 감사패를 받았고 2001년 12월엔 대한민국 시계 수리 신지식인 1호로 선정되어 인증패를 받았다. 가슴 벅찬 일이었다.

소문이 돌았다. 지금은 새롭게 창설된 하양 '201신속대응여단' 이지만 그때는 하양 '201특공여단'으로 불린 군부대에서 연락이 왔다. 한 달에 두 번 그곳에서도 봉사를 했다. 한번 가면 삼백 개 이상의 손목시계를 결점이 없도록 잘 매만지고 보완했다. 장병들이 훈련하다 보면 크고 작은 고장이 잦았다. 잔고장이 없도록 정성을 다해 부품을 갈고 손질했다. 젊은이들이 고쳐준 시계를 손목에 차고 좋아했다. 한 장병은 애인한테서 받은 시계가 고장 나 속상했는데 덕분에 예전처럼 씩씩하게 잘 돌아간다며 고맙다는 인사말을 잊지 않았다. 어떤 사병은 베풀어 준 호의에 감사드린다며 상사들의 반찬을 몰래 갖다주기도 했다. 점심은 혈기 왕성한 그들과 먹었다. 마치고 돌아갈 때는 건빵도 한 박스 주었다. 극구 사양해도 차에 실어 주었다. 전역증이었으면 얼마나 좋을까 하는 덧없는 생각도 했다. 집으로 돌아오는 길은 물 없이 건빵 한 봉지를 다 먹은 것처럼 목이 메었다. 삼 년 동안 계절이나 날씨와 상관없이 열심히 나를 제공했다. 내 손을 거쳐 간 시계만도 4천 개가 넘었다.

거기뿐만 아니었다. 제50보병사단, 일명 50사단에도 갔다. 이곳에는 가고 싶은 군대에 못 간 장애인이라고 밝히고 가진 기술로 봉사하고 싶다는 서신을 보냈다. 흔쾌히 받아 주었다. 시계를 고치다가 안 되면 새것을 주기도 하고 장비 부족으로 그 자리에서 해결 못하면 가게로 가지고 와 제대로 손질한 뒤 갖다주었다. 필요한 장병에겐 목도장도 새겨주었다. 이렇게 하다 보니 대구공군기지 K-2에서도 요청이 왔다. 그러나 사정이 있어서 가지를 못했다. 시간이 지나자 봉사하는 동료 한 명이 처음 취지와는 다르게 봉사상이라는 잿밥에 속셈을 드러냈기 때문이다. 그래서 그만하게 되었다. 그 반면 멀리 문경에서 오는 금시당 채홍성 대표는 약속된 시간에 늦을까 봐 택시를 타고 왔고 일이 많아 늦게 끝나면 사심 없이 택시를 타고 가기도 했다. 그 사람과는 오래도록 함께하지 못한 것이 마음에 걸렸다.

그 당시 이라크의 평화 정착과 재건을 목적으로 우리나라에서 파병한 부대가 있었다. 자이툰 부대Zaytun Division였다. 이 부대는 육군본부 소속 사단으로 2004년 2월에 창설되었다. 이어 3,000여 명의 대원들이 낯설고 물선 그곳으로 가 재건에 힘썼다. 저격 훈련을 하면서도 현지 경찰을 교육하고 자이툰 병원에서 현지 주민을 치료해 주는 등 주어진 임무를 톡톡히 해냈다. 2008년 12월에 맡은 일을 끝내고 고국으로 돌아왔다. 지금은 해체되고 없지만 나는 그때에도 가만있지 않았다. 도움이 되고 싶었다.

'자이툰'은 아랍어로 올리브를 뜻하고 평화를 상징하는 의미를 담고 있다고 했다. 때마침 대구의 한 봉사단체인 사단법인 '경북곰두리봉사회'가 못 쓰거나 사용하지 않는 손목시계를 기증받아 깨끗이 수리한 뒤 자이툰 부대를 통해 이라크 주민들에게 보내는 운동을 벌이고 있었다. 나도 동참했다. 대구 지역 교회나 사회복지단체에서 모은 손목시계 200여 개를 말끔하게 수리해 이라크에 보냈다. 가난한 생활을 겪어보았기에 누구보다 그 마음을 잘 알았다. 새 제품은 아니어도 유리가 깨졌으면 바꾸고 고장 난 시계는 수리하고 새 건전지를 넣어 전달했다. 전쟁으로 고통받는 주민들에게 조금이라도 위로가 되고 정을 나누는 계기가 되어 마음이 넉넉했다. 보람된 일이었다.

그즈음 시계를 위해서라면 무엇이든지 할 수 있을 만큼 시계에 대한 강렬한 목마름이 생겼다. 수입 시계를 다루고 싶었다. 외국에 나갔을 때도 시계만 눈에 들어왔다. 그 갈증을 해소해 나가고 싶었다. 처음에는 고객들의 비싼 시계를 잘못 만져 돈을 물어 주거나 고생은 고생대로 하고 수리비를 다 받지 못할 때도 있었다. 성과는 하루아침에 얻어지는 게 아니었다. 괜한 욕심을 부린 건 아닌지 후회하면서도 명품 시계를 파고들었다. 지금은 거침없이 고쳐내고 있다.

로렌조 수녀님

　수소문 끝에 왜관에 있는 엘리사의 집에서 봉사하는 수녀님과 연락이 닿았다. 곧장 찾아갔다. 세 살 무렵 찾아온 장애, 수녀원 앞 강가에 버려졌던 나를 정성을 다해 키워준 분이었다. 내 어린 날의 엄마 같았던 로렌조 수녀님은 이곳에서 원장 수녀로 계셨다. 세월을 거스를 수는 없으나 여전히 키가 크고 곱고 자애로웠다. 검은 수녀복이 잘 어울렸다. 목소리도 젊은 날의 그 목소리였다. 눈물이 핑 돌았다. 그날의 약속을 왜 지키지 않았느냐고 따지듯 물으며 울었다. 수녀님은 손을 잡으며 잘 성장해 줘서 고맙다는 말만 하시며 목이 메는지 말끝을 흐렸다. 나는 수녀님 덕분에 삶을 포기하지 않았다며 몇 번이나 감사함을 전했다.
　가지고 간 수녀님의 사진을 보여주었다. 수녀님은 어린 제 눈에도 매우 예쁘게 보였다고 말했다. 이 사진을 어떻게 가지고 있느냐며 놀라셨다. 정말로 오래된 사진인데 언제 찍은 것인지도 모르겠다며 기억을 더듬으려 애썼다. 가족처럼 따뜻하게 대해주었던 수녀원 식구들. 강가에 버려진 나를 마음으로 보살펴준 신부님과 수녀님들. 그때를 생각하니 눈시울이 또 붉어졌다.

자애원을 거쳐 청소년기를 보낸 성보원에서의 생활은 녹록지 않았다. 장애로 인한 차별과 따돌림을 말해서 뭣 하랴만 세월을 돌고 돌아서야 그때의 아픔과 설움을 털어 놓았다. 보육원으로 갔을 때 그곳에는 이상한 사람들이 많아서 무서웠고 수녀님이 다시 오기를 기다리며 평생 흘릴 눈물을 다 흘렸다고 말했다. "어린 시절 너는 몸이 좀 불편해도 다른 사람을 도우려는 마음을 지니고 있었다. 영아원이나 양로원에서 다른 분들하고 같이 살 때도 어린아이처럼 굴지 않고 남을 위해 애쓰는 마음을 가지고 있었지. 예쁜 아이였어. 그래도 그 시절을 꿋꿋하게 잘 버텨냈기에 오늘이 있는 거야."라고 하시며 중년이 넘은 나를 그때처럼 다독여 주었다. 괜히 또 눈물이 난다며 수녀님 앞에서 결국 눈물을 보이고 말았다. 늘 잊히지 않던 그 시절의 기억들, 지난날의 이야기를 나누며 한참이나 울고 웃었다. 지금의 자리에 오기까지 우여곡절도 많았지만, 어린 시절 받았던 고마운 인연들의 은혜를 조금이나마 갚아 나가고 싶었다. 그래서 나는 나 자신과 한 약속을 잊지 않고 실행했다. 제자들을 양성하고 매년 수녀원과 보육원을 찾아가 필요한 물품과 재능 기부를 하고 있다.

　수녀님이 계시는 이곳에는 나이 지긋한 분들이 스무 명이나 있었다. 나이 들어 활동이 어려운 수녀님들이 각지에서 모여들어 함께 거처하는 곳이었다. 오랜 세월이 흘렀지만 나는 감사함을 표현하고 싶어 이때부터 매년 이 수녀원을 찾았다. 명절이면 찾아뵙고 생활용품을 사 드렸다. 부족하지만 성의를 다했다. 생활용품을 가져가면 고맙다고 수녀님이 등을 두드려 주었다. 여전히 부드러운 손길이었다. 이젠 편히 쉴 수도 있으련만 나이 들어서도 많은 사람을 위해 애쓰시는 게 안쓰러웠다. 평생을 헌신하고 살았는데 이제는 아늑한 생을 살았으면 하는 바람이 간절했다. 찬물에 손빨래하는 수녀님을 보고 세탁기를 사려고 했으나 수녀님이 손사래를 쳤다. 수녀들은 세탁기를 사용하지 않는다고 했다. 자연 파괴가 염려되어 저공해 빨랫비누로 세탁하고 물도 아낀다고 웃으며 말했다.

　그 후 수녀님은 대구에 있는 앞산수녀원의 원장 수녀로 가셨다. 거기도 찾아갔다. 볼 때마다 수녀님은 격려하고 위로해 주었다. 부모 없이 컸고 장애까지 있는데도 엇나가지 않고 꿋꿋이 자라서 시계 기술자로 자리를 잡은 게 대견하다고 다정하게 말씀해 주셨다. 이렇게 되기까지는 어릴 때 베풀어 준 사랑 덕분이라고 했다. 수녀님 앞에서는 언제나 나는 어린아이였다. 하루살이처럼 불안했던 삶이 솟구쳐 오르는 새처럼 기적을 만들었으니, 수녀님이 더 뿌듯

해하시는 것 같았다. 나도 기분이 좋았다. 그 뒤로도 몇 번이나 통화를 했다.

2023년 12월에는 수녀 세 사람이 사는 인천으로 간다고 하셨다. 그 멀리까지 가느냐고 했더니 수녀들도 인사이동을 하고 주님이 부르는 곳이면 어디든지 간다고 하셨다. 자세히는 모르겠지만 인천에서도 변두리 부근 어디에 지내고 있는 것으로 알고 있다. 가끔 전화로 건강과 안부를 여쭙고 생활필수품을 보내드린다.

잠시였지만 엄마 역할을 해준 수녀님은 어느새 여든셋이 되었다. 내 마음속의 엄마로 산 지도 꽤 오래되었다. 암탉이 알을 품듯 수녀님은 성치 않은 내가 그래도 잘 깨어나도록 가슴으로 품어주었다. 어렸을 때 내가 아무리 장난꾸러기처럼 굴어도 수녀님은 친절과 참을성을 잃지 않았다. 힘든 역경 속에서도 내 가슴을 지배한 그 사랑 덕분에 가시밭길을 헤쳐 나왔는지도 모른다.

나는 한결같이 수녀님이 좋고 또한 존경한다. 왜 그리도 좋으냐고 묻는다면 엄마 같아서 좋다. 어릴 때 실수하거나 잘못하면 나무라지 않고 왜 그렇게 했는지를 먼저 물어주고 답을 가르쳐 준 분이라서 그렇다고 자신 있게 말할 수 있다. 나는 엄마의 정을 모르고 자랐다. 한창 커갈 때 엄마가 곁에 있었다면 아마 수녀님처럼 내게 따스하게 대하지 않았을까 하는 생각을 해본다.

보모 누나와 재회

생각해 보면 보모 누나는 내게 친누나 이상이었다. 실의에 빠져 죽음을 생각하고 학원비가 없어 쩔쩔맬 때 누나가 도와주지 않았다면 난 참 힘들었을 것이다. 보육원에 뿌리를 내리지 못하고 겉돌며 방황할 때도 누나의 따뜻한 손길이 아니었다면 어떻게 되었을지도 모를 일이다. 내가 돌밭에 뿌리를 내리지 않고 흙에 뿌리를 내리게 도와주었고 옆길로 새지 않게 지지해 주었다. 수녀님 외에 나에게 그렇게 친절한 사람은 처음이라 아주 좋아했고 잘 따랐다. 그랬던 누나가 떠났어도 남기고 간 따뜻한 정은 그 후로도 내 인생의 양분이 되었다.

때로는 회초리 같은 따끔한 말을 하기도 했다. '괴롭힘을 당했다고 죽음을 택해서야 되겠느냐. 눈앞의 불운에서 도망치면 앞으로 불행이 덮칠 때마다 달아날 거야. 내빼지 말고 맞서라. 네 인생은 네가 당당하게 책임져라.'라고 야단치다가도 마음이 약해 나를 보듬어 주었다. 그 말이 뼛속으로 스며들었다. 누군가의 체온이 내게 거름이 된다는 것을 되새기며 어둠 속에서도 누나를 기억하며 견뎌냈다. 부정을 긍정으로 바꾸어 준 사람 또한 누나였다. 그때부터 흩어져 있던 내 마음을 하나하나 찾아 아끼고 챙겼다.

    누나를 찾아 어린 마음에 가출까지 감행했다. 포항에 도착했지만 누나를 찾을 수 없었다. 소금기 가득한 바다 공기를 마시며 며칠을 헤맸다. 결국은 만나지도 못하고 바닷물 같은 눈물을 흘리며 보육원 직원에게 끌려 올라왔다. 그때부터 언젠가는 누나를 찾아서 그동안 베풀어 준 사랑에 꼭 보답하리라 다짐하며 생활했다. 이따금 생각났지만 고마운 마음만 간직하며 살았다.

    누나의 소식을 모른 채 지내다가 2021년에야 소식을 접했다. 47년 만에 누님과 누님의 남편을 만났다. 누님도 나도 그때의 모습은 남아 있었지만, 세월의 주름을 피해 가지는 못했다. 한동안의 안부를 나누었다. 그 시절을 이야기하면서 격한 감정에 북받치기도 했으나 서글펐던 날들을 웃음으로 달랬다. 우리는 다음을 기약하며 일어섰다. 나는 누님에게 고마운 마음을 담은 편지와 감사의 봉투를 드렸다. 작은 성의지만 진정한 내 마음이 전해지기를 바라며 운전대를 잡았다.

〈누님, 긴 세월 동안 잘 계셨나요? 보모 누나로 근무할 때 도움을 많이 받았던 태호입니다. 이제야 마음을 전합니다. 누님 덕분에 시계 수리학원을 등록하고 그간 어려움이 많았지만 포기하지 않고 천직으로 알며 지금까지 잘 헤쳐 나왔습니다. 그때 도움을 주지 않았더라면 대한민국 명품 시계 수리공으로 정부에서 인정받지도 못했을 겁니다. 이제는 시계 명인으로 몇 손 안에 듭니다. 다 누나의 덕이라고 생각합니다. 지난 시절 누님의 가르침을 바탕으로 넘어지면 오뚝이처럼 일어나기를 거듭했습니다. 그러다 보니 사회의 일원으로 봉사도 하고 어려운 학생들에게 무상으로 기술도 가르쳐 주었습니다. 제자들만도 163명에 이릅니다. 그중에는 전국대회 시계 수리 부문에서 큰 상을 받거나 입상한 제자도 여럿 됩니다. 보기만 해도 흐뭇하고 자랑스럽습니다. 그들이 사회에 취업하도록 힘을 보태고 소자본으로도 창업할 수 있도록 뒤에서 애써 주고 있습니다. 이게 다 누님이 베풀어 준 은혜 덕에 가능했습니다. 저는 여전히 보육원에 있을 때의 일들을 생생히 기억하고 있습니다. 언젠가는 누나에게 결초보은하겠다는 마음을 품고 있었습니다. 좀 더 빨리 누님을 찾아야 했는데 이제라도 만나게 되어서 정말 다행입니다. 고아였던 제게 성심을 다해준 김은숙 누님, 그때 정말 감사했습니다.〉

내가 흔들릴 때마다 바로 잡아주었고 가장 어두웠던 시간을 빛으로 바꿔 준 보모 누나에게 이제라도 신세 진 것을 조금이나마 갚을 수 있어서 마음의 짐을 덜어낸 것 같았다. 기분 좋은 심호흡을 했다. 선물을 받은 아이처럼 나도 모르게 입이 해발쪽 벌어졌다. 오래전 시계 수리 기술에 도움을 준 은사님에게도 식사를 대접하고 작은 성의를 표했다. 그분들에게 진 신세를 갚지 못해 늘 마음의 빚을 지고 살았는데 밀린 사채를 청산한 것 같아 마음이 가볍다.

   땅거미가 내린 거리를 달린다. 반대편에서 달음질하는 헤드라이트들이 나를 스쳐 간다. 지나간 날들이 불빛처럼 흩어진다. 살아오면서 또 다른 누군가에게 큰 빚을 지고도 잊고 지내는 건 아닌지 모르겠다. 이 지면을 통해 미처 기억나지 않는 그분들에게도 감사의 마음을 전한다.

이젠 울어도 괜찮아

나는 시간을 이끄는 사람이고 멈춰버린 시계에 새 생명을 불어넣는 시계 수리 전문가다. 알람 시계, 전자시계, 손목시계, 벽시계 등 종류도 다양한 만큼 내 손과 눈을 거치면 움직임 없던 시계도 어느새 째깍째깍 제 길을 간다. 해외 명품 시계도 문제없다. 오십여 년간 손끝이 갈라지도록 익힌 기술 덕분에 이제는 전국에서 시계를 맡겨올 정도다.

작업대에 앉아 있을 땐 표가 나지 않지만 일어나서는 목발에 의지해야 움직일 수 있는 지체 장애 2급이다. 무릎 밑으로만 불편하지, 나머지는 정상이다. 비 내리고 눈 오는 날 외엔 큰 불편함을 모르고 산다. 한때 보육원 생활이 너무 힘들어 죽음을 선택하려고도 했다. 그러나 그 모든 시련을 극복하고 도전하는 삶을 택했다. 정상인을 능가하기 위해 그들보다 두세 배 피나는 연습을 했다. 열다섯 살 때부터 밤낮없이 시계 수리에 몰두한 결과 전문가로 인정받기 시작했다. 정신이 나태해질 때는 시계방 한쪽 면을 채운 상장을 바라보면서 어려웠던 그때를 상기하며 마음을 가다듬는다.

시계 수리라는 것은 우리네 인생처럼 까다롭고 정밀했다. 수리하는 과정에도 지켜야 할 철칙이 많았다. 먼저 손가락용 고무장갑을 끼고 휘발성이 강한 액체로 부품을 세척하고 지문을 제거해야 했다. 절대 빠트려서는 안 되는 중요한 한 가지도 있었다. 스위스 시계 명장도 사용하는 자력검사였다. 이것은 자기장이 들어가면 반드시 자석을 빼줘야 한다는 걸 잊으면 안 되는 작업이었다. 그렇지 않으면 자석이 많이 붙어서 시계가 빠르게 가거나 늦게 갈 수가 있어 신중에 신중을 기해야 하는 정신적인 작업이었다. 그뿐만 아니라 작은 부품도 너무 정밀해서 확대경을 끼고 몇 번이나 살펴야 할 정도로 작업자의 정신을 쏙 빼놓는 예민한 일이었다.

나의 기술과 집념은 끈질겼다. 그 몰입으로 누구나 시계 내부를 들여다볼 수 있도록 모니터 시스템을 개발해 냈다. 다시 말해 시계의 어느 부분이 어떻게 고장 났는지 손님에게 직접 확인시켜 주는 기계라고 하면 이해가 빠르겠다. 가령 녹슨 부분을 촬영해서 이것이 원인이었다고 보여주면 아! 하고 머리를 끄덕인다. 기술자가 아니어도 부품의 어디가 어떻게 고장 났는지 화면을 통해 시원하게 알 수 있으니 만족하는 건 당연지사였다. 궁금증도 풀어 주고 기술자에 대한 믿음도 보장하니 일거양득이었다.

  나의 노력은 멈추지 않았다. 단순히 수리에서만 그칠 게 아니라 시계의 일부를 만들어 보고 싶었다. 서울이나 유럽에 부품을 주문하면 한 달이나 일 년을 기다려야 해결하는 것이 많았다. 그러다 보니 수리가 밀려 손님들에게 눈치가 보였다. 고심 끝에 중학교 시절부터 고장 난 시계를 수없이 망가뜨리고 조립했던 그 경험을 살려 연구에 연구를 거듭했다. 또 다른 나만의 경쟁력을 위해서기도 했다. 마침내 필요한 부품들을 손수 제작하기에 이르렀다. 예전보다 빠르고 정확한 수리가 가능했다. 어지간한 부품은 내 손에서 다 해결되었다. 살기 위해 배운 기술이 어느덧 나를 그랜드 마스터로 이끌었고 대한민국 시계 수리 신지식인 1호에 올려놓았다. 그 세월만큼이나 실력이 발전했고 단골손님도 늘어났다. 나를 믿고 찾아오는 손님들, 입소문을 타고 멀리서도 걸음 하는 고객들의 얼굴에도 세월의 흔적을 지울 수가 없었다. 시계처럼 고장 나지 말고 일찌감치 건강에도 손쓰기를 진심으로 바랐다.

  오늘도 나는 청소를 마치고 흰 가운을 깔끔하게 차려입고 자리에 앉았다. 흰 가운을 입고 작업할 때마다 죽어가는 사람을 살려내는 의사와 같은 사명감에 젖는다. 숨을 멈춘 시계들이 한정 없이 이곳에 입원해 있으니, 장태호 시계 수리점이 시계 병원임을 말해주는 건 자연스럽다. 신선한 공기를 마시는 시계와 심폐소생술을 기다리는 시계한테 밤사이의 안부를 물으며 솔로 깨끗이 먼지를 털어낸다. 나의 아침은 늘 이렇게 시작되었다. 처음엔 '태성당'으로 시작했다가 '장태호 시계 수리점'이란 이름을 걸고 시계방을 꾸려 온 지도 오십 년이 다 되어 간다. 고아로 살아오면서 쉽지만은 않은 삶이었다. 멸시를 참으며 시계 기술에 매달렸다. 지난한 삶, 장애를 지닌 다리 대신에 특별한 손재주를 하사하신 조물주 덕에 맨주먹을 가지고 시계 수리로 자수성가했다.

지금까지 한 우물만 팠다. 그런 만큼 시계 수리에 자신이 있었다. 많은 대회에서 실력이 입증되어 1996년부터는 대구광역시 기능경기대회 시계 수리 부문 심사위원에 여덟 번이나 초청을 받았다. 2001년도에는 장애인 기능경기대회 대구광역시 시계 수리 심사위원장도 두 번을 했다. 여기서 그치지 않고 후진을 양성했고 그 아이들이 큰 상을 여러 번 거머쥐는 쾌거를 이루어 냈다. 기적 같은 일이었다.

이제는 소리만 들어도 이 시계는 어디에 이상이 있고 저 시계는 어느 부품이 문제인지를 판단할 만큼 경지에 이르렀다고 자부한다. 저가 시계든 고가 시계든 고장 난 것을 흔들어 보아도 어디에 탈이 났는지도 척척 알 수가 있다. 마치 청진기 없이도 진찰하는 의사처럼 말이다. 내 손에서 살아난 시계만 해도 약 25만 개쯤 되지 않을까 싶다. 철없던 시절을 제외하고는 장애를 문제 삼지 않았고 정상인들이 한 시간이면 목적지에 도달하는 것을 나는 두세 시간 달려야 도착할 수 있었으므로 혼자서 공부를 많이 했다. 장애아가 시계 기술을 세상 밖으로 끌어낼 수 있었던 것도 한눈팔지 않고 내 기술에 긍지를 가졌기 때문에 가능했다.

나는 아직도 이십 년 전의 시계를 차고 있다. 태엽을 감아 밥 주는 시계다. 어린 시절 배부르면 잘 놀았던 나처럼 이 시계도 밥만 주면 잘 돌아갔다. 내가 태엽 시계를 가지고 있는 것도 힘들었던 옛날을 잊지 않기 위해서다. 때로는 다른 곳에서 고치지 못한 시계를 부탁받아 손봐주기도 한다. 시계를 만지는 게 싫증이 날 만도 한데 나는 남의 시계방을 돌면서 폐기 처분할 시계를 수거해온다. 거두어 온 시계와 손님들이 가져다준 수명이 다한 시계로 나만의 공간에서 색다른 꿈을 캐고 있다.

청소년기에 나는 늘 혼자였다. 부모에게 버림받았다는 이유로 자신을 학대하며 보내기도 했다. 그러나 정신을 차려서 나를 위해 꿈을 가졌고 남을 위해 무엇으로 쓰일지를 고민하다 골라잡은 게 나를 성공으로 이끈 시계 수리 기술이었다. 내가 그랬듯이 더 이상 제 역할을 하지 못하는 시간을 한데 모아 재탄생시키려고 날마다 짬을 내어 작업한다. 나만의 창의적인 작품을 만들기 위해 허름한 시계 벽을 허물고 오래된 부품들을 끄집어내어 살피고 고심하고 분석했다. 빛바랜 부속품들이 내 손끝에서 작품으로 환생했을 땐 가슴이 떨렸다. 이 작업을 계속하면서 목표가 생겼다. 낡은 부품으로 만든 작품을 전시하고 싶었다. 나 또한 삶과 죽음의 경계선에서 새로이 태어났듯이 쓸모없는 부품들에게 딱 맞는 옷을 입혀주고 싶어서 날마다 공을 들였다. 예전과 달리 중고 시계를 찾는 사람이 줄어들어 생을 다한 시계는 환경오염 문제를 생각하지 않을 수 없었다. 재활용하는 방법을 모색하다가 취미로 작품 만들기를 시작했다. 장애아로 버려져 보육원에서 자란 내 인생이 소생했듯이 쓰지 못하게 된 시계 부품들을 다시 비상하게 만들고 싶어서 시작한 일이었다.

늦은 퇴근을 해도 마찬가지였다. 아내와 눈인사만 나누고 방 한 칸을 작업실로 쓰고 있는 나만의 공간으로 들어간다. 모처럼 쉬는 날에도 아내와 보내지 않고 하루 종일 시계 부품을 붙들고 앉았다. 퇴근이 늦으면 늦은 대로 작업을 하다가 이른 새벽에야 잠시 눈을 붙이고 다시 출근할 때도 있다. 버려진 시계 부품들을 재활용해 작품으로 승화시키는 일은 힘들었지만, 남들이 안 하는 것에 도전하고 몰두하는 게 재미있었다.

작품이 늘어나 방을 가득 채웠다. 거기에는 소가 있었고 꽃이 있었고 나비가 날았다. 거북이나 물고기도 정지된 시간에서 벗어나 바다로 가려고 꿈틀거렸다. 평소 나는 복잡한 시계를 소우주라고 생각했다. 그래서 소우주를 표현하고 우주인도 만들었다. 못 쓰는 부품들이 다양한 주제로 새롭게 눈을 떴다. 사람들에게 보여주고 싶었다. 2009년 1월, 마침내 시계 부품을 재활용해서 이루어 낸 그림전을 열었다. 액자 속에 든 서른네 작품을 선보였다. 심혈을 기울인 이 작품은 시계 부품을 이용한 기계식 구동 디자인 액자로 특허 출원까지 마쳤다. 작품이 팔리기도 했다. 수익금은 모두 기부를 했다. 여기서 끝나지 않고 또 새로운 아이디어로 작품을 구상하고 진행 중이다. 한 번 더 전시회를 가질 욕망으로 알차게 준비하고 있다.

온종일 시계와 같이 지내지만 퇴근해서도 각별한 시계 사랑은 계속된다. 식사하자는 아내의 목소리도 듣지 못하고 정신을 쏟을 때가 많다. 나의 뜻을 존중해 주고 묵묵히 내조해 주는 아내의 배려가 없었다면 해내지 못했을 일이다. 아내는 시계밖에 모르는 남편이 건강을 해칠까 걱정이다. 고난과 역경을 딛고 우뚝 선 나, 꼭 하고 싶은 게 아직 하나 더 남아 있다. '장태호'라는 이름을 내걸고 시계를 직접 제작하고 싶은 게 그것이다. 자체 상표를 붙여 이름난 명품과 견주어도 뒤지지 않을 명작을 남기고 떠나는 꿈을 오래 전부터 마음속에 그려왔다. 경험만큼 좋은 스승이 없는 것처럼 그것을 바탕으로 희망을 달성하고 싶은데 실제로 이루어질지는 아직은 미지수이다.

나는 오십 년 넘게 시계와 함께한 시계 수리공으로 하루도 빠짐없이 고장 난 시계에게 온기를 불어넣어 주고 있다. 시계에 대한 남다른 열정으로 미국, 스위스, 독일 등 세계 30여 개국(유럽과 그 인접한 나라)을 다니며 수리 기술을 보고 듣고 배워왔다. 이 탐방은 전국 기능올림픽대회에서 시계 수리부에게 메달을 따게 만든 교사에게 주어지는 특혜였고 대구시에서 보내 주었다. 나에게는 절호의 기회였다. 그 숱한 시간을 오로지 시계에만 몰두해 왔다. 여기에 안주하지 않고 바라는 꿈을 위해 연구에 연구를 거듭하는 중이다.

　내 기술을 소문 듣고 방문하는 손님들이 꽤 있었다. 내가 수리하는 것을 지켜보며 시계방에 가득한 세월의 흔적이 묻은 수많은 시계를 보고 입을 다물지 못한다. 역대 대통령과 악수하는 사진을 가리키며 유명한 사람인가 보다 하고 생각했다. 그러나 사진보다도 시계 고치는 기술이 더 뛰어나다고 다녀간 사람들이 이웃을 소개하고 친구를 소개했다. 인연이 인연으로 이어져 자긍심을 잃지 않게 해주었다. 나 또한 자립한 제자들의 요청이 있을 때는 언제든지 달려간다. 혹시나 필요할지도 모를 특수한 제품을 미리 준비해서 가방이나 옷 주머니에 챙겨 넣는다. 첫술에 배부르지 않으니 천천히 함께 가자는 격려도 아끼지 않는다. 시계 고치는 기술이 곧 내 지문이라고 여기며 살아왔다. 손가락 끝마디에 있는 살갗의 무늬가 사람마다 다르듯 나한테 시계는 변하지 않는 개인 식별의 손가락무늬나 마찬가지기에 언제나 잃고 싶지 않다. 그래서 지금도 끊임없이 마음과 힘을 다한다.

열네 살 때부터 시계 수리공의 길을 들어선 내게 교동시장은 아주 특별한 장소다. 추억의 거리이자 나를 이렇게 만들어 준 희망의 거리이기도 하다. 추억을 되짚어 보며 스승님의 가게를 찾았다. 박준덕(공인사 대표) 스승님은 명품 시계 수리의 달인이고 시계 명장의 길을 걷고 있는 분으로 우리나라 최초 영국시계학회 회원이기도 하다. 돈보다 장인정신으로 살아가는 분을 스승으로 모시고 있는 게 자랑스러웠다. 만나면 첫 인사가 스승님 장사는 잘되는지였다. 그러면 늘 그렇지 뭐 하신다. 어린 시절 기술을 배우고 싶어 찾았던 시계방, 이곳에 올 때마다 그 시절이 떠오르곤 한다. 내가 사력을 다해서 가르친 게 아니고 어떻게 하면 된다는 요령만 말해 줘도 눈썰미가 남달랐던 자네는 다른 사람에게 열 마디 할 걸 한 마디만 해도 응용을 잘했다. 그러니 세계 어디에 내놔도 손색없는 제자라고 나를 치켜세우며 성공한 모습을 보니 내가 더 기분이 좋다며 흐뭇한 웃음으로 나를 토닥여 준다. 또한 양성하는 제자들을 잘 지도하라고 손수 쓰시던 밀링 선반 2대를 기증하셨다. 은사님을 만나면 나는 늘 뭔가를 얻어 간다. 조심히 가라며 내가 멀어질 때까지 지켜봐 주는 부모님 같은 스승이 있어 행복하다.

돌이켜 보면 스스로 자신을 갉아먹으며 아파했던 숱한 날들과 지쳤던 나날들. 그 사이에서 나를 지켜주었던 시계, 시계는 내게 생명줄이었다. 스승님처럼 나도 제자들을 위해 더 헌신하고 좀 더 가까이서 소통할 수 있도록 노력해야겠다. 스승님이 내게 그랬듯 젊은 후배들에게 별을 보고 걸어가는 사람이 되라고 말해주고 싶다.

오늘도 나는 누군가의 뿌리가 되기 위해 물속에 뿌리를 적신다. 목발은 이제 증오가 아니라 분노가 아니라 웃음이라고 말하고 싶다. 상처가 인생의 스승이 된다는 것을 바닥까지 가본 사람들은 안다. 현실이 힘들어도 꿈을 놓지 말고 그 꿈을 밟고 지나가라고 어렵게 헤쳐온 나와 힘겨운 시간을 보내고 있는 그들에게 응원의 박수를 보낸다.

예전엔 밤늦은 시간에 주로 산책했다. 이유는 간단했다. 사람들에게 내 몰골을 보여주기 싫었고 목발을 짚고 절룩이며 걷는 모습을 내보이기 싫어서였다. 그러나 이젠 세상이 바뀌어 아무렇지 않다. 밤이나 낮이나 당당하게 걷는다. 내 다리는 그냥 다리가 아니다. 오른쪽 다리에는 용기가 들어있고 왼쪽 다리에는 희망이 골수까지 들어차 있다. 이를 믿고 어려움을 잘 헤쳐 나왔고 앞으로도 잘 극복해 나가리라는 기대를 저버리지 않는다.

지나온 어두운 삶으로 인해 내게 드리워졌던 검은 그늘에서 벗어났다. 내 기억이 살아온 모든 것을 보유하고, 고통을 기억하고 있어도 과거의 슬픔을 즐겁게 추억하려 한다. 되새김질도 하지 않으련다. 그 시절이 지워지지 않는 영원한 상처를 남겼지만 격정적인 지난날의 악몽을 건강한 위장으로 내려보내 거뜬히 소화해 낼 것이다.

이따금 악몽을 꿀 때가 있다. 그럴 때는 얼른 다리를 만져보는 습관이 생겼다. 정말로 나는 흔들리는 나뭇가지 같은 다리를 갖고 있었다. 여전히 그 시절에 머물러 있을 때가 있지만 지금은 많이 편안해졌다. 살아오면서 체험한 그 많은 일들과 부딪혀온 사람들 그 모든 환경이 오늘날 내 삶의 이야기를 엮어주었다. 그 덕분에 지금은 신체장애가 드리운 그림자에도 불구하고 평온하고 행복한 인생길을 걸을 수 있었다. 참으로 행복한 슬픔이었다.

오랜만에 금호강을 찾았다. 어린 시절 내 눈물에 섞였던 독을 해독하는 시간을 갖고 싶었다. 빛이 들어오지 않는 가난한 방에서 이제는 환한 태양이 들어오는 집에서 살고 있다. 나는 나에게 말했다. '태호야, 세상에 공짜는 없더라. 그동안 험난한 길을 걸어오면서 억눌렀던 그 눈물을 쏟아내라. 이제는 마음껏 울어도 괜찮아.' 라고 예순여섯 살이 된 태호가 어린 소년 태호에게 말했다. 많은 설움과 아픔에 젖어 있는 그때의 소년에게도 '잘 참아왔어. 대견해.'라고 말하며 안아주었다. 쉽게 목숨을 버리려고 했던 또 다른 아이에게도 미안하다고 사과하고 살아 있어서 다행이라고 껴

안아 주었다.

  끔찍했던 날들을 생각하면 지금도 심장이 오그라든다. 하지만 힘든 나날을 빛나는 추억으로 만든 나를 앞으로도 응원한다. 구두끈을 매만진다. 이 신발 끈이 목발과 함께 살아온 내 인생 끈이다. 지금까지 나를 지탱해 준 황금 같은 다리, 두 목발을 천천히 내짚으며 강가를 거닌다. 목발에 기댄 남은 삶과 나란히 걷는다. 나 장태호의 시작부터 너머까지의 삶의 이야기가 노을이 앉은 저 강물에 눈물처럼 일렁인다.

바람의 집, 성보원

　　　　　　산 아래에 성보원이 있었다. 그 밑에는 금호강이 흐르고 부엉덤이라는 높고 비탈진 큰 바위도 있었다. 이 바위에서 놀기도 하고 뛰어내려 목숨을 잃는 아이도 있었다. 또한 바위 주변으로 갓난아이들이 많이 버려졌다. 우는 소리가 들리면 보육원으로 데리고 와 먹이고 재웠다. 비가 쏟아지고 나면 바위를 들먹거릴 정도로 물살이 빨라 겁나기도 했다. 무엇보다 여기서 일어나는 죽음의 진짜 원인이 무엇인지에 대해서도 소문이 나돌았지만 내가 죽음을 택했듯이 그 아이들도 희망을 버렸기 때문이 아닐까 싶었다.
　처음 이곳에 온 날은 무서웠다. 잠도 자지 않고 울면서 밤을 새웠다. 내가 왜 이런 곳에서 생판 모르는 이상한 사람들과 살아야 하는지 이해할 수 없었다. 조금씩 꾀가 들 때는 여기서 어떻게 살아갈까, 이들과의 사이에서 얼마나 견디며 헤쳐 나갈 수 있을까 하는 걱정에 밤잠을 설칠 때도 있었다. 고아들과 지적장애인들과 신체장애인들, 지적장애와 신체장애가 겹친 아이들, 온종일 누워 지내는 어른들, 자애원과는 너무나 다른 환경이었다. 전혀 딴판인 생활환경에서 그곳이 생각날 때마다 눈물이 났다. 한동안은 시력을 잃은 아이처럼 앞이 깜깜했고 외진 곳에 혼자 내동댕이쳐진 기분이었다.

나를 포함해서 600~700명 정도의 원생이 생활하는 이곳의 분위기는 우중충했다. 희망이라고는 없어 보였다. 내 집도 아니고 피가 섞인 가족도 없는 남남이 모여 살아가는 곳이니 무슨 정이 있고 사랑이 넘치겠는가. 눈뜨면 주는 밥 먹고 어두우면 잠들고 그냥 부대끼며 살아가는 것뿐이었다. 그래서인지 어디에서든 허공을 바라보는 사람이 많았다. 가끔 일 년에 한두 번씩 사회단체나 종교단체에서 방문해 성금을 주고 갈 뿐 찾아오는 이들은 거의 없었다. 와서도 생색을 내며 번지르르한 말로 시간을 축냈다. 정작 우리에게 필요한 건 그럴듯한 설교와 한 가닥의 구원을 운운하는 백 마디의 말이 아니라 푸짐한 음식이었다.

철없는 우리는 나눠주려고 준비해 온 선물과 먹음직스러운 음식에만 신경이 쓰였다. 외부에서 손님들이 오는 날만큼은 넉넉한 음식을 먹을 수 있어 즐거운 날이었다. 손님이 온다고 깨끗이 꾸며도 원생들은 꾀죄죄한 티가 났다. 이런 우리에게 진심으로 대해주는 이가 과연 몇이나 될까. 나는 출세해서 이곳 아이들에게 감질나지 않도록 넉넉하게 선물을 나눠주고 싶었다. 그런 날이 꼭 오리라고 믿으니 행복했다.

여기를 다녀간 사람들에게는 우리가 아무렇지 않게 행동해도 정상적인 가정의 아이들과는 다르다는 게 눈에 보였을 것이다. 나라에서 국민 경제를 발전시키기 위해 경제개발5개년계획 중 (1970년대)이었어도 이곳은 사회에서 비켜난 곳임을 부인할 수는 없었다. 어린 나도 모든 게 어둠이라는 사실을 느낄 수 있는데 어쩌다 오는 방문객이라고 해도 열약한 생활환경임을 알고도 남았을 것이다. 굶어 죽지 않으려면 먹어야 하듯이 자립할 때까지는 내 집이다 생각하고 붙어 있어야 했다. 지금은 세상이 바뀌어 장애와 고아에 대한 인식이 많이 달라졌지만, 그때는 우리에게 보내는 시선들이 따가웠다. 세상도 못 본 척하고 지나치는 이곳에서의 생활은 어린 내게 힘겨울 뿐이었다.

무엇보다도 먹는 것이 부족했다. 나오는 밥과 반찬이 거의 같아서 불만이 컸다. 자애원에서 먹었던 반찬과는 너무 대조적이라 처음에는 마음에 들지 않았다. 그러나 하루 이틀 지나 보니 투정한다는 자체가 배부른 소리였다. 한참 성장기에 있던 나는 음식을 고르게 섭취하지 못해 몰골이 말이 아니었다. 다른 아이들도 마찬가지였다. 먹고 돌아서면 배가 고파 나중에는 불평했던 밥과 찬이라도 서로 더 먹으려고 싸우고 난리를 피웠다. 뺏기지 않으려면 빨리 먹어 치워야 했다. 아껴 먹는다고 꾸물거리다가는 고양이같이 잽싼 녀석이 낚아채 달아나기 십상이었다. 너무 말라 피부와 뼈밖에 없었다. 그 때문에 불편한 다리를 끌고 나보다 약한 아이의 손에 든 것을 내 것처럼 날렵하게 먹고 도망을 쳤다.

우리는 열등하고 모자라서 세상과 분리돼 이곳에 있는 게 분명했다. 그렇지 않고서야 가족이나 일가친척이라고는 없는 구석진 이곳에서 배고프고 추위에 떨며 너절한 이불이라도 먼저 덮으려고 아웅다웅할까. 추워서 눈을 뜨면 약삭빠른 아이가 담요를 혼자 돌돌 말아 자고 있었다. 그럴 때는 새우처럼 등을 구부려 한기에 떨어야 했다.

보모가 잠시 자리를 비우는 방에서는 그 자리에 똥을 누고 손으로 주무르며 노는 아이도 있었다. 정신이 말짱한 나는 오줌과 똥이 범벅된 아이의 광경을 보면 상한 음식이라도 먹은 것처럼 속이 거북했다. 참을 수 없으면 밖으로 뛰쳐나와 침을 내뱉으며 신선한 공기를 마셨다. 정신 나간 사람처럼 멍하니 서 있을 때도 있었다. 기가 막히는 일이 일어나는 그 속에서 살아가는 나 역시 지적 장애아가 되어 가는 느낌이었다.

끼리끼리라는 말이 실감 나는 밀폐된 공간이었다. 생생한 현장감이 날마다 넘쳐나는 이곳은 바람 잘 날이 없었다. 불쌍한 사람들로 우글거리는 소리 없는 아우성이 난무하는 집이었다. 실수나 잘못을 저질렀을 땐 따뜻이 위로해 주거나 마음에서 우러나는 말로 충고해 주기보다는 손찌검부터 올라오는 곳이었다. 물론 다 그런 건 아니었다. 적어도 내게는 그런 곳이었다. 맞아 죽은 아이도 있고 삶을 비관해 강물에 투신한 사람도 있었다. 입단속을 시켰지만 그런 사건이 입에서 입으로 들려오면 나는 걷기조차 힘들었다.
  그럴 때는 자주 가는 둔덕으로 가 그냥 그대로 주저앉아 있었다. 해가 저물 무렵까지 멍하니 앉아 지는 해만 바라보았다. 나만 죽고 싶은 게 아니었구나. 여기에 있는 아이 중에서 자살에 대해 생각해 보지 않은 아이가 얼마나 될까. 갈고리 같은 물음표는 마음속에 깊이 박혀 빠지지 않았다. 매를 맞아 숨진 아이, 바위에서 뛰어내려 스스로 생을 등진 아이, 가출했다가 붙들려 와 반병신이 되었다는 무성한 소문은 시시때때로 다가오는 두려운 공포였다. 뿐만 아니었다. 병으로 자연스럽게 죽어 나가는 시신을 보면서도 마음의 고통을 겪었다. 짐승보다 못한 목숨을 유지하다가 아무도 모르게 죽음을 맞는 게 아닌가 하는 참혹한 생각도 들었다.
  나를 괴롭히는 선배들은 갈수록 꼴사납고 야만스러워져 갔다. 비열한 방법으로 벌을 내리며 이곳의 또 다른 지배자로 군림했다.

마치 윗사람에게서 권리를 위임받은 것처럼 자신들이 만들어 놓은 규칙에 따라 행동하며 대장처럼 굴었다. 선배라는 명분으로 약한 자를 막 대하고 마구 부려 먹어도 된다는 잘못된 인식에 사로잡혀 있었다. 이런 상황에서 어려움에 부닥친 친구를 구해야 한다는 절박한 문제는 생각할 수도 없었다. 인간성의 바닥이 드러나고 선과 악의 혼합이 적나라하게 노출된 이곳은 아무리 못마땅한 상황을 봤더라도 서로 방관하는 태도를 보여야 하는 곳이었다. 섣불리 나서서 돕거나 거들다가는 자신도 당하기 때문이었다. 미래를 생각한다는 건 마음속에서 만든 허상이나 다름없었다.

그 가운데 내가 있었다. 여러 번 당해보고는 아예 똥개처럼 굴었다. 사정없이 후려갈기는 발길에 채어 깽깽거리면서도 먹을 것을 주면 금방 기분이 좋아 꼬리를 흔드는 똥개로 비치는 게 편했다. 천한 행동과 불퉁스러운 말투가 날뛰는 곳이라 개인의 사생활이나 남에게 간섭받지 않을 아주 작고 사소한 권리 따위도 없었다. 나쁜 것이 좋은 것조차 부패시켜 전부 같이 썩지 않으면 다행이었다. 언젠가는 저들도 힘과 젊음을 잃을 것이다. 나이 들어서 고생하다가 망가져 버렸으면 좋겠다고 나를 조롱거리로 삼을 때마다 그 생각을 했다.

운명과 죽음처럼 시련 또한 우리 삶에서 빼놓을 수 없는 한 부분이었다. 시련 없는 삶은 완성될 수도 없었다. 어떤 곤경에 처해 있더라도 내 삶을 어떻게 할 것인가는 자신의 선택에 달린 자신의 몫이었다. 내가 시계 기술에 빠질 수 있도록 나에게 엄청난 타격을 가한 선배들에게 오히려 감사한 마음으로 살았다. 그렇지 않았다면 세상을 쉽게 생각해 지금의 내가 없을지도 몰랐다.

 이곳에 있는 사람들은 무언가를 할 수 있는 기회가 자기들에게는 오지 않을 것이라 믿고 있었다. 그냥 공동체 생활을 하면서 한정된 삶에 만족하는 것 같았다. 그러나 실제로는 그렇지 않았다. 기회가 있고 도전도 있었다. 나처럼 험한 길을 극복하고 삶의 지침을 돌려놓는 정신적인 승리가 있는가 하면 해보지도 않고 무의미하게 보내는 사람들이 대부분이었다. 물론 각자의 사정으로 이곳에 왔기에 장애가 있고 지능이 모자란 사람도 있었다. 흠이 있는 아이들이라도 기댈 수 있는 미래의 목표를 찾아 스스로 내면의 힘을 강화해야 하는데 그리하지 못하는 게 아쉬웠다. 개중에는 스스로 목표를 찾아내 노력하는 아이도 있었다. 내가 그랬듯이 가장 어려운 순간에 발견한 희망이 미래였다.

 이곳 생활을 모르는 사람들은 보육원에 대해 동정하거나 불쌍하다는 생각이 들기 마련이다. 아이들도 꾀죄죄하고 겉모습도 장애가 있으니 그 생각이 맞을지도 모르겠다. 하지만 안에서 보면 비극적이란 말이 더 어울린다. 여기는 별의별 사람들이 모여 있고 별별 일들이 일어난다. 비참했던 지난한 삶에 대해 지나친 억측을 하는 게 아닌가 하는 의문을 가질 수도 있겠지만 내가 직접 체험한 일이기에 모두가 사실이다. 편견의 세상 속에 갇혀서 몸소 겪었다. 적어도 내게는 고통 그 자체였다. 자립할 때까지 사람의 왕래가 드문 이곳에서 수모를 당하며 살았다. 차라리 모든 게 한바탕 악몽이었다면 좋았다. 지금도 그때를 생각하면 몸서리가 쳐진다. 그나마 내가 밝은 성격을 지니고 희망을 버리지 않고 내 길을 찾은 것도 암흑의 시간을 버티게 해준 수녀님과 보모 누나의 자상한 배려 덕분이었다.

생각을 달리하면 성보원은 내게 고향집 같은 곳이다. 한 번씩 들를 때마다 이곳에 떨어진 추억을 집어 올리며 옛날로 돌아간다. 그때 나는 설익은 감처럼 떫었지만, 지금은 날큰하게 잘 익은 홍시가 되었다. 나보다 더 나은 결실을 위해 달려가는 후배들을 위해 지금도 열심히 쫓아다니고 있다. 어릴 때 나는 이 근처 어디쯤에서 낮에는 보육원 위로 흐르는 구름을 바라보고 밤에는 별과 대화를 나누었다. 여기서 내가 겪었던 모든 것은 내가 걸어온 역사이고 내 밑바탕이 되어준 소중한 거름이었다.

햇볕을 받은 따스한 흙 한 줌을 검쥐었다. 이 흙 위에서 얼어맞아 죽을 뻔도 했다. 그때로 돌아가 기억 속의 감정을 정리하자면 두려움과 슬픔이 대부분이었다. 한때는 육체적 고통과 정신적 고통을 겪은 곳이었지만 이제는 내가 행복하니 여기에서 일어났던 모든 일이 꿈만 같다. 과거의 슬픔이 이제는 거슬림 없이 흐뭇하고 두려움 없이 기억될 것 같다. 늘 망각하고 싶었다. 그러나 망각도 기억이라 내 삶의 격정적이었던 감정들을 억지로 상실하려고 애쓰지는 않는다. 이곳마저 없었다면 나는 아마도 떠돌이로 살며 생존의 최전선을 지키고 있을지도 모를 일이기 때문이다.

잠을 자고 또 잠을 자고 일어나던 공간, 이곳에서의 한 걸음 한 걸음은 시계 기술자가 되기 위한 치열한 싸움이나 다름없었다. 다함께 공유한 집이었지만 나에게는 궁핍과 사소한 사건 그리고 죽음의 그림자가 도사렸던 공간이었다. 두 번 다시 찾고 싶지 않을 만큼 모진 곳이었다. 그렇게 성장한 소년이 시계 기술자가 되어 돌아왔다.

인간의 존엄성을 인정받지 못하며 자랐어도 내가 겪었던 고통이 과거가 되었어도 그것을 내 존재 안으로 간직해 왔다. 누군가 곁에서 나를 지켜보고 있다고 생각했고 저 위에서 누군가가 나를 내려다보고 있다고 생각했다. 내가 그들을 실망시키지 않기를 바라고 있을 거라는 느낌에 의연하게 시련을 이겨냈다.

나는 신의 불쌍한 피조물이었다. 하지만 내가 처한 가혹한 현실에 과감하게 직면하며 굳세게 살아나왔다. 여기저기서 보낸 흔적들이 동화책의 한 페이지처럼 불쑥불쑥 튀어나와 가슴을 뭉클하게 만든다. 그래도 즐겁고 행복할 때도 있지 않았느냐고 누군가가 묻는다면 먹을 때는 행복했다고 말할 수 있다.

어릴 적 흔적이 고스란히 남아 있는 익숙한 성보원, 내 몸 하나도 건사하기에 벅찼던 이곳, 퇴화해 가는 듯한 이곳에서 헛되게 죽고 싶지 않아 몸부림쳤던 지난날을 꺼내 차근차근 읽어 내려가니 새삼스레 눈시울이 붉어진다. 그래도 이곳은 누가 뭐래도 내 어린 시절의 요람지다. 이제 와서 고백하지만, 그 당시 나는 고통받고 있는 동료들을 나 몰라라 한 적도 있었다. 내가 살아야 했기에 도와주고 싶어도 눈치를 보며 모른 척 외면했다. 후회도 됐지만, 그것이 이곳에서 버텨내는 생존 방법이기도 했다.

이제 밥은 충분히 먹고 산다. 밥벌이로 시계 기술을 배웠던 게 이제는 그 기술이 나의 든든한 오른팔이 되었고 튼튼한 다리가 되었다. 중년이 되어서야 한 바퀴 돌아보고 나니 오후의 고향집이 평온하게 보인다. 그때와는 환경이 많이 달라졌다고는 하나 그 속에는 여전히 사소한 사건과 번거로이 해결해야 할 일이 변함 없이 일어나고 있을 것이다..

거친 세파를 헤쳐나온 내가 대견스럽다. 가끔 자만에 빠질 때가 있다. 내 인생을 다시 새기고자 할 때는 어려이 살았던 그 시절을 찾아와 과거를 되새기며 마음을 다잡는다. 이제는 푸근한 느낌을 받는다. 요즘은 덜하지만, 예전엔 육체에 문제가 있으면 정신에도 문제가 있다고 한데 결합해 버리는 경향이 있었다. 장애아를 쉽게 보고 이유 없이 놀리고 돌멩이를 던지기도 했다. 결함이 있다는 것뿐인데 사람들은 우리를 아예 모자라는 사람으로 바라보았다. 이유가 있어서 결핍으로 태어나도 불행한 일인데, 후천적으로 생긴 장애 때문에 인간다운 대접을 받지 못한다는 건 비극이었다. 내가 직접 경험해 보았기에 가슴에 사무친다.

폐가 녹아내릴 것 같은 날들을 견뎌냈다. 그랬기에 지금은 웃으며 산다. 길은 모든 걸 기억한다고 한다. 길은 그 옛날의 어린 나를 기억하고 있을까. 파란곡절이 담긴 이 길, 수없이 오르내렸던 이 길을 목발 소리 앞세워 천천히 걸어 내려간다. 그 옛날 세상에 홀로 자립하던 그때처럼 그렇게.

글을 마치며

감사합니다

    끝으로 자애원이나 성보원에서 저를 따뜻하게 보살펴 주시고 함께해 주신 과거의 모든 분께 깊은 감사를 드립니다. 건강한 사람도 좌절과 실의에 빠지기 쉬운 보육원 생활인데 나는 장애아란 멍에를 하나 더 짊어지고 살아야만 했습니다. 수녀님들과 스승님, 보모 누나, 선배님과 동료, 후배들 아니었다면 이 책은 세상에 나올 수 없었을 것입니다. 또한 각자의 자리에서 조용히 응원해 주시고 삶의 무대 뒤에서 묵묵히 도와주신 소중한 지인 여러분께도 이 자리를 빌려 감사의 인사를 전합니다. 이 순간에도 성보원의 후배들을 위해 아낌없는 사랑과 지원을 보내 주시는 후원자분들께도 머리 숙여 고마움을 표합니다. 저 또한 받은 사랑을 사회에 되돌려드릴 수 있도록 도움이 필요한 이들에게 재능을 나누고 봉사하며 살아가고 있습니다.

    앞으로는 경제적인 자립과 성장을 통해 더 넓은 길을 개척하고자 합니다. 이는 제 개인의 성장을 넘어 더 많은 이들과 희망을 나누는 도전이 될 것입니다. 인생은 훌륭하게 바뀔 수 있습니다. 과거는 바꿀 수 없다 해도 미래는 얼마든지 바꿀 수 있습니다. 누구라도 노력하면 나처럼 될 수 있다는 희망을 주고 싶습니다. 앞으로도 죽은 시계를 살려낼 것입니다. 시계는 내 뿌리였고 운명이었습니다. 그처럼 누군가에게도 시계 기술이 밥이 되고 힘이 되고 위로가 되었으면 합니다.

  어느 정도 명성을 얻었습니다. 과거의 일들은 추억으로 남기고 나쁜 일들은 머릿속에서 지워버릴 것입니다. 저는 성보재활원의 변함없는 후원자이자, 삶의 길을 밝혀주는 영원한 등불이 되겠습니다. 이제 오늘과 내일이라는 새로운 시간 만이 저를 기다리고 있습니다. 앞으로도 시계의 집에서 시계바늘처럼 뚜벅뚜벅 걸어가겠습니다.

2025년 10월
강재호

① 가족사진
② 유년 시절
③ 포항에서 신부님과

① 1985년 국제기능올림픽대회 금메달
② 전국기능올림픽 금메달
   (대구 매일신문, 1985. 9. 15.)

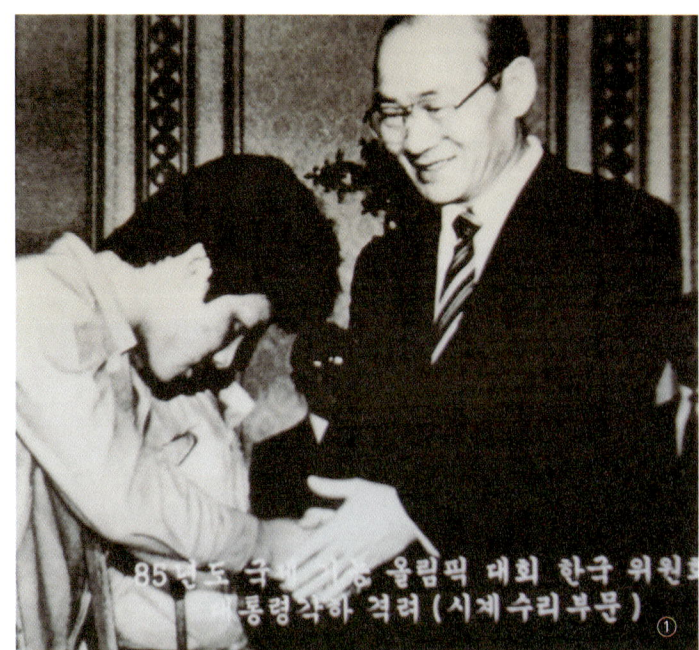

① 1985년 시계 수리 부문 국제기능올림픽대회 금메달 딴 후 전두환 전 대통령 격려
② 제4기 국민추천 포상 (2014. 12. 19.)

① ② 2군사령부 시계 수리 봉사활동
③ 2011년 베트남 다낭
  해외 시계 수리 국제봉사활동
④ 캄보디아 해외
  시계 수리 국제봉사활동

① 라이온스클럽 회장 취임
② 국제라이온스 대구동우클럽 봉사활동(2013. 11. 16.)
③ 성보재활원 사랑나눔 후원금 (2022. 12. 12.)
④ 국제라이온스대구동우클럽 봉사활동(2013. 7. 1.)

① 두 분 스승님
② 보육원에서 만난 누님
③ 〈소우주 시계를 풀어헤치며〉 전시회, 수녀님들과(2014. 10. 2.)

아내와

밀링 작업하는 모습

작품들